Gottfried Orth

THEOLOGIE *kompakt:* Systematische Theologie

ctb calwer taschenbibliothek 91

Gottfried Orth

THEOLOGIE *kompakt:*
Systematische Theologie

Calwer Verlag Stuttgart

Die Reihe THEOLOGIE *kompakt* wird herausgegeben von Gottfried Orth

Die Abkürzungen orientieren sich am Abkürzungsverzeichnis der TRE
(zusammengestellt von Siegfried Schwertner, Berlin/New York 1976)

Die deutsche Bibliothek – CIP-Einheitsaufnahme

Orth, Gottfried:
Theologie kompakt / Gottfried Orth. – Stuttgart: Calwer Verl.
1. Systematische Theologie. – 2002
(551619406 91)

ISBN 3-7668-3753-2

Umschlaggestaltung: ES Typo-Graphic, Stuttgart
unter Verwendung der Arbeit von Paul Klee, Blick aus Rot, 1937, 211 (U 11)
47 x 50 cm; Pastell auf Baumwolle auf Jute mit Kleisterfarbe auf Keilrahmen;
Schenkung LK, Klee-Museum, Bern
© VG Bild-Kunst, Bonn 2002
Satz: Karl Heinz Thiel, Frankfurt am Main
Druck und Verarbeitung: Gutmann + Co., 74388 Talheim
e-Mail: info@calwer.com
Internet: www.calwer.com

INHALT

Wie kann ich über meinen christlichen Glauben reflektiert reden und wie kann ich Rechenschaft ablegen über die Hoffnung, die in mir ist? Woran kann ich mein Verhalten als Christ oder Christin orientieren und wie kann ich es begründen? Antworten auf diese Fragen will dies Buch anbieten und so stehen Dogmatik und Ethik in seinem Zentrum. Sie wollen helfen, systematisch-theologisch denken zu lernen. Dazu bedarf es des Wissens aus den reichen Traditionen systematischer Theologie. Deren Auswahl ist so getroffen, dass wesentliche Fragestellungen und historische Etappen systematischer Theologie verdeutlicht werden. Es werden gleichsam Modelle theologischen Denkens bereitgestellt, die der Leser und die Leserin zunächst nach-denken und dann in einem zweiten Schritt selbstständig weiterdenken können.

So sollen Traditionen der Dogmatik und Ethik, die gemeinsam die systematische Theologie bilden, freigegeben werden als Medien und Bausteine eigenständiger Versuche, systematisch-theologisch zu denken. Das Bild eines Kaleidoskopes mag das Gesagte verdeutlichen: Dieses fernrohrähnliche Spielzeug besteht in seinem Innern aus vielen bunten Glassteinen. Einige davon werden hier in einer bestimmten Ordnung zur Lektüre angeboten. Wenn man oder frau ein Kaleidoskop nun hin und her bewegt, entsteht aus den gleichen bunten Glassteinen ein neues Bild. Und dieses Spiel kann so lange fortgesetzt werden, bis das Bild gefunden wird, das einem selbst am ehesten entspricht oder das einen selbst am meisten herausfordert.

Ein besonderes Schwergewicht liegt bei didaktischen Fragen des Religionsunterrichts: Wie lassen sich dogmatische und ethische Themen im Religionsunterricht der Grund-, Haupt- und Realschule gemeinsam mit den Schülerinnen und Schülern bearbeiten? Dabei gehe ich davon aus, dass im Religionsunterricht Glaube nicht zu produzieren, sondern zu entdecken ist und dass Kinder und Jugendliche wie ihre Lehrenden als eigenständige, theologisch produktive Subjekte gemeinsam den Religionsunterricht gestalten. So könnte im Religionsunterricht ein „Lernen in Gemeinschaft" entstehen, in dem Kinder, Jugendliche und Erwachsene wechselseitig ihren unterschiedlichen christlichen Glauben entdecken, ihm eigensinnig nachzudenken suchen und dazu Wissen aus Tradition und Gegenwart sich aneignen.

Für Korrekturarbeiten danke ich den Studentinnen N. Stahn und S. Lachmann. Als Autor dieses Bandes wie als Herausgeber der gesamten Reihe „Theologie kompakt" danke ich Frau B. Hübener für die ebenso kritische wie immer fröhliche Lektorinnenarbeit und Herrn Brohm für die Aufnahme der Reihe in den Calwer Verlag.

Braunschweig, im Januar 2002
Gottfried Orth

1 Systematische Theologie als Dogmatik und Ethik – erste Hinweise

Systematische Theologie sucht christlichen Glauben heute theologisch zu bedenken. Sie tut dies als Wissenschaft, die bezogen ist zum einen auf die biblischen und sekundär die theologiegeschichtlichen Traditionen und zum andern auf gegenwärtige Frage- und Aufgabenstellungen. Als solche umfasst sie zwei theologische Unterdisziplinen: die Dogmatik und die Ethik. Dogmatik reflektiert christlichen Glauben und seine Äußerungen unter gegenwärtigen Bedingungen und fragt, wie dessen Lehre heute ebenso kritisch wie verständlich formuliert werden kann. Ethik reflektiert das Handeln oder Unterlassen von Christinnen und Christen, christlichen Gruppen, Gemeinden und Kirchen und fragt nach für die Gegenwart bedeutsamen Maßstäben, Perspektiven oder Urteilsprozessen für solches Handeln oder Unterlassen. Kann die Ethik als „Verhaltenslehre des christlichen Glaubens", so die Dogmatik als dessen „Sprachlehre" verstanden werden.[1]

1.1 Dogmatik

Wir bleiben zunächst bei der Dogmatik. Traditionelle Dogmatiken, wie sie meistens noch immer gelehrt werden, verstehen sich als Formulierung des Sollgehaltes des Glaubens.[2] Er muss erfüllt sein, wenn ein Glaube beansprucht, christlicher Glaube zu sein. Insofern versteht sich klassische dogmatische Gotteslehre als normativ. Vornehmlich gewinnt sie ihre Wahrheit „gleichsam ‚autopoietisch'; d.h. die Wahrheit einzelner Sätze wird begründet mit der Ableitung aus vorgesetzten Grundsätzen. Wahrheit resultiert also aus der Relation von Sätzen."[3]

---

1 Vgl. W. Huber, *Konflikt und Konsens*. München 1990. S. 178.
2 Vgl. etwa W. Elert, *Der christliche Glaube. Grundlinien der lutherischen Dogmatik*. Erlangen 1988 (6. Aufl.). S. 32, wo Elert mit dem Begriff des Sollgehaltes eine Aufgabenbestimmung der Dogmatik insgesamt formuliert.
3 H. Luther, *Religion und Alltag*. Stuttgart 1992. S. 14.

Solche Dogmatik gewinnt ihre Geschlossenheit gerade dadurch, dass sie Anfragen und Erfahrungen aus der Alltagspraxis der Menschen kaum, wenn nicht gar nicht berücksichtigt. Sie ist weitgehend eine – nicht wenig imponierende – Selbstauslegung des Glaubens und der Geschichte seiner theologischen Reflexion. Doch gewinnt sie diese ihre Geschlossenheit und Architektonik aufgrund einer „notorischen Erfahrungsschwäche und Lebensferne".[4] Wann immer in der dogmatischen Gotteslehre „der Gedanke Gottes ... an der erfahrenen Wirklichkeit von Welt und Mensch zu bewähren"[5] ist, ist diese erfahrene Wirklichkeit eine von Sätzen oder Theorien der Neuzeit, der Moderne oder auch der Postmoderne, kaum aber die erfahrene Alltagswirklichkeit von Männern und Frauen, Kindern und Jugendlichen. Die „kleinen Leute"[6], ihr Alltag und ihr Gottesverständnis bleiben weitgehend außen vor. Dagegen hat Marie Veit – mit Schülerinnen und Schülern – eine Erfahrung gemacht, die sie so beschreibt: „Die theologischen ‚Schätze' der Kirche sind wie unter Verschluss, den ‚Besitzenden' (theologisch ‚Gebildeten') vorbehalten: ‚unten', wo sie dringend benötigt würden, sind sie weitgehend nicht einmal mehr geahnt. Der Schlüssel zur Schatzkammer liegt in den Erfahrungen derer ‚unten'. Würden sie von Kirche und Theologie zugelassen, aufmerksam bedacht, statt von scheinbar festen Positionen her theologisch abqualifiziert zu werden, so würde ‚aufgeschlossen': Die Schätze kämen unters Volk, die Gnade könnte sich erneut inkarnieren, statt rein, aber steril unter Verschluss gehalten zu werden. Anfänge dieses Geschehens sind da ..."[7] Es gilt also, die theologischen Schätze zu erschließen, zu öffnen von gegenwärtigen Erfahrungen her, ohne diese zugleich theologisch wiederum zu vereinnahmen. Es kommt darauf an, nicht mehr deduktiv, von obersten Grundsätzen her, Glauben und christliche Dogmatik zu definieren – und das heißt immer auch abzugrenzen. Vielmehr gilt es, dogmatische Theologie induktiv, ausgehend von den Erfahrungen derer ‚unten' – was immer ‚unten' zunächst konkret und analytisch heißen mag – zu öffnen.

---

4 H. Luther, ebd.

5 W. Pannenberg, *Wissenschaftstheorie und Theologie*. Frankfurt a. M. 1973. S. 302.

6 Vgl. W. Schottroff, W. Stegemann (Hrsg.), *Der Gott der kleinen Leute*.
   Bd. 1 und 2: Sozialgeschichtliche Auslegungen: Altes Testament. Neues Testament. München/Gelnhausen 1979.

7 M. Veit, *Theologie muss von unten kommen*. Wuppertal 1991. S. 51.

Soll eine solche Überlegung auch seitens der wissenschaftlichen Theologie ernst genommen werden, dann bedarf es einer wissenschaftlichen Dogmatik, die sich nicht als normative Lehre versteht, die für Kinder und Erwachsene „verbindlich klärt, was und wie die Einzelnen zu glauben haben. Wenn Theologie Reflexion des Glaubens ist, dann ‚produziert' jeder, der über Religion und Glauben nachdenkt, so etwas wie Theologie."[8] Damit wird wissenschaftliche Dogmatik nicht überflüssig, aber ihre Aufgabe verändert sich: „Nötig wird sie, um die durch die Individualisierung der Religion bedingte Pluralisierung kommunikativ fruchtbar machen zu können, d.h. zu verhindern, dass zwischen den vielfältig subjektiven Zugängen zur Religion keine Verständigung mehr möglich ist. ... Die im Rahmen der dogmatischen Theologie ausgelegte Religion kommt dabei als Anregungspotenzial ins Spiel, nicht aber als normative Begründungsinstanz."[9]

Dogmatische Theologien verstehen sich neu als anregende, interpretative und Kommunikation ermöglichende Dogmatiken und gegenwärtige Erfahrungen reflektierende Theologie anstatt als normative Dogmatik. Dogmatik bestimmt nicht mehr verbindlich, was zu glauben ist und wie Glaube auszusehen hat. Vielmehr ist ihre Aufgabe nun eine doppelte:

▷ zum einen bringt sie in das Gespräch der vielen unterschiedlichen gegenwärtigen Theologien die historischen Formen der Dogmatik ein: als Anregungspotenzial, als Verstehensangebot und als Kritikmöglichkeit; dabei sind mir die Begriffe „Potenzial", „Angebot" und „Möglichkeit" besonders wichtig: Dogmatik birgt in sich ein reiches Potenzial von Anregungen, den christlichen Glauben zu denken, ein vielfältiges Angebot, diesen zu verstehen, und eine Fülle von Möglichkeiten, je gegenwärtiges Verstehen zu kritisieren;

▷ zum andern enthält die Geschichte der Dogmatik vielfältige Erkenntnisse zur Interpretation gegenwärtigen Glaubens und die Versuche, diesen Glauben zu verstehen, zu denken und zu interpretieren, ihn induktiv zu öffnen zu seiner Geschichte wie zu seiner möglichen Zukunft.

---

8 H. Luther, aaO. S. 13.
9 H. Luther, aaO. S. 13 f.

Eine solche dem induktiven Paradigma verpflichtete Dogmatik innerhalb der systematischen Theologie bearbeitet ihre Aufgabenstellungen – idealtypisch – in vier Schritten: [10]

1. Der Ausgangspunkt liegt bei gegenwärtig zu klärenden Fragestellungen.
   Beispiel: Das Menschenbild in der Gentechnologie, die sich anschickt, den Menschen nachzubauen.
2. Sodann wird nach biblischen Bezügen zu ihren Themen gefragt.
   Schöpfungs- und Urgeschichte, Ps 104, Röm 8, Apk 21 u.a.m.
3. Die theologischen Traditionen werden daraufhin untersucht, wie sie die Fragestellung bearbeitet und bedacht haben.
   Unter anthropologischen Fragestellungen werden beispielsweise die Themen „Schöpfung", „Schöpfung und Fall", die noachitischen Gebote, „Schöpfung und Erlösung" in unterschiedlichen theologischen Traditionen untersucht.
4. Und abschließend wird jeweils ein eigenes theologisches Urteil formuliert: eine der gegenwärtigen Fragestellung und ihren biblischen und theologischen Traditionen verpflichtete dogmatische Aussage.
   Dogmatische Theologien kommen unter Einbezug der Humanwissenschaften zu einer Aussage über den Menschen, sie formulieren in kritischer Auseinandersetzung ihre Menschenbilder gegenüber denen der Humangenetik und der Gentechnologie, die sich anschicken, den Menschen nachzukonstruieren.

1.2 Ethik

In Geschichte und Gegenwart der ethischen Debatte lässt sich ein ähnlicher Konflikt zwischen einem eher deduktiven und einem eher induktiven Typ ethischer Argumentation aufzeigen. Sowohl die normative Ethik[11] als auch die Gesinnungsethik[12] argumentieren eher deduktiv: Sie leiten Handlungs- und Verhaltenskonzepte aus obersten Normen und / oder Prinzipien ab.

---

10 Vgl. J. Zehner, *Arbeitsbuch Systematische Theologie: eine Methodenhilfe für Studium und Praxis.* Gütersloh 1998.
11 Vgl. H. Kreß, *Ethik in der Geschichte.* In: H.-W. Dannowski u.a. (Hrsg.), Sachwissen Ethik. Göttingen 1993. S. 32–39.
12 Vgl. aaO. S. 40–44.

In der normativen Ethik werden aus einer obersten Norm hierarchisch weitere Handlungsnormen unterschiedlicher Reichweiten abgeleitet. Ethisch handeln heißt hier den Normen entsprechend zu handeln.

In der Gesinnungsethik gilt ähnlich, dass die für meine Gesinnung / mein Gewissen wichtigen Überzeugungen abgeleitet werden aus obersten Prinzipien. Ethisch handeln heißt hier in Übereinstimmung mit meiner subjektiven Gesinnung handeln oder authentisch sein wollen.

In beiden Fällen haben wir es mit eher deduktiven Modellen der Ethik zu tun.

Mit dem Konzept der Verantwortungsethik[13] setzt hier eine Revision ein. „Eine normative Ethik ist – wenn nicht ausschließlich, so doch vorrangig – an der sozialen Welt und am Geltungsanspruch der Richtigkeit orientiert. Eine Gesinnungsethik ist – wenn nicht ausschließlich, so doch vorrangig – an der subjektiven, inneren Welt und am Geltungsanspruch der Wahrhaftigkeit, der Authenzität, orientiert. In beiden Formen der Ethik tritt die objektive, äußere Welt zurück. Und in der Tat ist es ja für die neuzeitliche Entwicklung charakteristisch, dass sie die objektive, äußere Welt von ethischen Ansprüchen weithin freigestellt hat; die These von der Eigengesetzlichkeit der Ökonomie ist dafür beispielhaft. An dieser Stelle setzt die Revision an, die sich mit dem Konzept der Verantwortungsethik verbindet. ... Sie geht von eigener und fremder Gewissensfreiheit und damit von der Frage authentischer Lebensorientierung aus. Doch sie will diese in einen Prozess der Kommunikation einbringen und dadurch zur Konstitution gemeinsam geteilter normativer Ansprüche beitragen."[14] Ausgangspunkt der Frage nach authentischer Lebensorientierung und nach der geforderten ethischen Kommunikation aber sind nicht höchste Normen, Werte oder Prinzipien, sondern Situationen, die mich und andere ethisch herausfordern, die mich – handelnd, unterlassend oder anders mich verhaltend – zu antworten, zur Verantwortung und dabei die Folgen meines Verhaltens zu bedenken nötigen. Ausgehend von diesen Situationen trete ich mit anderen ein in einen Prozess ethischer Urteilsbildung, des-

---

13 Vgl. aaO. S. 45–49.
14 W. Huber, *Konflikt und Konsens. Studien zur Ethik der Verantwortung.* München 1990. S. 156 f.

sen Ziel ein gemeinsames ethisches Urteil ist, das alle am Prozess Beteiligten zu gemeinsamem Handeln verpflichtet.[15] Induktiv, ausgehend von Situationen, werden so ethisches Handeln und ethische Theoriebildung konstituiert.

Ein solcher Prozess ethischer Urteilsbildung hat – wiederum idealtypisch – folgenden Verlauf:

▷ Wahrnehmung, Annahme und Bestimmung des anfallenden Problems als eines ethischen.

Ein Störfall in einem Atomkraftwerk kann als technisches Problem wahrgenommen werden, das sich mit entsprechender Sachkompetenz beheben lässt. Er kann aber auch, wird er in den Zusammenhang des Lebens eingeordnet, als ethisches Problem erkannt werden. Dann wird das Problem beispielsweise eingeordnet in die Frage nach dem fehlerlosen Funktionieren des Menschen oder danach, dass es zum Menschen gehört, Fehler zu machen. Daraus entwickelt sich möglicherweise die Forderung, eine Technik zu verhindern, die fehlerloses Funktionieren des Menschen voraussetzt.

▷ Analyse der Situation, in welcher das Problem die Betroffenen herausfordert.

Hier werden nun technische, physikalische, energiepolitische, allgemeinpolitische, ökologische, ökonomische, anthropologische und andere Analysen und Diskussionen wichtig, die die Situation des Störfalles klären helfen.

▷ Erwägung der Verhaltensoptionen, die als Antwort auf ein Problem geeignet und ethisch geboten erscheinen.

Die Verhaltensoptionen reichen mit allen Abstufungen möglicher Handlungen von der gewissenhaften Behebung des Störfalles und dem Einbau zusätzlicher Sicherheitsmaßnahmen bis hin zu „Atomkraft? Nein Danke!".

▷ Auswahl und Prüfung von Normen, Gütern und Perspektiven, die für die Wahl unter möglichen Verhaltensoptionen angesichts eines Problems relevant sind.

Hier werden mögliche relevante Normen im Blick auf ihre Geltung zu dem Problem des Störfalles im Atomkraftwerk ausgewählt und geprüft; die damit zusammenhängenden Güter – beispielsweise weiterer exzessiver Ener-

---

15 Vgl. H. E. Tödt, *Perspektiven theologischer Ethik.* München 1988, bes. S. 21–84; im Zusammenhang eines schulischen Unterrichtsmaterials vgl. G. Orth, *Schöpfung in Gefahr.* Frankfurt a. M. 1992.

gieverbrauch oder sparsames Verhalten im Bereich der Energiegewinnung und -nutzung unter ökologischen Gesichtspunkten – werden diskutiert und abgewogen; dies beides geschieht unter Hinzuziehung von Perspektiven, also Grundinhalten meines Lebens und Glaubens, in unserem Fall beispielsweise des jüdisch-christlichen Gedankens der ‚sehr guten' Schöpfung und ihrer Erhaltung.

▷ Prüfung der ethisch-kommunikativen Verbindlichkeit wählbarer Verhaltensoptionen.

Hier geht es darum zu klären, ob die aufgrund der Prüfung von Normen, Gütern und Perspektiven in den Blick genommenen Verhaltensoptionen andere zu folgender Zustimmung provozieren können: Jeder Mensch sollte in dieser Situation und unter gleichen lebensgeschichtlichen Voraussetzungen sich so verhalten, wie es der in Aussicht genommene Urteilsentscheid gebietet.

▷ Urteilsentscheid als Konsequenz ethischer Urteilsbildung, die das, was als ethisch angemessenes Verhalten erkannt wurde, in Vollzüge eines konkreten Verhaltens zu Problemen umsetzen will.

Hier kommen eine kognitive urteilende Einsicht und ein willentlicher verhaltensbestimmender Entschluss zusammen und formulieren die in Aussicht genommene Praxis gegenüber dem Störfall im Atomkraftwerk bzw. gegenüber der Frage der friedlichen Nutzung der Atomenergie insgesamt.

Dabei sind diese Schritte in ethischen Urteilsprozessen oft mehrmals und in unterschiedlicher Reihenfolge zu durchlaufen. Durch ihre gegenseitige Konkretisierung wird immer deutlicher herausgearbeitet, was dann im abschließenden Urteil entschieden wird.

So zeigt sich Ethik als Verhaltenslehre christlichen Glaubens als ein immer wieder neuer situationsorientierter, auf Kommunikation angelegter und verantwortlich argumentierender kognitiver und willentlicher Prozess, dem es weder um die lediglich pragmatische Lösung handlungsrelevanter Fragen noch um deren Einordnung in ein vorausgesetztes System gültiger Normen und Gesinnungen geht, sondern um deren Einordnung in den Gesamtzusammenhang des Lebens und seine gegenwärtigen Herausforderungen.

2 Dogmen- und Ethikgeschichte

Für sein Examen 1975 lernte der Autor dieses Buches mit B. Lohse, Epochen der Dogmengeschichte[16] – ein Buch von 270 Seiten; das gegenwärtig aktuelle „Lehrbuch der Kirchen- und Dogmengeschichte" von W.-D. Hauschild umfasst zwei Bände[17] mit 690 und 980 Seiten, dazu noch die „Geschichte der Ethik" von J. Rohls[18] mit gut 550 Seiten – und Studierende wissen nach gut 2000 Seiten Lektüre umfassend Bescheid. Hier eine Auswahl für einen Überblick auf knapp 25 kleinformatigen Seiten zu treffen, mutet abenteuerlich an; die Beschränkung – in der mehrfachen Bedeutung des Wortes – wird bewusst in Kauf genommen. Hinsichtlich der Dogmengeschichte thematisiere ich die Kanonbildung, zentrale Fragen der Christologie und der Trinität sowie die Stichworte „Gnade", „Rechtfertigung" und „Eschatologie". Hinsichtlich der Geschichte der Ethik wähle ich die Stationen „Urchristentum und Alte Kirche", „Reformationszeit", „Pietismus" und aus dem 20. Jahrhundert die Position Karl Barths. Die hier möglichen Hinweise sollen anregen, selbstständig weiterzufragen nach dogmatischen und ethischen Topoi und den damit im Zusammenhang stehenden Vorstellungen und Argumentationen systematisch-theologischer Entwürfe.

2.1 Stationen der Dogmengeschichte

Die evangelische Kirche und Theologie kennt keine Dogmen; die entsprechenden Schriften der Reformatoren, die die reformatorische Lehre beschreiben, heißen deshalb auch Bekenntnisschriften. Dogmen sind nach evangelischer Tradition in der Zeit entstandene, auf bestimmte Kontexte reagierende und bezogene und somit auch veränderbare Bekenntnisformulierungen christlichen Glaubens. Sie dienen als gottes-

---

16 Stuttgart 1969.
17 Gütersloh 1995 und 1999.
18 Tübingen 1991.

dienstliche oder als in die Form der Lehre gefasste Bekenntnisse dem Glauben. So formuliert schon Melanchthon in seiner Apologie des Augsburgischen Bekenntnisses: „Kein Glaube ist fest, der sich nicht im Bekenntnis zeigt."[19] Solches Bekenntnis ist zuerst doxologische Rede, die Erfahrungen und Lebenspraxis beschreibt, keine zeitlos gültige ‚Festschreibungsdogmatik', sondern eher noch das, was Dogma ursprünglich bedeutete: ein „Ausdruck tiefer Betroffenheit in einer ganz bestimmten Situation".[20]

2.1.1   Kanonbildung

Die ersten christlichen Gemeinden lebten im Kontext des Judentums, ihr Kanon war selbstverständlich die hebräische Bibel in der griechischen Übersetzung der Septuaginta (LXX), die freilich erst im späten vierten Jahrhundert kanonisiert wurde. Das Urchristentum war davon überzeugt, dass die hebräische Bibel, wenn sie auf Christus hin verstanden wird, ebenso ihr Buch wie die heilige Schrift der Juden sei. „Daneben begegnete früh als Norm der Herr, d.h. die mündliche Logienüberlieferung, die zum hermeneutischen Schlüssel für die Schrift wurde."[21] Doch zunächst spielte die Geschichte der urchristlichen Gemeinden innerhalb des Judentums als innerjüdische Auseinandersetzung und dann nach vielen Differenzen und Streitigkeiten erst als eigenständige Geschichte ab etwa dem Beginn des zweiten Jahrhunderts nach Christus.

Der Prozess der Kanonisierung der neutestamentlichen Schriften vollzog sich über längere Zeit immer wieder auch in Auseinandersetzung unterschiedlicher theologischer und kirchenpolitischer Ansätze und war erst gegen Ende des vierten Jahrhunderts abgeschlossen. Kriterien für die Aufnahme der Schriften war ihre Herkunft aus urchristlicher Zeit und die Übereinstimmung mit der apostolischen Lehre. Athanasius verzeichnete in seinem 39. Osterbrief 367 erstmals die noch heute gültige Zahl der 27 neutestamentlichen Bücher. Er war auch der erste, der dafür den Namen „Kanon" verwendete, der bis dahin vor allem für

---

19 *Melanchthon, Apologie 4*, 385. In: BS 232, 20 f.
20 K. Wegenast, *Der christliche Glaube als Lehre im Religionsunterricht.*
   In: G. Adam/R. Lachmann (Hrsg.), Religionspädagogisches Kompendium.
   Göttingen 1990. S. 224–273. Zitat im Anschluss an M. Mezger auf S. 225.
21 W.-D. Hauschild, aaO. Bd. 1. S. 76.

die Benennung der Glaubensregel gebraucht wurde. Eine römische Synode ca. 382 fixierte dann den neutestamentlichen Kanon nach den 47 alttestamentlichen Büchern, dogmatisiert wurde er von der katholischen Kirche auf dem Konzil von Trient 1546, in der Ostkirche war er seit dem Konzil von 692 normativ. Die lutherischen und die reformierten Kirchen übernahmen die Entscheidung für den Umfang des Neuen Testaments sowie den kürzeren hebräischen Kanon des Alten Testaments.

2.1.2 Christologie

Ein Grundproblem begleitet die Christologie seit ihren Anfängen: Wie lässt sich Jesus Christus angemessen erkennen, in seiner Person und seinen Werken oder in seinem Wesen? Zunächst geht es in den neutestamentlichen Schriften um die Frage: Wer ist eigentlich dieser Jesus aus Nazareth und was hat er getan? Das Leben und das Werk Jesu stehen im Vordergrund des Interesses; hebräisches Denken ist interessiert an Geschichte und Geschichten, am Tun und am Leben, so auch im Neuen Testament. Die Frage, wer dieser Jesus ist, hält beispielsweise Lukas für so wichtig, dass er ein Interesse Jesu unterstellt, der wissen möchte, für wen er von anderen gehalten wird. So ist im Lukasevangelium (Lk 9, 18–20) folgender Dialog Jesu mit seinen Jüngern zu lesen: „Jesus betete einmal in der Einsamkeit und die Jünger waren bei ihm. Da fragte er sie: Für wen halten mich die Leute? Sie antworteten: Einige für Johannes den Täufer, andere für Elia; wieder andere sagen: Einer der alten Propheten ist auferstanden. Da sagte er zu ihnen: Ihr aber, für wen haltet ihr mich? Petrus antwortete: Für den Messias Gottes." Schon hier stellt sich die Frage, wer dieser Jesus ist. „Die Leute" halten ihn für einen Menschen, wenn auch einen besonderen Menschen ihrer Glaubensgeschichte. Für Petrus erscheint klar: Jesus ist der Christus, der Messias. Das zeigt sich für Petrus an Jesu Werken, an dem, wie er auftritt – mit Vollmacht –, was er tut – beispielsweise in seinen Wundern – und wie er redet – beispielsweise in seinen Gleichnissen. Daran, wie Petrus Jesus erfährt, entscheidet sich für ihn seine Messianität.

   Schon bald aber geht es um eine ganz andere Frage: Wie kann Jesus Christus als „wahrer Mensch" und als „wahrer Gott" geglaubt und dann auch gedacht werden? Die Inkulturation des christlichen Glaubens in die griechische Welt zeigt Wirkung. In der Alten Kirche, die nun in besonderer Weise geprägt wird vom griechischen Denken und seinen philosophischen Fragen, rückt sehr schnell die Frage nach dem Wesen Jesu in den Vordergrund dogmatischer Überlegungen: Ein jahrhundertelanger Streit, der die Kirche zu spalten drohte, entstand über der Frage, wie sich das göttliche Wesen Jesu zu seinem menschlichen Wesen verhält. Die eine Fraktion behauptete die reine Menschlichkeit Jesu, u.a. um an der reinen Gottheit Gottes festhalten zu können. Die andere Fraktion behauptete die reine Göttlichkeit Jesu. Die Frage nach dem Wesen Jesu, nach der Einheit von Gottheit und Menschheit in der Person Jesu, bestimmte jetzt die Auseinandersetzung. Die Gemeinsamkeit in Glaube und Lehre aber war für die Reichskirche entscheidend, nur so konnte sie die von den Kaisern ihr zugedachte staatstragende Funktion erfüllen, denn religiöse Streitfragen konnten schnell auch eine Gefahr für die politische Einheit werden. Dies hatte bereits Konstantin erkannt. Er wollte den so genannten arianischen Streit per Konzil beilegen und berief deshalb die Bischöfe in seine Sommerresidenz nach Nicäa ein. Da saßen sie nun beisammen: Die ehemals verfolgten Bischöfe, nun Freunde des Kaisers, und der Kaiser als Mitbischof, denn diese Funktion hatte er sogleich mit übernommen. Worum ging es im arianischen Streit? Arius (260–336) wollte unter allen Umständen an Gottes Einheit und Vollkommenheit festhalten und erklärte deshalb, dass es unmöglich sei, ihn mit der unvollkommenen Schöpfung zu verbinden. Selbst Jesus, sein Sohn, ist ihm deshalb streng unterzuordnen. Er kann Gott nur ähnlich, nicht aber wesensgleich sein, nur *homoi-usios*, nicht aber *homo-usios*. Dieser eine Buchstabe erregte damals das ganze römische Reich, so dass ein Kirchenvater schreibt: „Gehst du auf den Markt, so wirst du von der Marktfrau, bei der du einen Kohlkopf kaufst, gefragt: Bist du für *homousios* oder *homoiusios*? Gehst du ins Bad, so wirst du sofort in ein Gespräch vertieft, wofür du einstehst." [22] Die entgegengesetzte Position, vertreten vor allem durch Athanasius, hielt an dem „wesensgleich" (homousios) fest und setzte sich durch, so dass das Konzil nahezu einstimmig das nicänische Glaubensbekenntnis verabschiedete, das vielfach noch heute in unseren Kirchen in abgewandelter Form gesprochen wird. Es hat folgenden Wortlaut: „Wir

---

22 Zit. nach H. Gutschera, J. Thierfelder, *Kirchengeschichte ökumenisch.* Band 1. Mainz/Stuttgart 1995. S. 39.

glauben an Einen Gott, den Vater, den Allmächtigen, den Schöpfer alles Sichtbaren und Unsichtbaren. Und an Einen Herrn, Jesus Christus, den Sohn Gottes, der gezeugt wurde aus dem Vater als einziggeborener – d.h. aus dem Wesen *(Usia)* des Vaters –, Gott aus Gott, Licht aus Licht – wahrer Gott aus wahrem Gott, gezeugt, nicht geschaffen, wesenseins mit dem Vater –, durch den alles geworden ist, sowohl das im Himmel wie das auf Erden, der wegen unser, der Menschen, und unseres Heiles wegen herabgekommen ist und Fleisch geworden, Mensch geworden ist, gelitten hat und auferstanden ist am dritten Tage, aufgestiegen in den Himmel und kommt, zu richten die Lebendigen und die Toten. Und an den heiligen Geist. ... Die aber, welche sagen ‚Er war einmal nicht' und ‚Bevor er gezeugt wurde, war er nicht' und ‚Aus Nichtseiendem ist geworden', oder die behaupten, er stamme aus einer anderen Wesenheit oder einem anderen Wesen, oder er sei veränderlich oder wandelbar, die bannt die katholische Kirche."[23] Das christliche Glaubensbekenntnis war nun festgelegt – doch der Streit um die Trinität, insbesondere um das Verhältnis von Gott und Jesus Christus, ging weiter.

Das größte Konzil der Alten Kirche, 451 ebenfalls vom Kaiser nach Chalcedon einberufen, sollte diesen Streit beenden. Dort wurde die Lehre von den zwei Naturen in der einen Person Jesu dogmatisch formuliert. Hier entstand die in die Geschichte der Dogmatik eingegangene und für alle zukünftige christologische Reflexion maßgebende Zwei-Naturen-Lehre. Die Kernaussagen des Beschlusses von Chalcedon lauten:

„dass wir unsern einen Herrn Jesus Christus bekennen sollen: denselben vollkommen in seiner Gottheit und denselben vollkommen in seiner Menschheit, wahrhaft Gott und wahrhaft Mensch, ... wesensgleich mit dem Vater nach seiner Gottheit und wesensgleich mit uns nach seiner Menschheit, in allem uns ähnlich jedoch ohne Sünde; ... dass unser Herr Jesus Christus als ein und derselbe Sohn zu bekennen sei, ... wahrhaft Gott und wahrhaft Mensch ..., ... als ein und derselbe Christus, Sohn, eingeborener Herr, in zwei Naturen unvermischt, unverwandelt, ungetrennt, ungesondert erkennbar, wobei jedoch die Unterschiedenheit der Naturen um der Einung willen keinesfalls aufgehoben wird, sondern die Eigentümlichkeit einer jeden Natur gewahrt bleibt

---

23 H. Karpp, *Textbuch zur altkirchlichen Christologie.* Neukirchen-Vluyn 1972. S. 87 f.

und sich zu einer Person und zu einer Hypostase verbindet, nicht als in zwei Personen geteilt oder getrennt, sondern als ein und derselbe eingeborene Sohn, Gott, Logos, der Herr Jesus Christus, wie einst die Propheten über ihn und dann Jesus Christus selbst uns belehrt hat und wie ihn das Glaubensbekenntnis der Väter uns überliefert hat."[24]

So wie das Chalcedonense sich abschließend beruft auf die Propheten, Jesus und das Glaubensbekenntnis der Väter, so versteht sich Dogmatik in Kontinuität und Fortschreibung oder kritischer Auseinandersetzung mit dem biblischen Zeugnis und den Bekenntnissen der Väter und Mütter im Glauben.

Die für die Christologie zentrale Bedeutung des Bekenntnisses von Chalcedon liegt mit Bernhard Lohse darin, dass es „angesichts der endlosen Auseinandersetzungen über das Verhältnis von Gottheit und Menschheit in Jesus Christus in schlichter, aber zugleich unüberbietbar klarer und treffender Weise den Glauben der Christenheit bezeugt hat, dass nämlich Jesus Christus eine Person ist und dass er zugleich sowohl Gott als auch Mensch ist."[25] So hat die Frage nach dem Wesen Jesu in der Alten Kirche mit dem Chalcedonense zwar einen die Extrempositionen ausscheidenden Kompromiss und doch eine auch für die Christologie bis heute beachtenswerte Antwort gefunden.

Die Hochschätzung dieses in Chalcedon formulierten Bekenntnisses aber ist nicht selbstverständlich. Im Gegensatz zur Alten Kirche fragt die Reformation bei prinzipieller Beibehaltung der altkirchlichen christologischen Entscheidungen wieder deutlicher nach der neutestamentlichen christologischen Tradition, also nach der Einheit von Werk und Person Jesu. Deutlich wird dies in dem bekannten Grundsatz aus den Loci Communes des Melanchthon von 1521: „Christus erkennen heißt seine Heilstaten erkennen". Der Zusammenhang der Person Jesu Christi und seines Werkes wird also in der Reformation entsprechend des neutestamentlichen Zeugnisses neu formuliert und festgehalten. Und Luther spottete gar über die altkirchlichen Theologen, die er Sophisten nannte: „Also haben ihn die Sophisten gemalet, wie er Gott und Mensch sei, zählen seine Beine und Arme, mischen seine beiden Naturen wunderlich ineinander, welches denn nur eine sophistische Erkenntnis des Herrn Christi ist, denn Christus ist nicht darum Christus genannt, dass

---

24 Zit. nach B. Lohse, *Epochen der Dogmengeschichte*. Stuttgart 1969. S. 97 f.
25 AaO. S. 99

er zwei Naturen hat, was geht mich dasselbe an? Sondern er trägt diesen herrlichen und tröstlichen Namen von dem Amt und Werk, so er auf sich genommen hat, dasselbige gibt ihm den Namen. Dass er von Natur Mensch und Gott ist, das hat er für sich, aber dass er sein Amt dahin gewendet und seine Liebe ausgeschüttet und mein Heiland und Erlöser wird, das geschieht mir zu Trost und zu gut, es gilt mir darum, dass er sein Volk von Sünden los machen will. Matthäi am 1. Kapitel wird angezeigt vom Engel Gabriel, dass er soll Jesus heißen. Nicht darum, dass er Gott und Mensch ist; sondern dass er das Amt soll führen und in das Werk treten, den Leuten von Sünden und Tode zu helfen. Das machet ihn zu einem Manne, dafür sollen wir ihn auch halten, dass er Haupt und Oberherr des Christentums und aller Gottseligkeit ist." [26]

Mit dieser Differenz zwischen dem Neuen Testament und Luther auf der einen und der Alten Kirche auf der anderen Seite haben wir ein zentrales Problem der gesamten Geschichte der Christologie erkannt, das sich bis in die Gegenwart hinein als Kontroverse durchhält: in der Frage nach der Einheit von Person und Werk, in der Frage nach dem Wesen Jesu, in der Betonung seiner Menschlichkeit insbesondere in der Christologie nach der Aufklärung oder seiner Gottheit besonders in der frühen Theologie Karl Barths.

2.1.3 Trinitätslehre

Bewusst der christologischen Frage nachgeordnet, wenngleich beide Entwicklungen sachlich nicht zu trennen sind, folgen nun Überlegungen zur Formulierung der Trinitätslehre. Diese reflektiert das Geheimnis, wie sich Gott, der Vater, der Sohn und der Geist als ein Gott denken lässt. Es geht wie in der Dogmatik generell darum, dem Glauben, der sich z.B. im matthäischen Taufbekenntnis äußerte („im Namen des Vaters und des Sohnes und des Heiligen Geistes"), nachzudenken. Besondere Schwierigkeiten kamen damit auf die Theologie zu, als sie sich endgültig aus dem palästinensischen Bereich, der hebräisch denkt und für den sich Gottes Wahrheit in der Geschichte offenbart, hin zum griechischen Denken orientierte, für das Gottes Wahrheit metaphysisch im Sein gründet. Die Unterschiede zwischen Gott-Vater, dem Sohn und dem Geist waren nun metaphysisch als Hypostasen zu verstehen.

---

26 M. Luther, WA 16, S. 217 f.

Verschiedene Spielarten des Denkens wurden versucht: Irenäus beispielsweise suchte Gottes inneres Wesen, das eines sei, zu unterscheiden von seiner fortschreitenden Selbsterschließung in der Heilsgeschichte. Ähnlich argumentierte Tertullian, der erste lateinisch schreibende Theologe, der auch von der Person Gottes des Vaters ausgeht; dieser hat bei sich Wort und Geist und setzt diese für die Schöpfung der Welt aus sich heraus. Besondere Bedeutung aber erlangte Tertullian dadurch, dass er an der einen „Substanz" in den drei zusammengehörenden „Personen" festzuhalten suchte, zwei Begriffe, die in der Folgezeit eine bedeutsame Rolle spielen sollten. Origines sieht im strengen Sinne nur im Vater Gott, die Gottheit des Sohnes und des Geistes sieht er als eine abgeleitete. Zugleich aber bemühte er sich darum, nicht nur die heilsgeschichtliche, so genannte ‚ökonomische' Trinitätslehre, sondern ebenso eine ‚immanente Trinitätslehre' zu denken, also die Frage zu beantworten, wie sich die drei Personen der Trinität vor der Heilsgeschichte zueinander verhalten. Damit hat er die für die weitere theologische Debatte entscheidende Frage gestellt. Das Nicänum von 325, dessen Thematik wesentlich eine christologische war, äußerte sich nur wenig zu Fragen des Geistes und der Trinität. Die so genannten drei Kappadozier – Basilius der Große (gest. 379), Gregor von Nyssa (gest. 394) und Gregor von Nazianz (gest. ca. 390) – waren dann diejenigen, die die Weichen der weiteren Diskussion stellten: Sie suchten die Begriffe Wesen und Natur / Person in einem Zusammenhang zu denken. Dem Wesen nach ist Gott einer, der je besondere Naturen annimmt in der Person des Vaters, des Sohnes und des Heiligen Geistes. So konnte die Einheit und die Unterschiedenheit der Personen gedacht und formuliert werden; eine wirkliche Trinitätslehre war dadurch möglich geworden.

Zu einem vorläufigen Ende kam die Debatte 381 beim Konzil in Konstantinopel durch die Formulierung des Nicäno-Constantinopolitanum, eines Bekenntnisses, das an besonderen Festtagen noch heute im Gottesdienst von der Gemeinde gesprochen wird. Das in Konstantinopel formulierte Bekenntnis schließt sich eng an das Nicänum an, wie es sein Name bereits nahe legt. Doch wesentlich erweitert wurden die Aussagen zum Heiligen Geist: „Wir glauben an Einen Gott und an einen Herrn, Jesus Christus. Und an den Heiligen Geist, den Herrn und Geber des Lebens, der von dem Vater ausgeht, mit dem Vater und dem

Sohn zusammen verehrt und zusammen verherrlicht wird, der durch die Propheten geredet hat."[27] Ein Jahr später wurde diese Anschauung in einem Schreiben einer neuen Synode, ebenfalls in Konstantinopel, bestätigt: „Eine Gottheit, Macht und Wesen des Vaters und des Sohnes und des Heiligen Geistes wird geglaubt, ebenso gleiche Ehre und Würde und gleichewige Herrschaft in drei ganz vollkommenen Hypostasen oder drei vollkommenen Personen."[28] Augustinus war es dann, der in seinem großen, 15 Bücher umfassenden Werk „Über die Trinität" der Trinitätslehre der Alten Kirche ihre gültige Form gegeben hat. Ihm lag besonders an der Einheit Gottes; die Dreieinigkeit ist ein Gott, der er nicht mehr den Begriff der Substanz *(substantia)*, sondern den des Wesens *(essentia)* zugeordnet hat. Mit dieser Begriffsveränderung wollte er aussagen, dass Gottes Eigenschaften nicht einer Substanz anhaften, sondern dass sie mit seinem Wesen zusammenfallen: Gerechtigkeit beispielsweise gehört also zum Wesen Gottes und ist nicht mehr oder weniger zufällige Eigenschaft göttlicher Substanz. Eine zweite Besonderheit der Argumentation Augustins erscheint ebenso bedeutsam: Er meidet den Begriff der Person *(persona)* für die drei Gestalten der Trinität und wählt dafür den der Beziehung *(relatio)*.[29] Auch so wollte er die Einheit Gottes betonen, denn die drei so genannten Personen sind nicht an sich je etwas anderes, sondern sie sind dies lediglich in ihrer Beziehung zueinander oder zur Welt; und auch diese Beziehung haftet eben nicht der „Substanz" an, sondern gehört zum Wesen Gottes als des Vaters, des Sohnes und des Heiligen Geistes. Und schließlich ist eine weitere Besonderheit Augustins zu nennen; er schließt seine Trinitätslehre ab mit einem Gebet: „Du, Herr, Gott, du der Eine, du Gott Dreieinigkeit, was immer ich in diesen Büchern von dir gesagt habe, mögest du auch als dir gehörig gelten lassen; wenn ich etwas von mir her gesagt habe, dann lass es nicht gelten, und auch so lass mich dein bleiben."[30] In einer solchen Haltung des dem Glauben Ausdruck verleihenden Gebets gegenüber der Trinität wird noch einmal deren Geheimnis deutlich, das dem Glauben nachzudenken aufgegeben ist, ohne dass Denken es zu erfassen vermag; so wird eine Grenze der Theologie deutlich.

---

27 Zit. nach: B. Lohse, aaO. S. 70 f.
28 Zit. nach: Ebd. S. 71.
29 Daran knüpft K. Barth in seiner Trinitätslehre unter Berufung auf Augustinus an, wenn er den Begriff der Person durch den der „Seinsweise" ersetzt.
30 Augustin, *Über die Trinität.* 15, 28.51.

2.1.4   Lehre von Gnade und Rechtfertigung

Von besonderer Bedeutung in der Alten Kirche war vor allem die Gnadenlehre des Augustinus, die er in den Auseinandersetzungen mit
Pelagius und den Pelagianern formuliert hat. Die Pelagianer waren Anhänger des britischen Mönches Pelagius, der gegen Ende des 4. Jahrhunderts nach Rom kam und dort eine asketisch-religiöse Reformbewegung in Gang setzte. Für das Verständnis dieser Bewegung ist der
kirchengeschichtliche Kontext entscheidend: Die konstantinische Wende
brachte als Folge u.a. auch eine religiöse Verflachung des Christentums
mit sich. Viele ließen sich taufen und bemühten sich nicht mehr um
eine der neutestamentlichen Botschaft entsprechende Lebensführung.
Pelagius warb, vor allem in der gesellschaftlichen Oberschicht Roms,
für eine radikale Erneuerung der christlichen Lebensweise. Entscheidend war dabei für Pelagius der menschliche Wille. „Nach der Anthropologie des Pelagius stattete der Schöpfer den Menschen nicht zuletzt
deshalb mit Erkenntnisfähigkeit und Willensfreiheit aus, damit er sozusagen aus eigenem Können zwischen Gut und Böse unterscheide und
sittlich verantwortlich handle. So war Adams Sünde seine persönliche
Entscheidung und Schuld. Adams Fall hatte keinerlei Wirkung auf die
übrigen Menschen, es sei denn die Wirkung eines schlechten Beispiels.
Konsequenterweise erblickte Pelagius den Sinn der Menschwerdung
Christi in dessen Lehre und Lebensführung, wodurch den Christen ein
Anreiz zur Nachfolge, zu sittlichen Hochleistungen gegeben sein sollte.
Ebenso folgerichtig interpretierte er auch die Gnade auf das exempla-
rische Leben Christi. Die Taufe tilgt keine Erbschuld, sondern nur die
persönliche Schuld. Damit aber war ihre Heilsnotwendigkeit in Frage
gestellt."[31]

In der Auseinandersetzung mit Pelagius reflektiert Augustin seine
eigenen Lebenserfahrungen: Was kann der Mensch von sich aus tun?
Was habe ich versucht? Wie wirkt Gottes Gnade? Und bestimmend
wurde für ihn zunächst 1 Kor 4,7: „Was hast du, das du nicht empfangen hättest?" Gegenüber der eher optimistischen Lehre des Pelagius
betont Augustinus das Geheimnis der Gnadenwahl Gottes und entwi-

---

31 C. Mayer, *Aurelius Augustinus*. In: M. Greschat (Hrsg.),
    Alte Kirche II. Gestalten der Kirchengeschichte. Bd. 2. Stuttgart 1984. S. 179–214, S. 207.

ckelt seine Praedestinationslehre und verweist mit ihr auf die unbe-
dingte göttliche Vorherbestimmung, die jedes Mitwirken des sündigen
Menschen bei seiner Erwählung ausschließt. Dies ist das eine. Zum andern entwickelte Augustin gegen Pelagius seine Lehre von der Gnade,
weshalb ihm die Kirche den Titel des *doctor gratiae* – des Lehrmeisters
der Gnade – verlieh. Nach Augustin kommt Gottes Liebe dem Menschen stets zuvor; sie erfasst ihn ganz, gibt ihm alles und verlangt auch
alles. Augustin erläuterte den Begriff Gnade, lateinisch *gratia,* mit Hilfe
der Wortbedeutung: *„Gratia, quia gratis data* – Gnade weil gratis gegeben, weil ohne Vorleistung".[32] So betont Augustin nicht zuletzt aufgrund
eigener Erfahrungen – wie 1000 Jahre nach ihm Martin Luther – die
Rechtfertigungslehre des Apostels Paulus: „Der aus Glauben Gerechte
wird leben" (Röm 1,17). Augustin muss gespürt haben, „dass ein Sieg
des Pelagianismus das Christentum ... zu einem Humanismus um-
funktioniert hätte, in welchem dem Herzstück des Glaubens, dem in
Christi Menschwerdung, Kreuz und Auferstehung gipfelnden Heilswerk
der Liebe Gottes, keine bedeutsamere Rolle mehr zukommen konnte."[33]
In der mittelalterlichen Theologie war es dann Thomas von Aquin,[34] der
die Alleinwirksamkeit der Gnade in besonderer Weise betont hat.

Biografisch und theologisch erreichte für Martin Luther dann die
Frage nach dem gnädigen Gott zentrale Bedeutung. Rechtfertigung –
das war die „Entdeckung" der Reformation Luthers. Der Ausdruck „Gerechtigkeit Gottes" hat ihn zutiefst beunruhigt, weil er dabei an die un-
erbittliche richterliche Gerechtigkeit Gottes, vor der kein Sünder im
Jüngsten Gericht bestehen konnte, gedacht hat. Zugespitzt hat sich ihm
dieses Problem an Röm 1,17: „Denn die Gerechtigkeit Gottes wird darin
geoffenbart aus Glauben zu Glauben, wie geschrieben steht: Der aus
Glauben Gerechte aber wird leben." Luther hat den Begriff „Gerechtigkeit Gottes" zunächst philosophisch im Sinne der austeilenden Gerechtigkeit interpretiert: Gottes Gerechtigkeit erweist sich in der gerechten Zumessung von Lohn und Strafe im Jüngsten Gericht. Diese
Gerechtigkeit aber kann im Vollzuge für den Sünder nur Strafe und
zwar die Strafe ewiger Verdammnis bedeuten. Die an Gott gerichtete
Bitte von Psalm 30/31,2 (vgl. auch Ps 70/71,2) „errette mich nach deiner
Gerechtigkeit" in Verbindung mit Röm 1,17 wurde für Luther schier un-

---

32 Vgl. C. Mayer, aaO. S. 210.
33 Ebd.
34 Vgl. Thomas v. Aquin, *Summa theologiae.* I–II q. 113 art. 8 c.

erträglich, denn in seinem Verständnis musste die strafende Gerechtigkeit Gottes unendlich dominieren. Für Luther löste sich das Problem, als er das Substantiv „Gerechtigkeit Gottes" in V 17a von dem adjektivischen Ausdruck „gerecht aus Glauben" in V 17b her verstehen lernte: V 17a meint die Gerechtigkeit, die als Geschenk Gottes den Menschen kraft seines Glaubens gerecht macht und ewiges Leben mitteilt. An die Stelle der formalen, austeilenden Gerechtigkeit war damit die effektive Gerechtigkeit Gottes getreten, mit der Gott aus Barmherzigkeit den Glaubenden gerecht macht. Luther fand dazu in anderen biblischen Traditionen parallele Wortkonstruktionen, z.B. Werk Gottes, Kraft Gottes oder Weisheit Gottes. Schließlich fand Luther in Augustins antipelagianischen Schriften, die auch für seine Paulusexegese zentrale Bedeutung gewannen, seine Erkenntnis bestätigt. Der Gewinn lag nun darin, dass Luther beim täglichen Psalmengebet nicht mehr an die richterliche Eigenschaft Gottes denken musste, sondern dass er seinen Glauben darauf bauen konnte, dass ihm in Christus die Gerechtigkeit Gottes zuteil wird, weil Gott ihn in der Glaubensverbundenheit mit Christus gerecht macht. Denn die biblischen Prädikationen Gottes (Wahrheit, Weisheit, Kraft, Heil, Werk, Weg und eben auch Gerechtigkeit) beziehen sich auf Gottes Handeln und zielen hin auf eine in Christus sich ereignende Vermittlung an den Menschen. Die Tragweite dieser Erkenntnis wurde erst allmählich deutlich, doch die Rechtfertigungsbotschaft der biblischen Schriften war wieder entdeckt und in Kraft gesetzt, die Paradiespforte, wie Luther später schrieb, war geöffnet worden, die „reformatorische Entdeckung" war erfolgt – wir schreiben die Jahre 1517/1518 –, und diese Entdeckung entpuppte sich bald als Basis einer Grundlagenreform der Theologie, die anstelle der scholastischen Theologie und der Kirchenväter die Bibel ins Zentrum theologischen Arbeitens rückte. Nun konnte Luther in Auslegung von Röm 7 seine für das Leben des Glaubenden grundlegende Perspektive formulieren: Der Glaubende ist zugleich gerecht und Sünder: gerecht auf Zukunft hin und Sünder gegenwärtig. Die den Glaubenden rechtfertigende Gerechtigkeit ist als Gerechtigkeit Christi außer uns der Grund dafür, dass uns das Prädikat „gerecht" zukommt: Ich muss mich nicht mehr im Gericht bewähren, sondern mir kommt in Christus Gerechtigkeit zu. So bin ich zugleich gerecht und Sünder, gerecht durch Christus, Sünder in mir selbst.

1545, ein Jahr vor seinem Tod, blickt Luther zurück auf diese reformatorische Entdeckung: „Wiewohl ich als ein untadeliger Mönch lebte, verspürte ich doch unruhigen Gewissens, dass ich vor Gott ein Sünder sei, und dass ich mich nicht darauf verlassen könnte, durch meine eigene Genugtuung versöhnt zu sein. ... So tobte ich in meinem wilden und verwirrten Gewissen und bemühte mich ungestüm um jene Stelle bei Paulus, von der ich brennend gern gewusst hätte, was St. Paulus wolle. Bis Gott sich erbarmte, und ich, der ich Tag und Nacht nachgedacht hatte, den Zusammenhang der Worte (bei Paulus) begriff, nämlich: Gerechtigkeit wird offenbart in dem, was geschrieben steht: Der Gerechte lebt aus dem Glauben. Da begann ich die Gerechtigkeit Gottes zu verstehen, durch die der Gerechte als durch ein Geschenk Gottes lebt, nämlich aus Glauben heraus. Und dass dies der Sinn sei: dass durch das Evangelium Gerechtigkeit Gottes offenbart werde, nämlich eine passive, durch die Gott uns in seiner Barmherzigkeit durch Glauben rechtfertigt ... Hier spürte ich, dass ich völlig neu geboren sei, und dass ich durch die geöffneten Pforten in das Paradies selbst eingetreten sei, und da erschien mir von nun ab die Schrift in einem ganz anderen Licht. Ich eilte durch die Schrift hindurch, wie es mein Gedächtnis hergab, und verglich in anderen Wörtern die Analogie, dass nämlich das Werk Gottes das ist, das Gott in uns tut, die Kraft Gottes, durch die er uns mächtig macht, die Weisheit Gottes, durch die er uns weise macht, die Stärke Gottes, das Heil Gottes, die Ehre Gottes. Und so sehr ich vorher die Vokabel Gerechtigkeit Gottes gehasst hatte, so viel mehr nun hob ich dieses süße Wort in meiner Liebe empor, so dass jene Stelle bei Paulus mir zur Pforte des Paradieses wurde." [35]

So kommen in Luthers biblischer Wiederentdeckung der geglaubten Rechtfertigung des Menschen durch Gott in Jesus Christus vier reformatorische Entscheidungen zum Tragen: „allein aus Glaube" (sola fide), „allein aus Gnade" (sola gratia), „allein durch Christus" (solus Christus) und „allein die Schrift" (sola scriptura).[36] Dies verdeutlicht auch die Confessio Augustana (1530), wenn es hier heißt: „Weiter wird gelehrt, dass wir Vergebung der Sünde und Gerechtigkeit vor Gott nicht erlangen mögen durch unser Verdienst, Werk oder Genugtun, sondern dass

---

35 WA 54, 185,12–186,20 i. A.
36 Vgl. zusammenfassend zur Rechtfertigungslehre: E. Jüngel, Das Evangelium von der Rechtfertigung des Gottlosen als Zentrum christlichen Glaubens. Tübingen 1998.

wir Vergebung der Sünden bekommen und vor Gott gerecht werden aus Gnaden um Christi willen durch den Glauben, so wir glauben, dass Christus für uns gelitten habe und dass uns um seinetwillen die Sünde vergeben, Gerechtigkeit und ewiges Leben geschenkt wird. Denn diesen Glauben will Gott für Gerechtigkeit vor ihm halten und zurechnen, wie der heilige Paulus sagt zu den Römern Kap 3 und 4."[37]

Bestimmt von der Auseinandersetzung mit Luthers Verständnis der Rechtfertigung betont das Tridentinum[38] (1545–1563) die Bedeutung der Werke: Wird zwar die zuvorkommende Gnade Gottes als das erste gesehen, so werden dann doch auch die Werke als diejenigen gewichtet, die die Gnade vermehren und das ewige Leben verdienen lassen. Die gemeinsame Erklärung des Vatikans und des Lutherischen Weltbundes in Augsburg, dem Ort der Confessio Augustana, am 31. Oktober 1999, betonte dann wiederum gemeinsam die Bedeutung der Rechtfertigung allein aus Glauben, wenn es heißt: „Gemeinsam bekennen wir: Allein aus Gnade im Glauben an die Heilstat Christi, nicht aufgrund unseres Verdienstes, werden wir von Gott angenommen und empfangen den Heiligen Geist, der unsere Herzen erneuert und uns befähigt und aufruft zu guten Werken."[39]

2.1.5   Eschatologie

Der Begriff „Eschatologie", der im 17. Jahrhundert zum ersten Mal in der Dogmatik begegnet, meint die Lehre von den zeitlich letzten Dingen (Tod, Auferstehung, Jüngstes Gericht und Weltvollendung).

Ist die alttestamentliche Eschatologie geprägt von der Hoffnung auf die volle Aufrichtung der Herrschaft Gottes, so trifft dies auf die neutestamentliche Eschatologie inhaltlich auch zu; gleichwohl lässt sich hier ein vielfältiges Nebeneinander eschatologischer Aussagen feststellen, zukünftige (futurische) und gegenwärtige (präsentische), existenziell-individuelle und kosmisch-universale Eschatologien finden sich nebeneinander. Diese Vielfalt geht in der Dogmengeschichte zugunsten einseitiger Betonungen bald verloren.

Schnell setzte sich in der Alten Kirche – nicht zuletzt aufgrund grie-

---

37 BSLK 56, 2–15.
38 Vgl. Denz. 792 ff.
39 Vgl. *Die gemeinsame Erklärung zur Rechtfertigungslehre.*
    In: Texte aus der VELKD 87/1999. S. 4 f.

chischen Einflusses – die metaphysisch-religiöse Vorstellung durch, es gehe bei der Lehre von den letzten Dingen um das Geschick der Einzelseele.[40] Daneben finden sich seit der konstantinischen Wende Vorstellungen, die den Sieg des Christentums als Erfüllung eschatologischer Hoffnungen zu interpretieren versuchen. So stellt beispielsweise bei Augustinus die Zeit der Kirche die letzte Epoche der Geschichte vor der Ewigkeit dar.

Joachim de Fiore (1130–1202) vertrat dagegen im Mittelalter radikal-eschatologische Perspektiven. Während er einerseits an der Differenz gegenwärtiger Zustände zum Reich Gottes festhielt, betonte er andererseits in seiner Geschichtstheologie der drei Stadien, deren drittes – das des Heiligen Geistes – im Anbruch sei, die Hoffnung, einer universalen Erneuerung und einer guten Zukunft entgegenzugehen. Diese Gedanken fielen insbesondere bei den Hussiten wie bei Jan Amos Comenius auf fruchtbaren Boden, der daraus ein großes „ökumenisches" – Kirche und Welt betreffendes – Erneuerungsprogramm entwarf.

Die lutherische Reformation war gegenüber solchen Vorstellungen eher skeptisch und sah zum einen die eschatologischen Hoffnungen begrenzt auf die Rettung von Sünde und Tod und bezog sie nicht auf die Erlösung der Welt; hinsichtlich dieser Perspektive der Rettung des einzelnen Gläubigen aber bedeutete die Reformation gegenüber dem ängstigenden Christentum des Mittelalters individuellen Trost und persönliche Hoffnung. Zum andern aber war die Grundstruktur reformatorischer Theologie eschatologisch: Evangelium, die frohe Botschaft, ist zuerst und zuletzt Versprechen, Verheißung. „Nichts von der Schrift ist wahr, wenn es nicht wahr wird ‚für uns', ‚für mich'. Wahrheit-an-sich gibt es, aber sie ist des Teufels. Was hatte Luther gegen die Scholastik, gegen die Metaphysik, gegen Philosophie? ‚Anders philosophiert der Apostel über die Dinge als die Philosophen und Metaphysiker. Denn die Philosophen richten ihr Auge so tief auf den gegenwärtigen Zustand der Dinge, dass sie nur auf ihr Wesen und ihre Eigenschaften blicken (und darüber nachdenken). Der Apostel aber wendet unsere Augen von der Betrachtung der Dinge, wie sie gegenwärtig sind, weg und richtet sie auf die Dinge, wie sie zukünftig sein werden.' ‚Ihr werdet ... dann die besten Philosophen, die besten Naturforscher sein, wenn ihr vom Apostel lernt, die Kreatur als eine harrende, seufzende, in Wehen lie-

---

40 Deren Unsterblichkeit wird vom 5. Laterankonzil 1513 dogmatisiert (vgl. Denz 738).

gende anzuschauen, d.h. als eine, die ... nach dem verlangt, was sie zukünftig sein wird und darum noch nicht ist' (zu Röm 8,19)."[41]

Nicht diese Grundstruktur, wohl aber die Zurückhaltung der Reformation gegenüber eschatologischen Aussagen eines im Sinne des
Comenius ökumenischen Erneuerungsprogrammes setzte sich in der
lutherischen Orthodoxie fort, die in den abschließenden Kapiteln ihrer
Dogmatiken Eschatologie begrenzt auf das postmortale Geschick des
Einzelnen. Auch in den Jahrhunderten danach ist – mit wenigen Ausnahmen – eine große Scheu gegenüber eschatologischen Aussagen der
Dogmatik zu spüren bis hin zu Schleiermachers Abwehr aller eschatologischen Rede.

Erst im 20. Jahrhundert wird die Eschatologie – nicht zuletzt angesichts der Erschütterung durch die beiden Weltkriege, durch Friedens-
bedrohung und Umweltzerstörung wie durch die Menschen vernichtende ökonomische Ungerechtigkeit zwischen dem Norden und dem
Süden der einen Erde – wieder zu einem bedeutsamen theologischen
Thema innerhalb der deutschsprachigen Theologie wie der Ökumene
und der ökumenischen Bewegung. Gründe dafür sind ebenso theologische wie nichttheologische Faktoren: So machte einerseits die neutestamentliche Forschung neu aufmerksam auf die eschatologischen
Motive und Hintergründe ganz unterschiedlicher biblischer Traditionen; und zum andern trugen die Erschütterungen durch die oben genannten Entwicklungen dazu bei, das Hoffnungspotenzial christlichen
Glaubens wie christlicher Theologien gegen den Status quo zu mobili-
sieren.

Der ökumenische Aufbruch ist ohne die Reich-Gottes-Hoffnung
nicht zu denken und diese hat einer ganzen Reihe von Vollversamm-
lungen des Ökumenischen Rates der Kirchen ihren ‚Stempel' aufge-
drückt: „Jesus Christus, die Hoffnung der Welt" inmitten des Kalten
Krieges 1954 in Evanston, „Siehe, ich mache alles neu" in der Auf-
bruchstimmung der 68er-Bewegung 1968 in Stockholm oder 1980 in
Melbourne die Bitte „Dein Reich komme!" angesichts weltweiter Ungerechtigkeit.[42]

---

41 F.-W. Marquardt, *Amen – ein einzig wahres Wort des Christentums*. In: Denker, Mar-
    quardt, Winkler-Rohlfinger (Hrsg.), Hören und Lernen in der Schule des NAMENS.
    Neukirchen-Vluyn 1999. S. 146–159, Zitat S. 156. Marquardt zitiert Luther aus:
    Römerbrief 1515/16, Lat.-deut. Ausgabe, Bd. 2. Darmstadt 1960. S. 99.
42 Vgl. als erste Einführung: G. Linn, *Ökumene*. Leipzig 1992.

In der deutschsprachigen Theologie war es insbesondere Jürgen Moltmann,[43] der den Gott der Bibel wieder entdeckt als einen „Gott der Hoffnung", „den man darum nicht in sich oder über sich, sondern eigentlich immer nur vor sich haben kann", und so plädiert Moltmann für ein Christentum, das „ganz und gar und nicht nur im Anhang Eschatologie"[44] ist. Mit der Verlegung der eschatologischen Hoffnung auf die Zeit nach dem Tod verloren Kirche und Christentum ihre mobilisierende Kraft für das Leben hier, um deren Wiederentdeckung es Moltmann in Aufnahme biblischer Traditionen und in der Auseinandersetzung mit Ernst Bloch,[45] dem großen marxistischen Lehrer der Hoffnung, ging. Glauben sucht Moltmann zu verstehen als ständigen Auszug aus dem Status quo: „Glauben heißt, die Grenzen in vorgreifender Hoffnung überschreiten, die durch die Auferweckung des Gekreuzigten durchbrochen sind."[46] Gegen einen die Erde ‚überfliegenden' Glauben werden das Kreuz und die Erde, auf der dieses Kreuz steht, festgehalten; die „eschatologia crucis" warnt vor Weltflucht und die „eschatologia gloriae" verweist auf Vorwegnahme und Erfüllung in der Auferweckung Jesu,[47] die Moltmann auch beschreiben kann als „die ‚Vorwegereignung', die Antizipation, die Prolepse des universalen Endes".[48] Theologie kann dann nur verstanden werden als „Auferstehungstheologie gegenüber dieser Wirklichkeit, gegenüber dieser Vernunft und gegenüber einer so beschaffenen Gesellschaft".[49]

2.2 Stationen der Ethikgeschichte

Wie die Dogmengeschichte ist die Geschichte christlicher Ethiken bestimmt von gesellschaftlichen wie individuellen Herausforderungen christlichen Glaubens und Handelns und von den jeweiligen säkularen Ethiken. Ich wähle im Folgenden Beispiele aus den unterschiedlichen Epochen der Kirchen- und Theologiegeschichte.

---

43 J. Moltmann, *Theologie der Hoffnung*. München 1964.
44 Ebd. S. 12.
45 E. Bloch, *Das Prinzip Hoffnung*. Frankfurt a. M. 1959.
46 J. Moltmann, aaO. S. 16.
47 Vgl. ebd. S. 144 f.
48 Ebd. S. 68.
49 Ebd. S. 74.

2.2.1   Die ersten christlichen Gemeinden

Der Glaube bekennt: Gottes Reich ist mit Jesus von Nazareth angebrochen, und das sollte nun weitergehen: „Im Weg des Sohnes Gottes –
und dementsprechend im Glauben eines Christen – geht es um kein
Privatunternehmen und auch nicht nur um das Unternehmen Kirche:
es geht um Gottes Reich – das Reich ohne Ende."[50] Das Reich Gottes
hat mit Jesus begonnen, auf der Erde Wirklichkeit zu werden: Jesus hat
es in Gleichnissen kenntlich gemacht, in seiner Lebenspraxis verdeutlicht und in seinen Wundern anbrechen lassen. Und der, auf dessen
Wiederkunft Christinnen und Christen durch 2000 Jahre Kirchengeschichte bekennend hoffen dürfen, ist kein anderer als der Mann aus
Nazareth: „Er rief die Mühseligen und Beladenen zu sich, pries die Friedfertigen, Verfolgten und Leidtragenden selig, die, die hungern und dürsten nach Gerechtigkeit. Der Weltenrichter ist kein anderer als der, der
selbst am Kreuz gerichtet, ja hingerichtet wurde. Weil er der Verurteilte
ist, verbindet sich mit seinem Namen darum unauslöschlich die Hoffnung, dass sein Gericht nicht allein vergebender Freispruch sein wird,
sondern ein für allemal aufrichtet und zurechtrückt, was verloren war.
Sein Wiederkommen am Jüngsten Tag teilt dann nicht ein Strafmaß aus,
sondern das maßlose, ewige Leben."[51] Der Traum von einem anderen
Leben sollte Wirklichkeit werden. Drei neutestamentliche Schlaglich-
ter dieses Tagtraums vom anderen Leben:

Apg 4,32–34: „Die Gemeinde der Gläubigen war ein Herz und eine
Seele. Keiner nannte etwas, von dem, was er hatte, sein Eigentum, sondern sie hatten alles gemeinsam. Mit großer Kraft legten die Apostel
Zeugnis ab von der Auferstehung Jesu, des Herrn, und reiche Gnade
ruhte auf ihnen allen. Es gab auch keinen unter ihnen, der Not litt. Denn
alle, die Grundstücke oder Häuser besaßen, verkauften ihren Besitz,
brachten den Erlös und legten ihn den Aposteln zu Füßen. Jedem wurde
davon so viel zugeteilt, wie er nötig hatte." Das war der Traum vom
neuen Leben – wieweit er Realität wurde, wissen wir kaum, aber so
sollte es sein: Keiner leidet Not, jede und jeder erhält, was sie nötig ha-

---

50 J. M. Lochman, *Das Glaubensbekenntnis. Grundriss der Dogmatik im Anschluss an das
    Credo.* Gütersloh 1985. S. 145.
51 M. Nüchtern, *Weltgeschichte und Weltgericht.* In: K. Hofmeister, L. Bauerochse (Hrsg.),
    Bekenntnis und Zeitgeist. Würzburg 1997. S. 130–142, hier S. 142.

ben, alle haben alles gemeinsam. Das Zeugnis von Jesu Auferstehung ist der Grund der Gemeinschaft und reiche Gnade ruht auf allen.

Doch bald kam der grundlegende gesellschaftliche Konflikt zwischen Arm und Reich auch in den Gemeinden zum Vorschein und wurde zum Problem. Auf seinen drei Missionsreisen hat Paulus in Kleinasien zunächst und dann in Europa – jetzt erst kommt die neue Religion von Asien nach Europa – das Evangelium verkündigt und Gemeinden gegründet. In Korinth kommt es um das Jahr 50 zum Konflikt: Reiche und Arme waren Glieder der neu gegründeten Gemeinde geworden. Die Gemeindeglieder kommen zur Mahlfeier zusammen, Reiche werden satt, und Arme bleiben dabei hungrig. Davon hat Paulus erfahren und er wird richtig wütend: Nicht zum Nutzen, sondern zum Schaden kämen die Korinther zusammen, wenn sie an ihrer Praxis festhalten und das Abendmahl nicht wahrnehmen als Gelegenheit, sich einzuüben ins Teilen. Und nicht nur das, nein: „Wer auf unsolidarische Weise das Brot isst und den Becher Christi trinkt, wird am Leib und Blut Christi schuldig" (1 Kor 11,27 in einer Übersetzung von Luise Schottroff). Abendmahl, die alltägliche und zugleich gottesdienstliche Feier, ist Einübung in die Ökonomie der Gerechtigkeit, mobilisierende Vorwegerfahrung des Reichs Gottes. „Eucharistie feiern bedeutet heute ... Wissen um die eigene Verpflichtung einer Praxis im Widerstand gegen die Spaltung in Arm und Reich."[52] Der in lateinamerikanischen Basisgemeinden erfahrbare Zusammenhang von Spiritualität und sozialer Veränderung ist hier auch für unseren westeuropäischen Kontext eingefordert und bedeutet mit Luise Schottroff und Dorothee Sölle: „Die Gemeinschaft ist durch Gott begründet und duldet keine Störung durch gesellschaftliche Unterschiede."[53] Das Teilen des Brotes fordert die Preisgabe der Privilegien. Privateigentum und der Umgang mit ihm sowie eine haushälterliche Ökonomie, deren Maßstab ihre schwächsten und wehrlosesten Glieder sind, sind geistliche Fragen: Fragen des Glaubens, der sich herausgefordert weiß durch die Vision des Reiches Gottes: „Es werden kommen vom Osten und vom Westen, vom Norden und vom Süden, die zu Tische sitzen werden im Reiche Gottes" (Lk 13,29).

Mit der gesellschaftlichen Auseinandersetzung wurden die neu ent-

52 M. Käßmann, *Die eucharistische Vision.* München/Mainz 1992. S. 359
53 L. Schottroff, D. Sölle, *Lachen und essen – das christliche Abendmahl.* In: JK 60/1999. S. 467–476, hier S. 472. Vgl. dazu auch G. Orth, *Von Gott reden heißt vom Ganzen reden.* Rothenburg 2000.

stehenden Gemeinden von einem innerkirchlichen Konflikt bewegt: Christen, die früher Juden waren, erlebten, dass auch Heiden Christen wurden. Und es stellte sich die Frage, ob sie zuvor Juden werden muss-ten. Gesetzestreue Judenchristen hielten dies für notwendig. Die Lö-sung des Problems wurde schließlich auf dem Apostelkonvent, wahr-scheinlich im Jahre 48 n. Chr., getroffen: Die gesetzesfreie Heidenmis-sion des Paulus wurde anerkannt und eine Teilung der Missionsaufgabe vereinbart: Barnabas und Paulus sollten die Heiden missionieren, die Jerusalemer Apostel die Juden. Der Zusammenhalt der von Paulus ge-gründeten neuen Gemeinden mit der ‚Muttergemeinde‘ in Jerusalem sollte durch eine Kollekte für die Armen in Jerusalem aufrechterhalten bleiben, für die in vielen Briefen des Paulus immer wieder geworben wird (vgl. Apg 15 und Gal 2). Der Konzilsgedanke war ‚geboren‘ als der für die Christen eigentümliche Ort ihrer Konfliktbearbeitung.

Der sich realisierende Traum vom anderen Leben aber stieß bald auf den Widerstand der Herrschenden. Am deutlichsten berichtet im Neuen Testament davon die Apokalypse des Johannes, die zum Ende des 1. Jahrhunderts geschrieben wurde. Die Offenbarung des Johannes antwortet auf die Verfolgungen unter Domitian (81–96); dieser ließ sich als „unser Herr und Gott" anreden, was die Christen verweigerten. Ins-besondere in Kleinasien mussten viele Gemeinden leiden. In dieser Si-tuation entsteht die Apokalypse als Antwort auf die Verfolgungen, und sie antwortet einerseits so, dass sie aufdeckt, was ist. Das nämlich be-deutet Apokalypse: aufdecken, entlarven – und zwar so, dass es der Gegner nicht zu entschlüsseln weiß, denn dies würde weitere äußerste Gefährdung bedeuten. So ist nun der römische Staat die „Hure Baby-lon", das Ungeheuer (Apk 13) – der gleiche römische Staat, gegenüber dem Paulus einige Jahre zuvor in seinem Römerbrief noch gefordert hatte, der Obrigkeit Untertan zu sein (Röm 13). Und andererseits ist die Apokalypse ein Trostbuch: Gott wird bei den Menschen sein. „Er wird abwischen alle Tränen von ihren Augen: Der Tod wird nicht mehr sein, keine Trauer, keine Klage, keine Mühsal. Denn was früher war, ist ver-gangen. Er, der auf dem Thron saß, sprach: Siehe ich mache alles neu" (Apk 21,4 f).

2.2.2   Reformation

„Ein Christenmensch ist ein freier Herr über alle Dinge und niemand untertan. Ein Christenmensch ist ein dienstbarer Knecht aller Dinge und jedermann untertan." – So heißt es in einer der reformatorischen Grundschriften Luthers aus dem Jahr 1520: „Von der Freiheit eines Christenmenschen".[54]

Im Glauben ist ein Christenmensch ein freier Herr über alle Dinge und niemand untertan, und in der Liebe ist er ein dienstbarer Knecht und jedermann untertan. So werden Glaube und Liebe ähnlich wie im „Sermon von den guten Werken"[55] aufs Engste miteinander verknüpft, wie es auch an anderer Stelle in dieser Freiheitsschrift, die ganz den Geist des reformatorischen Aufbruchs atmet, heißt: „Also fließet aus dem Glauben die Liebe und Lust zu Gott und aus dieser Liebe ein freies, williges, fröhliches Leben, dem Nächsten zu dienen umsonst."[56]

Nach Luther – und das wird in der Freiheitsschrift deutlich – ist nur der letztlich und wirklich frei, der seine Freiheit radikal im Glauben aus Gott empfängt, und nicht mehr die Werke, in denen die Liebe wirkt, zum Ermöglichungsgrund seiner Rechtfertigung bzw. seiner Freiheit macht. Seine Freiheit ist nicht Resultat seines Handelns oder seiner Praxis, sondern Geschenk des Glaubens als ein Sich-Empfangen aus der Liebe Gottes. „Aus dem allem folgt der Beschluss, dass ein Christenmensch nicht in sich selbst lebt, sondern in Christus und seinem Nächsten, in Christus durch den Glauben, im Nächsten durch die Liebe. Durch den Glauben fährt er über sich in Gott, aus Gott fährt er wieder unter sich durch die Liebe und bleibt doch immer in Gott und göttlicher Liebe. ... Siehe, das ist die rechte geistliche, christliche Freiheit."[57]

Die scholastische Theologie des Mittelalters hatte die Kirche dazu aufgefordert, die Menschen zu guten Werken anzuleiten, die sie im Gericht retten können; da es dafür aber keine Gewissheit gab, machte dies die Menschen unfrei. Dagegen war Freiheit das große ethische Thema Luthers gegenüber dem eher dogmatischen der Rechtfertigung.

Konkretisierte Anwendung christlicher Freiheit sind die Werke, in

---

54 In: *Luther deutsch,* hrsg. v. K. Aland. Bd. 2. Göttingen 1981. S. 251–274.
55 In: AaO. S. 95–156.
56 AaO. S. 270.
57 AaO. S. 273 f.

denen der Glaube als das eine und entscheidende „gute Werk" lebendig ist. Die Werke freilich unterscheidet – nicht trennt! – Luther kritisch je nachdem, ob der Mensch sie vor Gott oder vor der Welt, als Christenperson oder als Weltperson bzw. Amtsträger tut. Als Christenperson lebt ein Mensch nach der Bergpredigt, praktiziert den Gewaltverzicht und leidet Unrecht, als Weltperson bzw. Amtsträger aber widersteht er aus Fürsorge für andere dem Unrecht – auch mit Gewalt.

Hinter dieser ‚dialektischen Weise des Liebesgebotes'[58] stehen Vorstellungen Luthers, aus denen erst im 20. Jahrhundert die so genannte ‚Zwei-Reiche-Lehre' konstruiert wurde. Luther, für den Theologie in der Dogmatik wie in der Ethik Unterscheidungslehre ist, sieht die Notwendigkeit der Differenzierung zwischen dem weltlichen und dem geistlichen Bereich, die nicht getrennt, wohl aber einander kritisch zugeordnet werden: Das weltliche und das geistliche Regiment sieht Luther als zwei komplementäre Herrschaftsweisen Gottes und das Reich der Welt und das Reich Gottes als zwei unterschiedene Herrschaftsbereiche. Da Christenmenschen in beiden Bereichen zugleich leben, ergeben sich Spannungen, wie dem Liebesgebot Folge zu leisten ist in dem einen wie dem anderen Bereich. So kommt es im Zusammenhang von Luthers Zuordnung von Evangelium und Gesetz zu jenen oben genannten unterschiedlichen – wohl aber aufeinander bezogenen – Handlungsweisen der Christen: „Ein Christenmensch ist ein freier Herr über alle Dinge und niemand untertan. Ein Christenmensch ist ein dienstbarer Knecht aller Dinge und jedermann untertan."

2.2.3   Pietismus

Nach Luther bemühte sich die lutherische Orthodoxie, den Glauben als einen zuerst kognitiven Akt, der sich auf bekenntnishafte Lehrsysteme bezieht, zu denken, indem sie insbesondere die Rechtfertigungslehre mit einem großen gelehrsamen Apparat theoretisch zu festigen suchte. Dagegen betont im 17. Jahrhundert der Pietismus neu den praktischen Aspekt des Glaubens: Die gelebte Frömmigkeit steht nun im Vordergrund auch theologischer Lehre und damit gewinnt die Ethik neue Bedeutung. Das Schwergewicht verlagert sich vom rechtfertigenden Glauben auf die aus diesem Glauben resultierende alltägliche Lebenspraxis:

---

58 W.-D. Hauschild, aaO. Bd. 2. S. 312.

„Für Johann Arndt besteht das wahre Christentum in dem Erweis des
tätigen Glaubens durch Früchte der Gerechtigkeit. Johann Valentin Andreä beruft sich auf Arndt, wenn er seine utopische Gesellschaft Christianopolis entwirft. Christianopolis ist ein Staat mit einer idealen christlichen Sozialordnung auf der Basis eines Güterkommunismus." [59]

Für Philipp Jakob Spener (1635–1705), die Hauptgestalt des lutherischen Pietismus, liegt der Hauptkritikpunkt der nachreformatorischen,
orthodoxen Entwicklung auch darin, dass deren Lehrsystem das schlichte
Bibelwort zu ersticken droht. So will er anknüpfen an einen biblisch
orientierten Glauben, der sich vor allem im Leben und in der Frömmigkeit bewährt. Damit gewinnt auch das „Priestertum aller Gläubigen" neue Bedeutung, wenn es um den Lebensalltag der Gläubigen und
um deren individuelle Frömmigkeit sowie um die dadurch in Gang gesetzte Kirchenreform geht.

Dieser Zusammenhang von individueller, handlungsorientierter
Frömmigkeit und Kirchenreform bestimmt auch Speners Hauptschrift
„Pia desideria oder herzliches Verlangen nach gottgefälliger Besserung
der wahren evangelischen Kirchen, samt einigen dahin einfältig ab-
zweckenden christlichen Vorschlägen". Ausgangspunkt ist der fromme
einzelne Christ oder ein Zusammenschluss gleichgesinnter Christen.
Die *Pia desideria,* die frommen Wünsche, schließen mit dem Appell:
„Das vornehmste aber achte ich dieses zu seyn – weil ja unser ganzes
Christenthum bestehet in dem innern oder neuen Menschen, dessen
Seele der Glaube und seine würckungen die früchten des lebens sind:
Daß dann die Predigten insgesamt dahin gerichtet sollten werden. Eins
theils zwar die theure Wohlthaten Gottes, wie sie auff den innern menschen zielen, also vorzutragen, daß daher der glaube und in demselben
solcher innere mensch immer mehr und mehr gestärcket werde: Anderen theils aber die werck also zu treiben, daß wir bey leibe nicht zu
frieden seyen, die leute allein zu unterlassung der äusserlichen laster
und übung der äusserlichen tugenden zu treiben, und also gleichsam
nur mit dem äusserlichen menschen es zu thun zu haben, das die Heyd-
nische Ethic auch thun kann: Sondern daß wir den grund recht in dem
hertzen legen; zeigen, es seye lauter heucheley, was nicht auß diesem
grunde gehet, und daher die leute gewehnen, erstlich an solchem inner-
lichen zu arbeiten, die Liebe Gottes und des Nechsten bey sich durch

59 J. Rohls, aaO. S. 241.

gehörige mittel zu erwecken, und nachmahl auß solchem erst zu würcken."[60]

Der Zusammenhang von Individualität und Gemeinschaft war schließlich auch für August Hermann Francke (1673–1727) und Nikolaus Ludwig von Zinzendorf (1700–1760) bedeutsam. Francke, der selbst von einer individuellen Bekehrungserfahrung berichtet, ohne diese jedoch zur Norm rechten Christseins zu machen, gründet das Hallesche Waisenhaus, aus dem pädagogische Anstalten und ein Wirtschaftsunternehmen werden. Für Zinzendorf war der Zusammenhang von Christentum und Gemeinschaft von zentraler Bedeutung, und so gründet er die Herrnhuter Brüdergemeine mit ihrer eigenen Verfassungs- und Gemeinschaftsstruktur. Individualismus und Gemeinschaftssinn – orientiert auf die persönliche Besserung des Lebens und die soziale Verbesserung der Gesellschaft wie die an praktischer Frömmigkeit ausgerichteten Reformbestrebungen von Kirche – gehören zu bleibenden Charakeristika des Pietismus.

2.2.4   Karl Barth

Anfang des 20. Jahrhunderts bestimmt Karl Barth, vom religiösen Sozialismus herkommend, das die Ethik bestimmende Verhältnis zwischen Reich Gottes und Gesellschaft im Sinne einer Analogie, freilich nicht einer ontologischen Analogie, die von Seiendem auf Seiendes schließt, sondern im Sinne einer *analogia fidei*, einer Analogie, deren Weg der Glaube weist.

So findet sich bei Barth die Ethik auch integriert in die Dogmatik, ja sie wird als Teil der „Kirchlichen Dogmatik"[61] konzipiert, denn der Glaube weiß, dass in Christus alle Menschen erwählt sind, nicht aber alle als Erwählte leben.

In der streng christologischen Prägung von Barths Dogmatik und Ethik ist Christus das eine Wort Gottes, das Vertrauen wie Gehorsam fordert und das Zuspruch der Sündenvergebung wie Anspruch auf unser ganzes Leben bedeutet; so wie es die Barmer Theologische Erklärung 1934 formuliert hat: „Jesus Christus, wie er uns in der Heiligen Schrift bezeugt wird, ist das eine Wort Gottes, das wir zu hören, dem

---

60 P. J. Spener, *Pia desideria*. Ed. K. Aland. Berlin 1975, S. 79
61 K. Barth, *Kirchliche Dogmatik*. Zürich 1932–1967.

wir im Leben und im Sterben zu vertrauen und zu gehorchen haben."[62]
So ist bei Barth das Gesetz immer eine Form des Evangeliums und wie
dieses Ausdruck der Gnade Gottes, die in Jesus Christus sich inkar-
nierte. „Das Gesetz ist die Form des Evangeliums, weil es die dem Menschen durch den ihn in Christus erwählenden Gott geschehene Heiligung ist."[63] Aus dem, was Gott hier für die Menschen tut, können diese
erkennen, was Gott fordert. Der Menschen Befolgung des Gesetzes besteht nun darin, dass sie Jesu stellvertretendes Handeln glauben und
durch eigenes Tun Gottes Gnade bezeugen, denn der Inhalt des Gesetzes ist ja kein anderer als Jesus Christus, wie er dem Willen Gottes
gehorsam gefolgt ist.

So werden, um ein Beispiel zu nennen, auch Kirche und Staat als
Christengemeinde und Bürgergemeinde so auf Christus bezogen, dass
die Christengemeinde den inneren und die Bürgergemeinde den äuße-
ren Kreis darstellt: Ist die Christengemeinde dazu aufgefordert, Gleichnis Jesu Christi zu sein, so die Bürgergemeinde – nicht nur gleichnis-
bedürftig, sondern auch gleichnisfähig –, als Gleichnis der Christengemeinde sich zu organisieren und ihre Existenz zu gestalten: „Die
Bürgergemeinde hat mit der Christengemeinde sowohl den Ursprung
als auch das Zentrum gemeinsam. Sie ist Ordnung der göttlichen Gnade.
Sie hat also keine vom Reich Jesu Christi abstrahierte, eigengesetzlich
begründete und sich auswirkende Existenz. … Sicher ausgeschlossen
ist von da aus Eines: die Entscheidung für die Indifferenz, ein apoliti-
sches Christentum. … Im Raum der Bürgergemeinde ist die Christengemeinde mit der Welt solidarisch und hat diese Solidarität resolut ins
Werk zu setzen."[64] Konkretes sozialethisches Handeln geschieht dann
in „Richtung und Linie" des Evangeliums: „Nachdem Gott selbst Mensch
geworden ist, ist der Mensch das Maß aller Dinge, kann und darf der
Mensch nur für den Menschen eingesetzt und u.U. geopfert, muss der
Mensch, auch der elendeste Mensch – gewiss nicht des Menschen Ego-
ismus, aber des Menschen Menschlichkeit – gegen die Autokratie jeder
bloßen Sache resolut in Schutz genommen werden. Der Mensch hat
nicht den Sachen, sondern die Sachen haben dem Menschen zu dienen. Die Christengemeinde ist Zeuge dessen, dass des Menschen Sohn

---

62 Zit. nach: E. Beyreuther, *Die Geschichte des Kirchenkampfes in Dokumenten 1933/45.*
    Wuppertal 1966. S. 69.
63 J. Rohls, aaO. S. 423.
64 K. Barth, *Christengemeinde und Bürgergemeinde.* Stuttgart 1946. S. 36.

gekommen ist, zu suchen und zu retten, was verloren ist. Das muss für sie bedeuten, dass sie – frei von aller falschen Unparteilichkeit – auch im politischen Raum vor allem nach unten blickt. ... Die Christengemeinde steht im politischen Raum als solche und also notwendig im Einsatz und Kampf für soziale Gerechtigkeit. Und sie wird in der Wahl zwischen den verschiedenen sozialistischen Möglichkeiten (...) auf alle Fälle die Wahl treffen, von der sie jeweils (unter Zurückstellung aller anderen Gesichtspunkte) das Höchstmaß von sozialer Gerechtigkeit erwarten zu sollen glaubt."[65]

Eine Gegenposition zu solch christozentrischer Ethik vertrat im Kirchenkampf das Erlanger Luthertum mit Werner Elert und Paul Althaus in dem gegen die Barmer Theologische Erklärung geschriebenen Ansbacher Ratschlag. „Gegenüber der These von Jesus Christus als dem einzigen Wort Gottes insistieren sie auf der zweifachen Gestalt des Wortes Gottes als Gesetz und Evangelium. Entscheidend dabei ist, dass sie das Gesetz als unwandelbaren Willen Gottes charakterisieren, der nur in der Gesamtwirklichkeit unseres Lebens begegnet. Es bindet jeden Einzelnen an seinen Stand und verpflichtet ihn auf die natürlichen Ordnungen der Familie, des Volkes, der Rasse, also des Blutzusammenhangs. Die natürlichen Schöpfungsordnungen offenbaren uns so die göttliche Willensforderung und sind zugleich die Mittel, deren Gott sich bedient, um unser irdisches Leben zu schaffen und zu erhalten. Und auf diesem Hintergrund erfährt dann der nationalsozialistische Staat seine positive Würdigung als gutes Regiment, das das sittliche Ethos wiederhergestellt habe."[66]

2.3   Das Gespräch mit den Vätern und Müttern im Glauben und Handeln

Theologie ist als Sprach- und Verhaltenslehre christlichen Glaubens zuerst verwiesen auf die biblischen Traditionen als norma normans theologischen Denkens. Dazu kommen die Väter und die Mütter im Glauben und in der Theologie: alle diejenigen Männer und Frauen, die in den Jahrhunderten vor uns ihren Glauben lebten und theologisch bedachten. Dieses oftmals ebenso harmonische wie dissonante Gespräch

---

65 AaO. S. 33–35 i.A.
66 J. Rohls, aaO. S. 431 f.

durch und über die Jahrhunderte gehört zu den weiteren wichtigen, freilich sekundären Maßstäben dogmatischen und ethischen Nachdenkens. „Gedenket an eure Lehrer, die euch das Wort Gottes gesagt haben; schauet den Ausgang ihres Wandels an und folget ihrem Glauben nach" – heißt es schon im Brief an die Hebräer im Neuen Testament (Hebr 13,7). Dieses Gespräch der Lernenden und Lehrenden im Glauben kennen zu lernen und sich an ihm zu beteiligen, dazu dient insbesondere auch die Geschichte von Dogmatik und Ethik. Dabei kommt es freilich darauf an, beide ‚Geschichten' recht zu verstehen als theologische Arbeit, die uns heute hilft, den Raum unserer Freiheit wahrzunehmen und zu praktizieren, ähnlich wie der französische Theologe Michel Clévenot[67] es beschreibt: „Sehr viele Probleme unserer gegenwärtigen Welt bleiben unverständlich, wenn man sie nicht einordnet in die ‚lange Dauer' der Zeit. ... Gegen alle Konservativismen und restaurativen Tendenzen, die aus zu kurz greifenden und verstümmelten Erinnerungen ihr Kapital schlagen, gilt es, das komplizierte und widersprüchliche Durcheinander der Jahrhunderte, die aus uns das gemacht haben, was wir jetzt sind, zu entwirren. In dieser Hinsicht gibt es sicher wenig Archive, die so ergiebig sind wie diejenigen, die dem Christentum zur Verfügung stehen. Im Laufe von 2000 Jahren haben die Kirchen jede Form von Politik kennen gelernt, alle Arten der Wirtschaft praktiziert und sich in jeglicher Spielart der Ideologie versucht. ... Das Buch ihrer Erfahrungen steht für alle offen. Wenige bieten eine solche Vielfalt. Man findet darin ebenso ‚Höchstleistungen' an Fanatismus, Intoleranz und Obskurantismus wie auch ‚Glanzleistungen' an Zärtlichkeit, Rechtschaffenheit und Heldenmut im Dienste der Unterdrückten. Ob wir Gläubige sind oder nicht, faktisch gehören wir zu dieser Familie. Diese Menschen – berühmte Heilige, berüchtigte Folterknechte und die bescheidene Masse der Namenlosen – sie alle sind unsere Vorfahren. Wir haben das Recht, darunter den einen oder anderen zu bevorzugen, nicht aber das Recht, sie als Gesamtheit einfach zu übergehen. Wir tragen sie in uns, sie bilden jene Kette von Genmolekülen, auf denen unsere Identität aufbaut. Allein die Kenntnisnahme von dem, was sie waren, ermöglicht uns heute, den Raum unserer Freiheit zu ermessen."

---

67 M. Clévenot, *Von Jerusalem nach Rom.* Fribourg 1987. S. 9

3 Credo – eine Auslegung

Trotz meines Plädoyers für eine induktive Dogmatik und Ethik folgt nun eine Auslegung des apostolischen Glaubensbekenntnisses, das die christliche Gemeinde oftmals mit der – wichtigen! – liturgischen Eingangsformel: „Wir wollen Gott loben mit dem Bekenntnis unseres christlichen Glaubens" sonntäglich im Gottesdienst spricht. Wir beginnen also nicht mit unseren Erfahrungen, wie es der induktive Ansatz systematischer Theologie in Dogmatik und Ethik nahe legen würde, sondern wir fangen mit einem klassischen gottesdienstlichen und dogmatischen Text an und wollen im Anschluss an ihn einen Überblick über wichtige Themen der systematischen Theologie versuchen.

Ich habe deshalb diesen Ausgangspunkt beim Glaubensbekenntnis gewählt, weil ich mit Dietrich Bonhoeffer davon ausgehe, „dass wir wieder ganz auf die Anfänge des Verstehens zurückgeworfen sind. Was Versöhnung und Erlösung, was Wiedergeburt und Heiliger Geist, was Feindesliebe, Kreuz und Auferstehung, was Leben in Christus und Nachfolge Christi heißt, das alles ist so schwer und so fern, dass wir es kaum mehr wagen, davon zu sprechen. In den überlieferten Worten und Handlungen ahnen wir etwas ganz Neues und Umwälzendes, ohne es noch fassen und aussprechen zu können."[68] Bonhoeffer begründet dies Unverständnis mit der eigenen Schuld der Kirche, die in den Jahren des Hitlerfaschismus „nur um ihre Selbsterhaltung gekämpft hat, als wäre sie ein Selbstzweck, unfähig, Träger des versöhnenden und erlösenden Wortes für die Welt zu sein".[69]

Vielleicht erschließt sich uns im Laufe unserer Auslegung des Glaubensbekenntnisses etwas von jenen Anfängen, auf die wir zurückgeworfen sind, wenn wir sie konfrontieren mit Fragen und Hoffnungen unserer Zeit. Auch wenn wir dem Glaubensbekenntnis folgen, so lege

68 D. Bonhoeffer, *Widerstand und Ergebung.* DBW 8. Gütersloh 1998. S. 428 ff., Zitat S. 435.
69 AaO.

ich dieses nicht im Kontext der Stimmen der Väter und Mütter der Dogmatik und Ethik alleine aus, auch wenn auf sie immer zu hören sein wird, sondern frage in jedem neuen Kapitel nach den Fragen und Hoffnungen unserer Zeit, um davon ausgehend das Apostolikum und mit ihm Grundthemen der systematischen Theologie zu entfalten. Dabei wird es uns oft so gehen wie beim Erlernen einer Fremdsprache. „Ich spreche eine Fremdsprache, wenn ich jenes Bekenntnis spreche, gewiss! Aber das ermöglicht mir, es zu sprechen. Ich brauche es nicht alleine zu verantworten. … Weil das Bekenntnis vor allem eine Sprache der Gemeinde und der Kirche ist, darum passen seine Aussagen dem Einzelnen ungefähr so wie ein paar Schuhe, das für die ganze Familie gemacht ist. Dem einen sind sie zu groß, der anderen zu klein. Dem einen ist zuviel gesagt im Bekenntnis, der anderen zu wenig. Ich bin halbidentisch, wenn ich den Text spreche."[70] Nicht jeder und nicht jede können alle Sätze des Glaubensbekenntnisses zustimmend mitsprechen. Wenn ich selbst es auch nicht kann, dann spreche ich sie in dieser Weise mit, vertrauend auf den Glauben der Mütter und Väter, vertrauend auf den Glauben der Gemeinde.

Wir verstehen dieses Glaubensbekenntnis als Lob Gottes: „Wir wollen Gott loben mit dem Bekenntnis unseres christlichen Glaubens". Seine Formulierungen verstehen wir also dezidiert als doxologische Aussagen: So spricht ein Mensch mit ganz konkreten Erfahrungen und im Kontext ganz spezifischer individueller, gesellschaftlicher, politischer, ökonomischer und kultureller Bedingungen, der zum Glauben gekommen ist, der froh und dankbar ist, dass Gott sich ihm gezeigt hat, Christus ihm begegnet ist, der Heilige Geist ihn bewegt. Beides gehört also von vornherein zusammen: die konkreten Erfahrungen und das Bekenntnis des Glaubens. Und: Im Glaubensbekenntnis werden keine Glaubensvorschriften gemacht, sondern es wird Gott gelobt: So habe ich Gott erfahren, so glaube ich an Jesus Christus und an den Heiligen Geist. Dieser Zusammenhang von Doxologie und Glaubensbekenntnis wird uns ganz am Ende unserer Überlegungen nochmals beschäftigen, wenn wir über das Ende des Glaubensbekenntnisses nachdenken, über das kleine Wörtchen „Amen", und dabei die Frage nach der Wahrheit des Credo und nach dem Verhältnis von Glaube und Lehre stellen.

Mit den Worten des Glaubensbekenntnisses spricht ein Mensch,

---

70 F. Steffensky, *Das Haus, das die Träume verwaltet.* Würzburg 1998. S. 56 und 58.

der zum Glauben gekommen ist. Damit ist der ursprüngliche Sitz im Leben auch des Glaubensbekenntnisses und seiner früheren, weitaus kürzeren Formulierungen benannt und wir kommen kurz zur Geschichte des Apostolikums: Es hatte seinen Ort in der Taufliturgie. Dem Täufling wurden fragend Glaubensaussagen benannt, zu denen er sich bekennen sollte. Aus solchen Vorformen sind im Laufe des 3. Jahrhunderts zusammenhängende deklamatorische Texte entstanden. Das apostolische Glaubensbekenntnis wird erstmals im Brief der Synode von Mailand an den Papst Syricius im Jahr 390 erwähnt. Von da an setzte es sich als das Bekenntnis in der abendländischen Christenheit durch. Apostolisches Glaubensbekenntnis wurde es deshalb genannt, weil nach alter Überlieferung jeder der zwölf Apostel eine Aussage zu ihm beigetragen haben soll. So sollte die historisch spätere Entstehung des Apostolikums zurückgeführt werden auf die zwölf Apostel, um ihm zusätzliche Autorität und Legitimation zu verschaffen. Für die Ostkirchen erlangte das – ausführlichere – Nicäno-Konstantinopolitanum den gleichen Rang. Die Reformatoren haben das Apostolikum übernommen: Luther empfand, dass es „kurz und richtig die Artikel des Glaubens gar rein fasset", und Comenius urteilte: „Kein anderes ist so kurz, so kernig, keines fasst das Entscheidende so treffend zusammen."[71]

3.1   Ich glaube ...

„Ich glaube" – mit diesen beiden Worten beginnt das Apostolikum. Was meint hier das Tätigkeitswort „glauben"? Nicht genau wissen, vermuten, jemandem vertrauen – alles dies und anderes mehr kann Glauben in unserer Alltagssprache bedeuten. Der in der europäischen Geistesgeschichte oftmals vermutete und mit der Aufklärung wirksam gewordene Gegensatz von Glauben und Wissen trug in der Geschichte ein Übriges dazu bei, dass unklar wurde, was „Glauben" im Sinne biblischer und dogmatischer Traditionen eigentlich bedeutet; biblisch jedenfalls ist der Gegensatz von Glauben und Wissen nicht: Paulus „weiß" z.B., „dass denen, die Gott lieben, alle Dinge zum Guten mitwirken" (Röm 8,28).
    Biblisch meint Glauben weder ein Vermuten, unsicherer als das

---

71 *Zum Apostolikum* vgl. W.-D. Hauschild, *Lehrbuch der Kirchen- und Dogmengeschichte.* Bd. 1. Gütersloh 1995. S. 78 ff. (Lit.!).

Wissen, noch meint Glauben das Für-wahr-Halten von Ideen, Lehrsystemen oder Lehrsätzen, wie z. B. „Ich glaube, dass Jesus Gottes Sohn ist". Das entsprechende neutestamentliche Wort *pisteuein* wird nur sehr selten mit einem Dass-Satz verbunden (z.B. Hebr 11,3.6); das entsprechende alttestamentliche Wort kann gar nicht damit verbunden werden. Das hebräische Stammverbum *ämän* bedeutet: zuverlässig, treu sein und in einem davon abgeleiteten Modus: sich stützen auf ..., sich verlassen auf ... Die daraus entstehenden Substantive besagen die Festigkeit dessen, auf den man sich verlassen kann, seine Treue und Wahrheit, bzw. die Festigkeit des Sich-auf-ihn-Verlassens, des Vertrauens. Das neutestamentliche Wort *pistis* umfasst beide Bedeutungen der hebräischen Substantive: die (objektive) Zuverlässigkeit und Treue Gottes und das (subjektive) Sich-Verlassen des Glaubenden auf diese Treue. Und so heißt es auch – ganz in der biblischen Tradition beider Testamente – im apostolischen Glaubensbekenntnis: „Credo in Deum", „Ich glaube an Gott". „Die einzelnen Beifügungen zum Worte Gott im 1. Artikel (‚den Allmächtigen, Schöpfer Himmels und der Erden') geben also nicht Lehrsätze an, die ich in einem eigenen Fürwahrhalteakt bejahe, bevor ich mich auf Gott verlassen kann, sondern sie geben an, wie der, der mich zum bedingungslosen Vertrauen auffordert, sich selbst charakterisiert, damit mein Vertrauen nie an eine Grenze kommt. ... Weil in unserer Alltagssprache glauben ... ebenfalls die Bedeutung der Bejahung eines Dass-Satzes bekommen hat, muss bis in jedes Gespräch über biblische und christliche Dinge hinein dieser Sprachgebrauch durch die Erinnerung an das Credo in ... korrigiert werden. Credo heißt: ich gebe ihm und seinem Wort felsenfesten Kredit."[72] Das jedenfalls meint biblisch „Glauben": sich festmachen an Gott, sich verlassen auf Gott, Gott die Treue halten. Und ich betone nochmals: Glauben meint kein Für-wahr-Halten irgendwelcher dogmatischer Sätze, sondern jenes Sich-Verlassen auf den guten Willen Gottes für alle Menschen, wie es beispielsweise in der Geschichte des Hauptmanns von Kapernaum deutlich wird: Jesus qualifiziert den Wunsch des Hauptmanns, er möge seinen Sohn gesund machen, als Glaube (Mt 8,5–13 par)!

Doch wer kann von sich sagen, er habe solchen Glauben? An dieser Schwierigkeit wird sogleich deutlich: Glauben kann man nicht „haben". Glaube ist Ereignis inmitten von Unglauben, inmitten von An-

---

72 H. Gollwitzer, *Befreiung zur Solidarität.* München 1978. S. 212 f.

fechtung des Glaubens. Oder mit den Worten Karl Barths aus seiner „Einführung in die evangelische Theologie": „Glaube ist – jeden Morgen neu! – eine Geschichte. Er ist also kein Zustand, keine Eigenschaft. Er darf also mit ‚Gläubigkeit' nicht verwechselt werden. ... Wer glaubt, der weiß und bekennt, dass er – ‚aus eigener Vernunft und Kraft' nämlich durchaus nicht glauben kann. Er wird es ... nur eben tun: angesichts des auch in ihm dauernd mitlaufenden und sich erhebenden Unglaubens."[73] Und auch darin verhält er sich biblisch ähnlich dem Vater in der Wundergeschichte der Heilung des epileptischen Knaben, wenn er zu Jesus hin ausruft: „Ich glaube, hilf meinem Unglauben!" (Mk 9,14–29, Zitat V 24). In einem solchen Ruf wird nochmals zusammengefasst deutlich: Glaube ist kein Zustand, „sondern stets neuer Akt; man hat ihn nicht, man tut ihn. ... Glaube ist das eine gute Werk, in dem alle anderen guten Werke gründen (Luther)."[74] Deshalb war für die Reformation Luthers neben dem *sola scriptura* und dem *sola gratia* das *sola fide* – allein aus Glauben – entscheidend.

„Deshalb hat man, wenn man die Worte (Gottes) hat, durch den Glauben alles, freilich in verborgener Weise." Dieser Satz Luthers verdeutlicht das reformatorische Verständnis des Glaubens. „Der Glaube hängt sich ans Wort, an Gottes Verheißung. Indem er sich so Gott unterwirft und seiner bloßen Zusage, für die es in der Welt keine greifbare Garantie gibt, Vertrauen schenkt, hat der Glaube jetzt schon alles, was er glaubt, den unsichtbaren Gott und das verheißene Heil – , freilich in verborgener Weise'. Damit wird die Grenze des Glaubens sichtbar, die Paulus mit den Worten umschreibt: ‚Wir wandeln im Glauben und nicht im Schauen' (2 Kor 5,7). Der Glaube weiß, dass er durch das – verheißene – Schauen begrenzt ist. Während er jetzt noch aufs bloße Wort hin glaubt, geht er dem Tag entgegen, an dem er die geglaubte Wahrheit Gottes unmittelbar anschauen wird."[75] Oder wie es im Lobpreis der Liebe in 1 Kor 13 heißt: „Denn wir sehen jetzt mittels eines Spiegels in rätselhafter Gestalt, dann aber von Angesicht zu Angesicht. Jetzt ist mein Erkennen Stückwerk, dann aber werde ich völlig erkennen, wie ich auch völlig erkannt worden bin." (1 Kor 13,12). Der Glaube steht also nicht an der Grenze des Wissens, sondern an der Grenze des Schau-

---

73 Zürich 1970 (1962). S. 115 und 117.
74 H. Gollwitzer, aaO. S. 215.
75 H. Ott, *Glaube*. In: H. J. Schultz, *Theologie für Nichttheologen*. Stuttgart 1966.
    S. 141–145, hier S. 141.

ens, an der Grenze der Begegnung Gottes mit den Menschen. Was uns jetzt verheißen ist und was uns jetzt im Glauben geschenkt ist und was wir dankbar festzuhalten und zu leben suchen, werden wir dann schauen.

Was aber ist verheißen? Die zentrale Frage Luthers im Blick auf seinen Glauben lautete: „Wie kriege ich einen gnädigen Gott?" Die Anfechtung, die uns heute zusetzt, ist kaum mehr die Frage nach unserer persönlichen Schuld und die daraus resultierende Frage nach dem gnädigen Gott, sondern viel eher wohl die Frage nach dem Sinn oder der Sinnlosigkeit unseres Lebens, die Frage: Angesichts von Umweltzerstörung, Friedlosigkeit, grenzenloser Ungerechtigkeit und individueller Erfahrungen von Sinnlosigkeit – wo ist da Gott? So konnte beispielsweise Dietrich Bonhoeffer schreiben: „Ist nicht die individualistische Frage nach dem persönlichen Seelenheil uns allen fast völlig verschwunden? … Ich weiß, dass es ziemlich ungeheuerlich klingt, dies zu sagen. Aber ist es nicht im Grunde sogar biblisch? Gibt es im Alten Testament die Frage nach dem Seelenheil überhaupt? Ist nicht die Gerechtigkeit und das Reich Gottes auf Erden Mittelpunkt von allem?"[76] Genau darum aber geht es auch und gerade biblisch in erster Linie, wenn von Glaube die Rede ist: um Recht und Gerechtigkeit, um die Neuschöpfung der ursprünglich „sehr guten" Schöpfung (Gen 1); und in dieser Neuschöpfung der ganzen Erde und des Himmels geht es um das Neuwerden eines jeden Einzelnen von uns: „Siehe da, die Hütte Gottes bei den Menschen; und er wird bei ihnen wohnen, und sie werden sein Volk sein, und Gott selbst wird bei ihnen sein. Und er wird alle Tränen abwischen von ihren Augen und der Tod wird nicht mehr sein, und kein Leid noch Geschrei noch Schmerz wird mehr sein; denn das Erste ist vergangen." (Apk 21,3 f.). So zitiert der Apokalyptiker Johannes den alttestamentlichen Propheten Hesekiel (Hes 43,7; 37,27; 48,35), wenn er die Hoffnung der ersten christlichen Gemeinden beschreibt. Das ist die Verheißung für diese Erde, die U-topie, die jetzt noch keinen Ort hat, die aussteht. Das ist das „Prinzip Hoffnung", das der marxistische Philosoph Ernst Bloch in den 50er und 60er Jahren mit immer neuen Bildern, die alten Bilder zitierend, beschrieben und beschworen hat.[77]

---

76 Zit. bei H. Ott, aaO. S. 144.
77 E. Bloch, *Prinzip Hoffnung*. Frankfurt a.M. 1959.

Diese Verheißung auf Gottes Reich ist der Zentralinhalt der Botschaft Jesu: Hier markiert Jesus die Differenz zu der ihn umgebenden Gesellschaft und Welt, wie es der johanneische Jesus in der Passionsgeschichte festhält, wenn er auf die Differenz seiner Friedensbotschaft zu der ihn umgebenden Gewaltgesellschaft hinweist und festhält: „Mein Reich ist nicht von dieser Welt" (Joh 18,36). Jesu Gleichnisse sind beschreibende Hinweise auf das Reich Gottes, seine Wunder Protest gegen das, was ist und an Leiden hingenommen wird, und Vorwegnahme dessen, was sein wird, seine Reden Zuspruch für diejenigen und Anspruch an diejenigen, die Jesus und seiner Hoffnung auf Gottes Reich nachfolgen wollen. Paulus fordert in der Konsequenz dessen die Christen auf, sich nicht nach den Maßstäben und Beurteilungskriterien dieser Welt zu richten, um prüfen zu können, was Gottes Wille ist (Röm 12,2).

Diesen zentralen Inhalt des Lebens und der Botschaft Jesu nimmt in jedem Gottesdienst die christliche Gemeinde auf, indem sie mit dem Gebet Jesu (vgl. Mt 6,9–13) um das Kommen dieses Reiches bittet, wenn sie am Schluss des Gottesdienstes im Vater Unser betet: Dein Reich komme. Helmut Gollwitzer hat dies in einem Leitsatz seiner Einführung in die Theologie einmal so formuliert: „Das Kernstück des Evangeliums und damit des christlichen Glaubens ist die Botschaft vom Reiche Gottes. Der Ausdruck ‚Reich Gottes' meint die Durchsetzung des gnädigen Willens Gottes gegen alle Widerstände. Gottes Wille geht auf das gute Leben der Menschen, und zwar jetzt schon in der Vorläufigkeit des gegenwärtigen Lebens, vorausblickend auf die künftige Vollendung."[78] Die Praxis der täglichen Auseinandersetzung und des täglichen Einsatzes für die „verbesserliche Welt"[79] ist der vernünftige Gottesdienst der Christen, von dem Paulus in Röm 12 spricht. Glauben ist – sicher auch ein Geschehenlassen des Willens Gottes, darin aber und zuerst – ein Tun, kein nur passives Sich-Fügen in den Lauf der Dinge, kein theoretisches Für-wahr-Halten irgendwelcher Sätze, sondern praktische Hoffnung für einen neuen Himmel und eine neue Erde – praktische Hoffnung, die die „Chancen des Alltags"[80] wahrnimmt und ergreift. Damit stellen sich, wenn wir dem Glauben dogmatisch nachdenken, auch unmittelbar ethische Fragen.

78　H. Gollwitzer, *Befreiung zur Solidarität*. AaO. S. 141.
79　Vgl. E. Lange, *Die verbesserliche Welt*. Stuttgart 1968.
80　E. Lange, *Chancen des Alltags*. München 1984.

Mit alledem wird auch deutlich: Glaube ist nicht Privatsache des Einzelnen, kein Geschehen nur zwischen „mir" und „meinem Herrgott". Biblisch gehört der Glaube in den Zusammenhang des Volkes Gottes, der Gemeinde, der Gemeinschaft der Glaubenden. Martin Luther hat dies so beschrieben: „Wenn ich leide, so leide schon nicht mehr ich allein, sondern mit mir leiden Christus selbst und alle Christen. ... So tragen andere meine Last, und die Kraft anderer wird die meinige. Der Glaube der Kirche kommt meiner Angst zu Hilfe. ... Wer also könnte noch verzweifeln in seinen Sünden? Wer sollte sich nicht freuen in den Züchtigungen, denn er trägt ja seine Sünden und Züchtigungen schon nicht mehr – oder, wenn er sie trägt, trägt er sie nicht allein, sondern wird unterstützt von so vielen Kindern Gottes, ja schließlich von Christus selbst? Eine solch' große Sache ist die Gemeinschaft der Heiligen und die Kirche Christi."[81] Auch wenn dies nicht mehr unsere Sprache und Vorstellungswelt ist, in der Luther hier redet, so wird doch deutlich: Glaube lebt in der Gemeinschaft wechselseitiger Zuwendung. „Gemeinsames Leben"[82] ist sein Raum. In ihm ergänzt und korrigiert, in jedem Falle bereichert sich auch der Glaube der Christinnen und Christen sowie der einzelnen Gemeinden und Kirchen wechselseitig. Das ist die Vision ökumenischer Gemeinschaft: nicht eine uniformierende Einheit der Kirchen, sondern die Gemeinschaft der bleibend Verschiedenen.

So verschieden und vielfältig der Glaube in der ökumenischen Gemeinschaft gelebt wird, so verschieden und vielfältig erleben wir auch den Glauben in unserer eigenen Biografie. Er verändert sich mit und in unserer Lebensgeschichte. Auch dies ist theologisch keine neue Erkenntnis. So schreibt schon Paulus in seinem Brief an die Gemeinde in Korinth: „Als ich ein Kind war, redete ich wie ein Kind, sann wie ein Kind, urteilte wie ein Kind; als ich ein Mann wurde, tat ich ab, was kindisch war." (1 Kor 13,10). Mit den Situationen des Lebens, seinen Anforderungen und Geschenken, seinen positiven Erfahrungen und Anfechtungen verändert sich Glaube.

---

81 Zit. bei H. Ott, aaO. S. 145.
82 Der Begriff entstammt Bonhoeffers Psalmenauslegung; vgl. DBW 5.

3.2   ... an Gott

Wie das Glaubensbekenntnis sogleich in die Gemeinschaft der Glaubenden versetzt, so auch in die Gemeinschaft mit Gott, Jesus Christus und dem Heiligen Geist: Ich glaube an Gott ..., an Jesus Christus ..., an den Heiligen Geist. Das ist kein Glaube, der sich sein Objekt sucht. Der Glaube ist sofort auf seinen Inhalt orientiert. Klassisch dogmatisch formuliert: *fides qua creditur* (der subjektive Akt des Glaubens) und *fides quae creditur* (der inhaltliche, „objektive" Aspekt des Glaubens) bilden im Glaubensbekenntnis eine untrennbare Einheit. Und so ist das Glaubensbekenntnis zuerst Gottesbekenntnis. Viele Jahrhunderte bis hinein in die Neuzeit war dies im christlichen Europa – und weit darüber hinaus – selbstverständlich. Glaube ist Gottesglaube; für die christliche Gemeinde: Glaube an den von Christen und Juden bekannten Gott.

Mit der Aufklärung spätestens wurde dieser Glaube als Glaube an Gott brüchig. Hintergründig spricht davon eine der Keuner-Geschichten Bert Brechts. „Einer fragte Herrn K., ob es einen Gott gäbe. Herr K. sagte: ‚Ich rate dir, nachzudenken, ob dein Verhalten je nach der Antwort auf diese Frage sich ändern würde. Würde es sich nicht ändern, dann können wir die Frage fallen lassen. Würde es sich ändern, dann kann ich dir wenigstens noch so weit behilflich sein, dass ich dir sage, du hast dich schon entschieden: Du brauchst einen Gott.'"[83] Gott ist nicht mehr selbstverständlich. Nach seiner Existenz wird jetzt gefragt, und die Frage wird von den einen bejaht und von anderen verneint. Das ist die Situation, in der wir glauben und in der wir unseren Glauben bekennen. Ich will jetzt nur auf einen Aspekt dieser kurzen Geschichte hinweisen. Was sie vom Menschen aus denkt und aussagt, bezeugt die Tora von Gott aus beispielsweise in der Geschichte des Mose vor dem brennenden Dornbusch, in dem sich Gott Mose offenbart (Ex 3). Auf die Frage nach seinem Namen antwortet Gott aus dem Dornbusch: Ich bin der, der mit euch sein wird (Ex 3,15). Die Frage nach Gott, das machen beide Geschichten unterschiedlich deutlich, ist keine theoretische Frage, die deduktiv zu klären und zu beantworten wäre, sondern die Frage nach Gott ist eine Frage im Kontext alltäglicher Lebenspraxis: Hier entscheidet sich die Frage nach Gott, und: hier will Gott mit uns sein.

---

83 B. Brecht, *Gesammelte Werke*. Bd. 12. Frankfurt a. M. 1967. S. 380.

Theologie hat induktiv dieser Erfahrung nachzudenken. Hier im Zusammenhang alltäglichen individuellen und gesellschaftlichen Lebens will Gott, dass die Frage nach ihm entschieden wird – nicht aber in der Theorie, auch nicht in der theologischen Reflexion, sondern eben in der Glaubens- und Lebenspraxis von Menschen, über die sie selbst oder ggf. Theologen und Theologinnen dann in einem zweiten Akt reflektieren.

Wie kaum ein anderer hat Dietrich Bonhoeffer vor mehr als 50 Jahren diese Entwicklung durchlebt und erkannt. In einem Brief an Eberhard Bethge vom 8. Juni 1944 schreibt er:[84] „Der Mensch hat gelernt, in allen wichtigen Fragen mit sich selbst fertig zu werden ohne Zuhilfenahme der ‚Arbeitshypothese Gott‘. In wissenschaftlichen, künstlerischen, auch ethischen Fragen ist das eine Selbstverständlichkeit geworden, an der man kaum mehr zu rütteln wagt; seit etwa 100 Jahren gilt das aber in zunehmendem Maße auch für religiöse Fragen; es zeigt sich, dass alles auch ohne ‚Gott‘ geht, und zwar ebenso gut wie vorher. Ebenso wie auf wissenschaftlichem Gebiet wird im allgemeinen menschlichen Bereich ‚Gott‘ immer weiter aus dem Leben zurückgedrängt, er verliert an Boden." Und wenig später, am 16. Juli 1944, schreibt Bonhoeffer wiederum an Bethge:[85] „Und wir können nicht redlich sein, ohne zu erkennen, dass wir in der Welt leben müssen – ‚etsi deus non daretur'. Und eben dies erkennen wir – vor Gott! Gott selbst zwingt uns zu dieser Erkenntnis. So führt uns unser Mündigwerden zu einer wahrhaftigeren Erkenntnis unserer Lage vor Gott. Gott gibt uns zu wissen, dass wir leben müssen als solche, die mit dem Leben ohne Gott fertig werden. Der Gott, der mit uns ist, ist der Gott, der uns verlässt (Mk 15, 34). Der Gott, der uns in der Welt leben lässt ohne die Arbeitshypothese Gott, ist der Gott, vor dem wir dauernd stehen. Vor und mit Gott leben wir ohne Gott. Gott lässt sich aus der Welt herausdrängen ans Kreuz, Gott ist ohnmächtig und schwach in der Welt und gerade und nur so ist er bei uns und hilft uns. Es ist Matthäus 8,17 ganz deutlich, dass Christus nicht hilft kraft seiner Allmacht, sondern kraft seiner Schwachheit, seines Leidens. … Die Bibel weist den Menschen an die Ohnmacht und das Leiden Gottes; nur der leidende Gott kann helfen." Der Kontext der Rede von Gott, der Kontext des Bekenntnisses „Ich glaube an

---

84 D. Bonhoeffer, WuE. AaO. S. 476 f.
85 AaO. S. 533 f.

Gott" hat sich verändert – das hat Bonhoeffer wie kaum ein anderer gesehen und beschrieben: Das Reden von Gott ist unselbstverständlich geworden. Wir leben in der Welt, als ob es Gott nicht gäbe, und wir leben so – vor Gott.

Die Unselbstverständlichkeit Gottes ist uns seit Bonhoeffer geblieben und mit dieser diagnostizierten Unselbstverständlichkeit aber auch die Aufgabe, Gott zu erkennen. Auch dazu nochmals Bonhoeffer aus einem Brief vom 29. Mai 1944 wiederum an Bethge:[86] „Gott ist kein Lückenbüßer; nicht erst an den Grenzen unserer Möglichkeiten, sondern mitten im Leben muss Gott erkannt werden; im Leben und nicht erst im Sterben, in Gesundheit und Kraft und nicht erst im Leiden, im Handeln und nicht erst in der Sünde will Gott erkannt werden."

Die Unselbstverständlichkeit der Rede von Gott und zugleich ein Zugang „mitten im Leben" – vielleicht hilft, dies zu verstehen und weiterzudenken, ein Blick auf eine zehnjährige Schülerin und ihre Gotteslehre. Nennen wir sie Edith.[87] In einem Gespräch mit ihr sagte mir Edith, was für sie im Blick auf Gott entscheidend ist, „dass Gott nicht unser Herr ist, sondern dass wir seine, dass er unser Freund ist" – dieses Beziehungsverhältnis der Freundschaft ist für Ediths Glauben bestimmend. Sie formuliert dies gegen eine Erfahrung, die sie in ihrer katholischen Grundschule gemacht hat, als sie beim Beten im Gottesdienst knien sollte: „Ich finde, wenn man sich hinkniet, dann ist das ja, wie als wollte man so vor Gott in die Knie gehen und sagen: Oh großer Meister, was wünschst du noch? Aber Gott hat ja gesagt, wir sollen sozusagen seine Freunde sein. Wir sollen mit ihm zusammen leben."

Ganz entsprechend der Aussage Jesu im Johannesevangelium: „Ihr seid meine Freunde ... Ich sage hinfort nicht, dass ihr Knechte seid" (Joh 15,14 f.) setzt Edith einem Herrschaftsverhältnis Freundschaft als konstitutive Beziehung zwischen Gott und Menschen entgegen.

Fragen wir ausgehend von Ediths theologischer Formulierung, „dass Gott unser Freund ist", und ausgehend von der Aussage des johanneischen Jesus nach dem, was dogmatische Theologie ihrerseits in dieses Gespräch einzubringen hat. Wir fragen also, inwieweit sich in ihr inter-

---

86 AaO. S. 455.
87 Zu Edith vgl. U. Arnold, H. Hanisch, G. Orth (Hrsg.), *Was Kinder glauben. 24 Gespräche über Gott und die Welt.* Stuttgart 1997; das Interview mit Edith findet sich auf S. 70–83; vgl. weiter: G. Orth, H. Hanisch, *Glauben entdecken – Religion lernen.* Stuttgart 1998, bes. S. 39–49.

pretative Möglichkeiten eröffnen, mit Edith weiterzudenken. Macht man sich hier auf die Suche, wird deutlich, dass Freundschaft dogmatisch-theologisch wenig bedacht wird – weder die unter Menschen, von Edith ebenfalls ins Spiel gebracht im Zusammenhang mit ihrer biblischen Lieblingsgeschichte, dem Gleichnis von den zehn Jungfrauen, noch in der Beziehung zwischen Gott und Menschen. Im Blick auf die Beziehungen zwischen Menschen geht es viel eher um Arbeit, Ehe, Obrigkeit und Kirche – also die so genannten Mandate – als um Freundschaft. Im Blick auf die Beziehungen zwischen Gott und Menschen dominieren Überlegungen zu Schöpfung, Herrschaft, Vater oder Mutter, Rechtfertigung oder – in neueren theologischen Entwürfen – geht es auch um Mitarbeiterschaft. Dogmatik, normativ gebraucht, würde nun bestrebt sein, Ediths Theologie, wenn sie sie denn als Theologie anerkennen würde, dahingehend zu verändern, dass auch sie lernt, von Gott nicht oder zumindest nicht nur auf der Ebene der Freundschaft zu reden, sondern die klassischen Kategorien der Gotteslehre – Schöpfung, Herrschaft, Vater, Rechtfertigung – in ihrem Gottesverständnis konstitutiv zu verankern.

Interpretativ verfahrende Dogmatik, die Kommunikation zwischen Verschiedenen ermöglichen helfen will, verfährt anders. Sie macht sich zunächst weiter auf die intensive Suche danach, wo und in welchen theologischen Überlegungen vielleicht doch von Freundschaft die Rede ist. Hinsichtlich der Freundschaft zwischen Menschen habe ich dazu bei Bonhoeffer in einem Brief aus dem Gefängnis in Tegel vom Januar 1944 wenige Bemerkungen gefunden: Bonhoeffer beschreibt Freundschaft mit dem Bild der Kornblume. Und er ordnet die Freundschaft den Mandaten zu „wie die Kornblume zum Ährenfeld"; sie gehöre zu den vier Mandaten – also zu den Aufgabenfeldern des Menschen, wie sie lutherische Dogmatik versteht – Arbeit, Ehe, Obrigkeit und Kirche. Die Kornblume am Rande des Ährenfeldes, gerne übersehen, das ist das Bild für Freundschaft. Bonhoeffer sucht sie zu begreifen als „Spielraum der Freiheit".[88]

Spricht nicht vieles dafür – und jetzt beginnt kreatives theologisches Nachdenken von Dogmatik als interpretativer Theologie –, diesen Spielraum der Freiheit nicht nur ethisch im Blick auf das Verhältnis der Menschen untereinander, sondern im Anschluss an den zitierten Vers aus

---

88   D. Bonhoeffer, *Widerstand und Ergebung.* Gütersloh 1971. S. 102 f.

dem Johannesevangelium auch dogmatisch im Blick auf das Verhältnis Gottes zu den Menschen zu denken, wenn der johanneische Jesus dort zu seinen Jüngern sagte: „Ihr seid meine Freunde. Ich sage hinfort nicht, dass ihr Knechte seid"? Ediths Glaube, „dass Gott unser Freund ist", könnte dann im Anschluss an Bonhoeffers ethische Äußerungen zur Freundschaft unter Menschen im Blick auf die Gotteslehre dreierlei bedeuten:

▷ Gott ist ein Beziehungsbegriff – so wie Edith Gott gemalt hat als das Füreinander zweier Menschen und mir auf meine Nachfrage, wo Gott auf ihrem Bild sei, antwortete, dass er „in den Gedanken" der beiden Menschen sei, die auf ihrem Bild eine Beziehung haben; dies lässt sich auch mit Martin Buber formulieren, wie er Gott gedacht hat „als die gegenseitige, sinngewisse, handelnd gelebte Beziehung zum Leben"; [89]

▷ diese Beziehung eröffnet den „Spielraum der Freiheit", in dem Kinder und Erwachsene dem Leben auf die Spur kommen und Gott in Beziehungen erfahren können;

▷ diese Beziehung verhält sich zu den Zwängen der Mandate, der Ordnungen und der Macht wie die Kornblume am Ährenfeld – „keiner hat sie gepflanzt, keiner begossen, schutzlos wächst sie in Freiheit und in heiterer Zuversicht, dass man das Leben unter dem weiten Himmel ihr gönne", wie Bonhoeffer in seinem Gedicht „Der Freund" [90] diese Kornblume beschreibt.

Mit Dorothee Sölle lässt sich im Anschluss an Edith, Dietrich Bonhoeffer und Martin Buber ein solches Gottesverständnis dann vielleicht so beschreiben: „Gott ist hier nicht als höchstes Subjekt ausgesagt. ... Gott wird nicht gefunden wie ein kostbarer Stein oder die blaue Blume, sondern Gott ereignet sich. Gott geschieht. ... Eine theologische Konsequenz aus diesem Ansatz vom begegnenden Gott ist die Sprachform, in der wir Gott mitteilen können. Sie kann nur in zweiter Linie der Lehrsatz, das Gewusste, das Dogma sein. Religiöse Sprache zerstört sich selber, wenn sie im Ich-Es-Verhältnis über Gott redet. Die mögliche Gottessprache ist das Gebet oder die Erzählung. In den Erzählungen des Neuen Testamentes erscheint Gott, ereignet sich Gott. Wenn wir Got-

89 So D. Sölles Interpretation von Bubers Satz: „Am Anfang war die Beziehung.";
    vgl. D. Sölle, *Gott denken. Einführung in die Theologie.* Stuttgart 1990. S. 242.
90 D. Bonhoeffer, *Widerstand und Ergebung.* AaO. S. 199–202, hier S. 199.

tesgeschichten erzählen und die narrative Methode bemühen, so erzählen wir, was Gott tut oder wie er sich verbirgt, wie Gott handelt. Und im Gebet bitten wir Gott, all das Erzählwürdige zu tun, zu erscheinen, die gute Macht zu beweisen, uns zu verändern. In diesen beiden Sprachformen sprechen wir von Gott eher als einem Ereignis als einer Substanz. Wir reden aus und zu Gott, statt ‚über' ihn."[91]

In dieser Weise folgt Dogmatik einem interpretativen anstatt einem normativen Paradigma: Sie sucht Ediths Überlegungen nicht in einen verbindlichen – sei es theologischen oder kirchenamtlichen – Rahmen einzupassen, sondern macht sich mit ihr auf den Weg theologischer Erkenntnis, die nicht „die blaue Blume" definieren, sondern dem Ereignis Gottes, so wie Menschen es erfahren, nachdenken will. Dabei wird – unter der Hand – Gott ein Tun-Wort, anstatt ein Substantiv zu bleiben: Gott geschieht, ereignet sich, wird Freund der Menschen.

Der Gott, über den wir in der theologischen Tradition Seinsaussagen im Sinne griechischer Ontologie machen konnten, der verliert sich. Der Gott, der geschieht, von dem wir erzählen und zu dem wir beten können und den wir zu bekennen einüben – er ist der Gott der Erfahrung des Mose am Dornbusch: „Ich bin der, der mit euch sein wird" (Ex 3,15) – auch wider allen Anschein: in der Wüste, am Kreuz, in der Unselbstverständlichkeit.

Nach dem Ausflug zu den Kindern kehren wir nochmals zurück in die Theologiegeschichte des zu Ende gegangenen Jahrhunderts. Es war im Sommer 1914. Der deutsche Kaiser befiehlt deutschen Soldaten, einen Krieg zu beginnen. Er wurde später der Erste Weltkrieg genannt. Nahezu die gesamte deutsche Professorenschaft begrüßt begeistert diesen Krieg als nationales Ereignis, das knapp 500 Jahre nach der Reformation unter dem besonderen Schutz und Beistand Gottes stehe. Karl Barth, damals Pfarrer in einer schweizerischen Arbeitergemeinde, liest die Huldigungsadresse an den deutschen Kaiser und entdeckt darunter auch nahezu alle Namen seiner theologischen Lehrer. Barth schreibt: „Mir persönlich hat sich ein Tag am Anfang des Augusts jenes Jahres als der dies ater (schwarzer Tag) eingeprägt, an dem 93 deutsche Intellektuelle mit einem Bekenntnis zur Kriegspolitik Kaiser Wilhelms II. und seiner Ratgeber an die Öffentlichkeit traten, unter denen ich zu meinem Entsetzen auch die Namen so ziemlich aller meiner bis dahin

91   D. Sölle, aaO. S. 241 f. i.A.

gläubig verehrten theologischen Lehrer wahrnehmen musste. Irre geworden an ihrem Ethos, bemerkte ich, ... dass die Theologie des 19. Jahrhunderts jedenfalls für mich keine Zukunft mehr hatte."[92] Barth ist entsetzt über die unlösliche Verquickung christlicher und politischer Optionen im deutschen Kaiserreich, über den selbstverständlichen Zusammenhang christlicher Kirche und deutscher Kultur, über den offensichtlichen Verlust kritischer theologischer Reflexion der Theologie seiner Lehrer.

So – das war für Barth der Motor seines theologischen Lebenswerkes – lässt sich über Gott nicht mehr reden. Gott und die Rede von ihm waren auch für Barth nach dieser Erfahrung im August 1914 nicht mehr selbstverständlich. Er beschreibt die nun entstandene Schwierigkeit, als Theologen von Gott reden zu sollen, mit folgenden Worten: „Von Gott reden würde, wenn es ernst gelten soll, heißen, aufgrund der Offenbarung und des Glaubens reden. Von Gott reden würde heißen Gottes Wort reden, das Wort, das nur von ihm kommen kann, das Wort, dass Gott Mensch wird." Aber diese Möglichkeit, dass Gott selbst spricht, liegt in keiner Theologie, sondern da, wo Theologie abbricht. Und die Konsequenz dessen formuliert Barth so: „Wir sollen als Theologen von Gott reden. Wir sind aber Menschen und können als solche nicht von Gott reden. Wir sollen beides, unser Sollen und unser Nicht-Können, wissen und eben damit Gott die Ehre geben."[93]

Der Gott, der ist, so formulierten wir – von Bonhoeffer belehrt –, verliert sich im Alltag, der gelebt wird, als ob es Gott nicht gäbe. Der Gott, der geschieht, der sich ereignet – das erschien uns als eine Möglichkeit, neu von Gott zu sprechen. Ähnlich hat es Barth in seiner Gotteslehre formuliert: Gott ist, „der er ist, in seinen Werken" . In dem Paragraphen über das Wesen Gottes in Barths Dogmatik lautet die Überschrift: „Gottes Sein in der Tat".[95] „Die Bibel kennt keinen anderen Seinsbegriff als den des tätigen Seins, und speziell das Ur-Biblische, das Hebräische, kennt nicht einmal einen Ausdruck für ein bloßes tatenloses, in-sich, an-sich, für-sich seiendes Sein. Biblische Wirklichkeit

92 K. Barth, *Evangelische Theologie im 19. Jahrhundert.* Zürich 1947. S. 6.
93 K. Barth, *Das Wort Gottes als Aufgabe der Theologie.* In: J. Moltmann, *Anfänge der dialektischen Theologie. Teil I.* München 1977. S. 197–218. Zitat S. 199.
94 KD 2, 1. S. 291.
95 AaO. S. 288.
96 F.-W. Marquardt, aaO. S. 217.

ist durch und durch nur tätige Beziehungswirklichkeit."[96] Gott als Ereignis, als Geschehen, als Beziehungswirklichkeit – das sind Möglichkeiten der Gottesrede nach dem Zusammenbruch der Metaphysik, nach dem Ende der Selbstverständlichkeit Gottes und seiner Existenz.

Mit dem Versuch, Gott als Beziehungswirklichkeit wahrzunehmen und zu denken, den Dorothee Sölle in das Gespräch eingebracht hat, wurde bereits ein Weg feministisch-theologischer Kritik männlicher Gottesbilder deutlich. Die beiden anderen Wege christlicher und postchristlicher feministisch-theologischer Gottesbildkritik sollen hier wenigstens noch genannt sein: „Sie greift auf bisher vernachlässigte biblische Traditionen, insbesondere des Ersten Testamentes, zurück", und „sie wendet sich der Göttin zu als einer Identifikationsmöglichkeit für Frauen".[97] Die Kritikerinnen aller drei Wege stimmen darin freilich überein, dass „der Kampf um eine gerechte, Frauen nicht mehr diskriminierende Sprache in der Gottesfrage ein entscheidendes Kriterium (ist), an dem sich zeigen wird, wie ernst man die feministische Kritik nimmt".[98]

Gott als Beziehungswirklichkeit hat Theologie, von Männern oder Frauen betrieben, nachzudenken – und sie ist deshalb eine seltsame Wissenschaft: „Als Rede von Gott aber ist die Theologie eine sonderbare, darum oft auch bezweifelte Wissenschaft, weil sie nicht von einem wissenschaftlich objektivierbaren Gegenstand handelt, sondern von der Annahme ausgeht, dass Gott unverfügbares, souverän handelndes und redendes Subjekt ist, der ‚Ich bin' des Alten Testaments (Ex 3,14). Die Theologie behauptet deshalb, dass die Rede von Gott dann wahr wird, wenn sie Antwort auf Gottes Handeln und Anrede ist. Die christliche, auf Christus bezogene Theologie geht davon aus, dass Gott sich im Menschen Jesus von Nazareth selber zur Sprache gebracht hat und dass er als Heiliger Geist nicht aufhört, das atmende, handelnde, redende Geheimnis der Welt zu sein, das ja auch das Geheimnis unseres eigenen Lebens ist."[99]

---

97 Vgl. L. Scherzberg, *Grundkurs feministische Theologie.* Mainz 1995, insbes. S. 79 ff.
98 H. Schüngel-Straumann, zit. in: L. Scherzberg, aaO. S. 85.
99 K. Marti, *O Gott!* Stuttgart 1986, S. 25.

3.3   … den Vater, den Allmächtigen: Die Allmacht Gottes

Die Frage nach der Allmacht Gottes ist im Anschluss an unsere Eingangsüberlegungen zur Frage des Glaubens kein Lehrsatz. Theologie lehrt nicht: Gott ist allmächtig. Die Aussage der Allmacht Gottes will nicht zusätzlich zum Glauben an Gott für wahr gehalten werden. Vielmehr ist die Aussage von der Allmacht Gottes jene Selbstcharakterisierung Gottes, die dem Glaubenden sagt: Mit dem Glauben an diesen Gott, der sich als Vater von mir anreden lässt wie Jesus ihn Abba, Vater, genannt hat, wird dein Vertrauen nie enttäuscht; für dieses glaubende Vertrauen gibt es keine Grenze. Dem gilt es nun nachzudenken.

Der Begriff „Allmacht" macht zunächst Angst. „Big brother is watching you", Geheimdienste, ökonomische Diktatur des Weltmarkts, Aufsicht, Kontrolle u.a.m. assoziieren wir mit diesem Begriff. Er widerspricht demokratischem Selbstverständnis, in dem Macht immer auch revidierbar bleibt. Deshalb ist zunächst für das auf Gott bezogene Allmachtsprädikat entscheidend, dass es unter dem Vorzeichen „Vater" steht: Ich glaube an Gott, den Vater, den Allmächtigen. Die Reihenfolge ist bedeutsam: Gott, das ist Jahwe, der sich Mose am Dornbusch offenbart hat als der, der mit euch sein wird (Ex 3,15), das ist Jahwe, der Israel aus ägyptischer Sklaverei befreit und ins gelobte Land geführt hat. Ich glaube an Gott, den Vater – diese familiäre Bezeichnung Gottes verweist wiederum auf eine konkrete Geschichte, auf die Geschichte Jesu von Nazareth.

Eine Zwischenbemerkung: Um das Credo richtig zu verstehen, ist sein trinitarischer Charakter bedeutsam: Ich glaube an Gott, an Jesus Christus, an den Heiligen Geist. So legen sich die Artikel des Credo gegenseitig aus, beschreiben selbst eine Geschichte, bei deren Teilen jeweils die anderen Teile mitzudenken sind.

Jesus redet Gott mit „Abba" an: übersetzt ist dies dem Nähe ausdrückenden „Papa" viel ähnlicher als dem eher streng klingenden – patriarchal anmutenden – „Vater". Mit dem tschechisch-schweizerischen Systematiker Jan Milič Lochman, von dem ich für die hier vorliegende Auslegung des Credo viel gelernt habe: „So wird mit dem schlichten Namen ‚Vater' die ganze ‚Revolution im Gottesbegriff' angesagt, die mit der Botschaft – vor allem aber: mit dem Geschick – Jesu Christi ver-

bunden ist: ‚Immanuel' – Gott der treuen Nähe, nun im tiefsten, ver-
bindlichsten, wirklich unbedingten Sinne: im Sinne seiner Menschwerdung, seiner Identifikation mit den Söhnen und Töchtern auf
Leben und Tod in alle Ewigkeit. Gott nicht nur in der Höhe seines himm-
lischen, sondern auch in der Tiefe seines irdischen Geschicks; das ist
der Vater des Apostolischen Bekenntnisses." Dieses Bild des Vaters wird
exemplarisch deutlich in dem lukanischen Gleichnis vom verlorenen
und wieder nach Hause kommenden Sohn (Lk 15,11–32). In Vers 20
heißt es hier: „Als er – der Sohn – noch weit weg war, sah ihn sein Vater und hatte Erbarmen mit ihm; er lief ihm entgegen und fiel ihm um
den Hals und küsste ihn" – der Vater sieht den Sohn von weitem schon
und er verlässt sein Haus, und läuft dem Sohn, der lange verschwunden war, entgegen; der Vater fällt dem Sohn um den Hals und küsst ihn.
Das ist der Vater des Credo: Er läuft uns entgegen, fällt uns um den Hals
und küsst uns. Nicht eine patriarchalische „Liebe zur Macht, sondern
die Macht der Liebe"[100] wird hier innerhalb einer konkreten Geschichte
erfahrbar und deutlich. Diese Macht der Liebe – wiederum nicht allgemein: Ich bete an die Macht der Liebe, sondern höchst konkret, gebunden an erfahrbare Geschichten – diese Macht der Liebe ist das Vorzeichen dessen, dass wir Gott bekennen als den Allmächtigen. Mit diesen „Vorzeichen", dem „Vorzeichen" des Israel befreienden Gottes und
dem „Vorzeichen" dieses Vaters Jesu Christi und aller verlorenen Söhne
und Töchter ist nun von Gottes Allmacht die Rede.

Halten wir erstens fest, was bisher als „Vorzeichen" der Rede von
Gottes Allmacht auch deutlich wurde: Die Rede von göttlicher Macht
geschieht im Bereich der Geschichte – Mose, Befreiung aus Ägypten,
Jesus von Nazareth – und nicht in allgemein philosophischen Zusammenhängen.

Zweitens zeigt sich in der hebräischen Bibel wie im Neuen Testament, dass Gottes Macht im Bereich konkreter Vorstellungen verbleibt:
„Warum sollen die Heiden sagen: Wo ist denn ihr Gott? Unser Gott ist
im Himmel; er kann schaffen, was er will. Ihre Götzen sind Silber und
Gold, von Menschenhänden gemacht" (Ps 115,2–4). Nicht allgemein
wird Gottes Allmacht behauptet, sondern eine konkrete Auseinandersetzung bestimmt die Rede von Gottes Macht, nämlich hier in diesem
Psalm der Streit mit den Heiden um Gott oder Götter.

---

100 J. M. Lochman, aaO. S. 53.

Drittens: „Als Allmacht auf den Begriff gebracht und zu einem zentralen Gottesprädikat wird die Macht Gottes erst im griechisch sprechenden Frühjudentum. Die damit vollzogene Akzentverschiebung ist nicht unbedeutend." [101] In der im 3. und 2. vorchristlichen Jahrhundert entstandenen griechischen Übersetzung der hebräischen Bibel, der Septuaginta (LXX), wurde durch den Begriff des Pantokrator (der Allesbeherrscher) der Gedanke der allumfassenden Macht und Herrschaft Gottes mächtig verstärkt. Gegen die deterministische und fatalistische Weltsicht der hellenistischen Zeit wird jetzt – philosophisch und politisch bestimmt – die Allmacht Gottes betont. Der von der Septuaginta formulierte Pantokrator-Gedanke „ist somit als – griechisch formulierte! – Antithese zur religiösen, philosophischen und politischen Wirklichkeitsdeutung der hellenistisch-römischen Welt zu verstehen". [102]

Viertens: Das Neue Testament nimmt in den Evangelien wiederum Abstand von allgemeinen Aussagen über eine göttliche Eigenschaft der Allmacht und formuliert in konkreten Dialogsituationen Sätze wie „Alles ist dir möglich" (Mk 14,36 / Mt 26,39) und spricht dabei ein Vermögen Gottes an, das „heilsam die menschlichen Grenzen übersteigt". [103] Angesichts seines bevorstehenden Todes betet Jesus zu seinen Vater und formuliert lobend und vertrauend: Alles ist dir möglich. Also wiederum kein allgemeiner Allmachtsgedanke, sondern höchst konkrete Hoffnung in größter Not gegen das, was die römischen Machthaber in der Provinz Palästina zu tun gedenken.

Im Neuen Testament nimmt – fünftens – die Johannesapokalypse die Vorstellung des Pantokrator als Epitheton Gottes insgesamt neunmal auf: Jetzt in einer massiven Verfolgungs- und Unterdrückungssituation der christlichen Gemeinde, setzt der Verfasser dieser Offenbarung dem römischen Reich, das als „Hure Babylon" beschimpft wird, seinen Glauben an Gottes Allmacht gegenüber. Gegen den Weltmachtanspruch Roms wird der Allmachtsanspruch Gottes formuliert: Gott steht gegen Rom; nicht Rom, sondern Gott wird als Herr der Geschichte geglaubt und bekannt. Dies verdeutlicht nochmals zum einen den jeweils besonderen, kontextuellen Hintergrund der Rede von Got-

---

101 R. Feldmeier, *Nicht Übermacht noch Impotenz. Zum biblischen Ursprung des Allmachtsbekenntnisses.* In: W.H. Ritter u.a., *Der Allmächtige. Annäherungen an ein umstrittenes Gottesprädikat.* Göttingen 1997. S. 13–42, hier S. 22.
102 AaO. S. 25.
103 AaO. S. 32.

tes Allmacht. Und zum andern verdeutlicht dieser Zusammenhang den gesellschaftlich-politischen Charakter des Glaubens an den allmächtigen Gott.

Fassen wir diese biblischen Überlegungen zusammen, so ergibt sich für die Rede von der Allmacht Gottes in den ganz unterschiedlichen biblischen Traditionen Folgendes: Nicht alle biblischen Traditionen kennen die Rede von der Allmacht Gottes. Selbst wenn sie von seiner Macht überzeugt sind, formulieren sie keine Allmachtsansprüche. Die Rede von der Allmacht Gottes hat jeweils einen konkreten „Sitz im Leben". Dieser Kontext ist entweder gesellschaftlich und/oder politisch bestimmt. Dann hat die Rede von der Allmacht Gottes weniger affirmativen Charakter, vielmehr ist das Bekenntnis zu ihr konkret negierende Kampfansage. Oder der Kontext ist bestimmt durch eine individuelle Dialogsituation zwischen einem Menschen und Gott. Dann hat die Rede von der Allmacht Gottes eher tröstenden, Geborgenheit eröffnenden, seelsorgerlichen Charakter. Letzteres kann auch in gesellschaftlich-politischen Auseinandersetzungen von Bedeutung sein. Damit wird deutlich: Von Gottes Allmacht redet immer verkehrt, wer von ihr in einer allgemeinen Art und Weise spricht; biblisch lässt sich nicht über (!) Gottes Allmacht räsonieren. Vielmehr gilt: „Biblisch wird Gott, so er denn Allmächtiger genannt wird, als dieser angerufen, angefleht, angeklagt und gepriesen – also im Zusammenhang einer ‚Ich-Du-Beziehung' (M. Buber), in der nur das wahr ist, was dem Wesen personaler Begegnung entspricht."[104] Bestimmt ist die Rede von der Allmacht Gottes in biblischen Traditionen in eben dieser ‚Ich-Du- oder Wir-Du-Beziehung' immer von der Macht der Liebe und nicht von der Liebe zur Macht. Liebe erhoffen sich die Betenden und Lobenden, die Bittenden und Verzweifelten, wenn sie nach Gottes Macht rufen.

Ich setze bei diesem letzten Gedanken – der Macht der Liebe – systematisch-theologisch nochmals ein. Gottes Liebe zeigt sich uns im Leben, Sterben und im Glauben an die Auferstehung Jesu. Bonhoeffer – ich habe die Passage schon zitiert – war es, der diesen Gedanken – nicht zuletzt aufgrund seiner Erfahrungen im Dritten Reich – formulierte: „Der Gott, der mit uns ist, ist der Gott, der uns verlässt (Markus 15,34). Der Gott, der uns in der Welt leben lässt ohne die Arbeitshypothese Gott, ist der Gott, vor dem wir dauernd stehen. Vor und mit

---

104 AaO. S. 37 f.

Gott leben wir ohne Gott. Gott lässt sich aus der Welt herausdrängen ans Kreuz, Gott ist ohnmächtig und schwach in der Welt und gerade und nur so ist er bei uns und hilft uns. Es ist Matthäus 8,17 ganz deutlich, dass Christus nicht hilft kraft seiner Allmacht, sondern kraft seiner Schwachheit, seines Leidens. ... Die Bibel weist den Menschen an die Ohnmacht und das Leiden Gottes; nur der leidende Gott kann helfen." Die Allmacht Gottes interpretiert Bonhoeffer – aufgrund der Geschichte Jesu Christi – als die Ohnmacht Gottes. Wird Allmacht so christologisch gedeutet, dann lässt sie sich als die Überlegenheit der Liebe Gottes in Jesus Christus interpretieren. Oder nochmals anders in einer Formulierung K. Barths aus seiner „Dogmatik im Grundriss":[105] „Dieser Rauschgedanke der Macht, das ist das Chaos, das tohuwabohu, das Gott in seiner Schöpfung hinter sich gelassen hat. ... Das ist der Gegensatz zu Gott. ... Wo die Macht an sich geehrt und verehrt wird, wo die Macht an sich Autorität sein will und Recht setzen will, da haben wir es mit der ‚Revolution des Nihilismus' zu tun. ... Die Macht Gottes ist von Hause aus die Macht des Rechtes. ... Diese Macht Gottes ist die Macht seiner freien Liebe in Jesus Christus."

Diese Formulierungen Barths – erstmals geschrieben nach der Erfahrung von Nationalsozialismus und Zweitem Weltkrieg 1948 – verweisen unmittelbar nicht nur auf die dogmatische, sondern ebenso auf die ethische Bedeutung des Bekenntnisses zu Gottes Allmacht. Überall dort, wo die Allmacht menschlicher Institutionen oder Ideen behauptet wird – z.B. im modernen Fortschrittsglauben, z. B. in der Rede von den quasi natürlichen Zwängen der ökonomisch bestimmten Globalisierung, z.B. im Glauben an die Wissenschaft, die Medizin oder sonst etwas, z.B. in der neuen NATO-Doktrin: „wie im Westen so auf Erden" und notfalls mit kriegerischer Gewalt –, ist der Gedanke von Gottes Allmacht kritisches Korrektiv, verweist auf kritische Grenzziehungen, nötigt zu ideologiekritischer Analyse, ermutigt zu alternativer Praxis. Bewusst setze ich dabei dem modernen Glauben an den Fortschritt den Gedanken der Allmacht gegenüber, ist jener Glaube doch um vieles irrationaler als dieser zur Reflexion und zum Handeln nötigende Gedanke. „Das Wagnis gewaltfreier Liebe, das Streben nach solidarischen Lebensformen ist keine über uns verhängte erdrückende Forderung. ... Es ist dies die Weise, welche selbst im Scheitern, in mannigfacher Ohn-

---

105 Zürich 1977. S. 55f.

macht zukunftskräftig und zukunftsmächtig ist. Wir haben Gott den Allmächtigen im Rücken, oder besser: vor uns, wo es um Nein zur Gewalt und um Ja zur Liebe geht. So brauchen wir weder zu resignieren noch dem politischen Krampf zu verfallen. Wir sind nicht dazu ‚verdammt‘, sondern ermutigt – ja: ermächtigt –, die Chancen der gewaltlosen Liebe zu entdecken und zu ergreifen. Es ist im Blick auf ‚Gott, den allmächtigen Vater‘ nie sinnlos, sich in diesem Sinne, illusionslos, nüchtern, aber beharrlich, zu engagieren. Denn vor diesem Gott ist unsere Welt zwar eine gefallene, aber nicht fallen gelassene Schöpfung; sie bleibt, was sie von Anfang ist: eine vom ‚allmächtigen Vater‘ mitgetragene und darum auch von uns auf Hoffnung hin mitzutragende Welt."[106]

In diesen Formulierungen kommen schließlich dogmatische Überlegungen und ethische Perspektiven im Blick auf die Frage des Bekenntnisses zu Gott, dem Allmächtigen, zusammen. Das Bekenntnis zu Gott, dem Allmächtigen, ist ein Bekenntnis des Vertrauens und der Hoffnung darauf, dass Gottes Wille geschehe. Insofern ist im Allmachtsbekenntnis immer noch etwas Unabgegoltenes, es verweist auf Gottes Zukunft: Das Bekenntnis zu Gott, dem Allmächtigen, findet seine Entsprechung in der Vater-Unser-Bitte: Dein Reich komme.

3.4   … Schöpfer Himmels und der Erden: Die Schöpfung

Bisher war in der Auslegung des Apostolikums vornehmlich und fast ausschließlich von Kategorien und Ereignissen der Geschichte die Rede: Moses, die Befreiung aus ägyptischer Sklaverei, die Auseinandersetzung Israels mit den Heiden, Jesus von Nazareth, die Verfolgung der christlichen Gemeinden und der Weltmachtanspruch Roms. In diesen historischen Kontexten ging es um Gott, den Vater und den Allmächtigen. Jetzt kommt zur Geschichte die Natur ins Spiel, zu Gottes Bund mit Israel wird jetzt an zweiter Stelle im Apostolikum Gott als der Schöpfer bekannt.

Diese Reihenfolge entspricht der „Biografie" Gottes in der hebräischen Geschichte, der historischen Entwicklung der israelitischen Religion. Zuerst und für lange Zeit war Jahwe der Gott der Geschichte, vornehmlich des Exodus aus Ägypten. Es war für Israel über lange Jahr-

106 J. M. Lochman, aaO. S. 55.

hunderte also möglich, von Gott zu reden, ohne dabei von der Schöpfung zu sprechen. Erst zwischen 1000 und 900 v. Chr. in der frühen Königszeit (J, Gen 2,4 b – 4,26) und dann im sechsten vorchristlichen Jahrhundert im babylonischen Exil (P, Gen 1,1 – 2,4 a), in Kanaan und dann in Babylon, sah sich Israel genötigt, von Natur und Welt als Schöpfung zu erzählen und Gott als Schöpfer zu loben und zu bekennen. „Es gehört zu den eindrucksvollsten Kapiteln der Geschichte der israelitischen Religion", wie dies geschah. „Es hätte ja nahe gelegen, für diesen neuen Bereich der Vegetation, der Schöpfung, andere Götter in Anspruch zu nehmen, in erster Linie diejenigen, die schon von den Kanaanäern als dafür zuständig betrachtet und verehrt wurden. Dieser Weg aber war den Israeliten von vornherein verschlossen. Für sie galt von Anfang an die Forderung, keine fremden Götter neben dem einen Gott, der sich ihnen offenbart hatte, zu verehren. Sie schlugen deshalb konsequent den entgegengesetzten Weg ein: nicht Anerkennung der für diesen neuen Bereich zuständigen Götter, sondern Inanspruchnahme dieses neuen Bereiches für ihren Gott."[107]

Dabei ist freilich von zentraler Bedeutung und immer festzuhalten: Von Gott dem Schöpfer kann immer nur geredet werden von der Erfahrung und von dem Wissen um ihn als den Gott der Geschichte her. Karl Barth gibt diesem Gedanken systematisch-theologisch in seiner Schöpfungslehre[108] einen angemessenen Ausdruck, wenn er formuliert: Der Bund Gottes mit Israel – also die historische Dimension – ist der „innere Grund der Schöpfung", und die Schöpfung – also die nachträgliche ‚Erweiterung' Gottes als des Herrn der Natur und der Welt – ist der „äußere Grund des Bundes". Geschichte und Natur, Bund und Schöpfung gehören für die israelitische Religion zusammen, aber so, dass die primäre Aussage über Gott die des Bundesschlusses mit seinem Volk Israel ist. Auch als der Schöpfer bleibt Gott zuerst und zuletzt – im ausgeführten Sinne – der allmächtige Herr der Geschichte.

Die religions- und theologiegeschichtliche Erinnerung hat verdeutlicht, dass die Reihenfolge der Prädikate Gottes – Vater, Allmächtiger, Schöpfer – auch der Entwicklung der israelitischen Religion von dem Gott der Geschichte zu dem Gott von Geschichte und Natur entspricht.

---

107 R. Rendtorff, *Schöpfung*. In: H. J. Schultz (Hrsg.), *Theologie für Nichttheologen.* Stuttgart 1966. S. 321–325, hier S. 322.
108 KD III/1, § 41.

Fragen wir davon ausgehend systematisch-theologisch nach der Bedeutung des Schöpfungsgedankens, dann „bezieht sich der theologische Begriff ‚Schöpfung' – in Kanaan, in Babylon und (!) heute je unterschiedlich bei gleicher Fragestellung freilich – auf die Sorge des Menschen um sein Dasein, insofern diese Sorge auch die Woher-Frage in sich schließt und sich auf Kosmos und Geschichte ausdehnt".[109] Damit aber wird – wie in der Bekenntnisformulierung der Allmacht Gottes – der dogmatische und zugleich ethische Zusammenhang dieser schöpfungstheologischen Aussage des Apostolikums deutlich. Beide Dimensionen systematischer Theologie – die des Handelns oder Unterlassens und die der Lehre – sind nicht zu trennen. Wer sich zu dem Gott des jüdischen und christlichen Glaubens – als dem Schöpfer des Himmels und der Erde – bekennt, fragt zugleich auch nach Himmel und Erde und danach, was des Menschen Aufgabe in diesem Zusammenhang ist.

Ich frage nun zunächst nach der Bedeutung der pointierten Aussage, dass Gott als Schöpfer des Himmels und der Erde bekannt wird. Es handelt sich dabei natürlich um ein zeitbedingtes Weltbild, das zurückgeht auf beide Schöpfungserzählungen: „Am Anfang schuf Gott Himmel und Erde." (Gen 1,1 P) und „Es war zu der Zeit, da Gott der Herr Erde und Himmel machte." (Gen, 2,4 b J), heißt es jeweils zu Beginn beider Schöpfungsberichte. Es geht ums Ganze, wenn biblisch von der Schöpfung gesprochen wird; es geht um die dem Menschen zugängliche sichtbare Realität und um die unsichtbare Welt Gottes. Und von beidem heißt es: Es ist Schöpfung, steht als Geschöpf Gott gegenüber. Es gibt nichts – nichts Trennendes und nichts Verbindendes, keine „höhere" Zwischenwelt, beispielsweise der „Ideen" – zwischen dem Schöpfer und seinen Geschöpfen. Für Paulus hatte dies eine unmittelbare, lebensrettende und im Leben tröstende Bedeutung, wenn er bekennt: „Denn ich bin dessen gewiss, dass weder Tod noch Leben, weder Engel noch Gewalten, weder Gegenwärtiges noch Zukünftiges noch Mächte, weder Hohes noch Tiefes noch irgendein anderes Geschöpf uns zu scheiden vermag von der Liebe Gottes, die in Christus Jesus ist, unserem Herrn" (Röm 8,38 f.).

Und doch stellen sich Fragen: Verbirgt sich hinter solchen Vorstel-

---

109 Vgl. A. Ganoczy, *Schöpfung.* In: P. Eicher (Hrsg.), *Neues Handbuch theologischer Grundbegriffe.* Bd. 4. München 1985. S. 113–122; vgl. weiter C. Westermann, *Schöpfung.* Reihe: Themen der Theologie. Berlin/Stuttgart 1971. S. 89 f.

lungen wirklich nur ein überholtes Weltbild? Ein überkommener Mythos – mehr nicht? Engel, Gewalten, Himmel oben und Erde unten – sind das nicht wirklich absolut überholte Vorstellungen einer vergangenen Kosmologie? Andere Vorstellungen von der Einheit und Geschichte des Kosmos sind heute angemessen. Entmythologisieren wir also das Credo und eliminieren eine solche Vorstellung, oder fragen wir – gegenüber der Entmythologisierungseuphorie der fünfziger Jahre am Ende der Moderne und ihres Weltbildes vielleicht bescheidener geworden –, ob eine solche Aussage möglicherweise doch gegenwärtige Bedeutung hat? Ich denke, dass die Differenz zwischen Erde und Himmel dogmatisch und ethisch von zentraler Bedeutung ist.

In den 70er Jahren kritisierte Herbert Marcuse[110] – ein Philosoph und Sozialwissenschaftler der Kritischen Theorie – die ökonomisch bestimmte Eindimensionalität der herrschenden Kultur, Gesellschaft und Politik. Nach dem Ende der so genannten realsozialistischen Staaten – wie immer man deren Gesellschaften und Politiken kritisieren mag – hat diese Eindimensionalität an Bedeutung zugenommen. Im Anschluss an „die Wende" sprach die „Frankfurter Allgemeine Zeitung" vom Ende der Utopie. Die kapitalistische Welt hatte gesiegt – oder aus anderem Blickwinkel: sie war eben übrig geblieben. Die Rede von der Globalisierung und ihren Zwängen, die Rede von der Notwendigkeit, sich diesen Zwängen einzupassen, bestimmt die herrschende Politik – nahezu überall auf der Erde. Alternativen scheinen kaum in Sicht. Da erscheint es mir entscheidend, sich auf den Himmel zu besinnen: „Die Wirklichkeit der von Gott geschaffenen Welt hat noch andere Dimensionen als die sich ontologisch uns erschließenden. Wir tun gut, wenn wir uns in die Immanenz unseres Weltanschauungsbildes nicht wie in ein selbst gewähltes Gefängnis einsperren lassen", schrieb der Theologe Heinrich Vogel[111] schon Anfang der sechziger Jahre. Gott als den Schöpfer nicht nur der Erde, sondern auch des Himmels zu bekennen, ermutigt zum Ausbruch aus dem selbst gewählten Gefängnis. Es gibt anderes als das, was ist. So liegt die Verheißung der Veränderung, der Neuschöpfung in diesem Bekenntnis zu Gott, dem Schöpfer Himmels und der Erden: Die Ermutigung zu neuem Denken und zu erneuertem Handeln oder Unterlassen ist mit diesem Bekenntnis eröffnet!

110	Vgl. H. Marcuse, *Der eindimensionale Mensch.* Neuwied/Berlin 1967.
111	H. Vogel, *Das Nicaenische Glaubensbekenntnis. Eine Doxologie.* Berlin 1963. S. 39.

Fragen wir – ausgehend von diesen Überlegungen – nach einigen ethischen Aussagen im Kontext des Bekenntnisses zu Gott dem Schöpfer Himmels und der Erden.

Martin Luther hat in seinem kleinen Katechismus den ersten Artikel des Apostolikums in extremer Weise personalisiert: Wichtig war ihm zum einen die Aktualisierung des Schöpfungsgedankens; Schöpfung bedeutet nicht eine ferne Weltentstehungstheorie, sondern das Bekenntnis zu Gott als Schöpfer ist eine aktuelle Aussage über des Menschen Selbstverständnis gegenüber Gott und „allen Kreaturen". Und zweitens war für Luther bedeutsam der Blick auf „mein" gegenwärtiges Leben und alles, was – für einen Mann! – dazugehört: mein Körper, Vernunft und alle Sinne, „dazu Kleider und Schuh, Essen und Trinken, Haus und Hof, Weib und Kind, Acker, Vieh und alle Güter".[112] Der Raum alltäglichen – vornehmlich des bäuerlich geprägten – Lebens war für Luther der Raum der Erfahrung der Schöpfung und des doxologischen Bekenntnisses zu ihrem Schöpfer: „des alles ich ihm zu danken und zu loben schuldig bin".[113] Beide Gesichtspunkte – die Aktualisierung des Schöpfungsgedankens und dessen doxologische Ausprägung – sind von zentraler Bedeutung für die Schöpfungstheologie, wenngleich die – bereits biblisch angelegte – Vorrangstellung des Menschen in der Schöpfung, die durch Luthers Auslegung eben auch kräftig gestützt wurde, in der Neuzeit auch ihre höchst problematischen und zerstörerischen Folgen zeitigte.

Mit dem Beginn der Wahrnehmung der ökologischen Krise durch den ersten Bericht des Club of Rome[114] beginnt nahezu zeitgleich eine sehr schnell intensiver werdende und bis heute andauernde theologische und theologisch-ethische Reflexion der Natur als Schöpfung. Weder Entwicklung noch Breite der Diskussion können hier nachgezeichnet werden. Lediglich vier mir besonders wichtige erscheinende ethische Fragestellungen möchte ich im Anschluss an das Bekenntnis zu Gott dem Schöpfer andeuten: Zunächst geht es um den Zusammenhang von ökologischer Krise und Schöpfungsethik (1), zweitens um den oft ausgeblendeten Konflikt zwischen Ökologie und Ökonomie (2), drittens thematisiere ich die Frage des Ausgangspunktes einer Schöp-

112 *Der Kleine Katechismus D. Martin Luthers.* Frankfurt a.M. 1961. S. 12
113 Ebd.
114 D. und D. Maedows u.a., *Die Grenzen des Wachstums.* Stuttgart 1972.

fungsethik, begegnet doch hier in den neueren Entwürfen die nicht unbedeutende Alternative, ob die Schöpfungsethik ihren Ausgangspunkt bei der „Schöpfung" oder bei dem Zusammenhang von „Schöpfung und Fall" nimmt (3), und viertens schließlich ist das Stichwort der „Selbstbegrenzung" zu bedenken (4).

1. Der Zusammenhang von ökologischer Krise und beginnender Schöpfungsethik kommt nicht von ungefähr, war es doch nicht nur die Wahrnehmung einer sich verschlechternden Situation der Erde, die zu neuer ethischer Reflexion herausforderte, sondern vielmehr waren Schöpfungstheologie und Schöpfungsethik zunächst gefordert durch eine dreifache ökologische Kritik des Schöpfungsglaubens, die sich bezieht auf das Verhältnis von Gott und Schöpfung *a)*, auf das Verhältnis zwischen Gott und dem Menschen *b)* und auf das Verhältnis zwischen dem Menschen und der außermenschlichen Natur *c)*. Kurz zusammengefasst bedeuteten diese drei Kritiken Folgendes:

a) Durch die israelitische Konzentration auf den einen Schöpfergott und den christlichen Schöpfungsglauben sei die Welt radikal entzaubert und entgöttlicht worden und so sei nun die Natur dem erkennenden Zugriff des Menschen preisgegeben.[115]

b) Der Auftrag Gottes, über die Erde zu herrschen, legitimiere die Naturbeherrschung und -ausbeutung durch den Menschen.[116]

c) Die schon in der biblischen Überlieferung angelegte Anthropozentrik – das Verständnis des Menschen als „Krone" der Schöpfung und in der Folge dessen nicht zuletzt auch Luthers Personalisierung des Schöpfungsgedankens – führe schließlich dazu, dass der Umgang mit der Natur allein an dem größtmöglichen Nutzen für den Menschen gemessen werde.[117]

Zwei Folgen hatten diese Kritiken für Theologie und Ethik der Schöpfung vor allem: zum einen sahen sie sich gezwungen, apologetisch zu argumentieren; zum andern galt es, erneut nach den biblischen Grundlagen und von dort aus kritisch nach den christlichen Traditionen zu fragen. Die Ergebnisse der Auseinandersetzung mit diesen drei Kriti-

115 Vgl. L. White jr., *The historical roots of our ecological crisis* (1967), dt. in:
       M. Lohmann (Hg.), *Gefährdete Zukunft.* München 1973. S. 20–29.
116 Vgl. C. Amery, *Das Ende der Vorsehung. Die gnadenlosen Folgen des Christentums.*
       Reinbek 1972.
117 Vgl. E. Drewermann, *Von der Zerstörung der Erde und des Menschen im Erbe des
       Christentums.* Regensburg 1983.

ken können kurz zusammengefasst in Folgendem gesehen werden. Die erste Kritik – Entgöttlichung bzw. Enttabuisierung der Natur – nötigt dazu, ethisch nach Selbstbegrenzungen menschlichen Handelns in der Natur und menschlicher Eingriffe in die Natur zu fragen. Die zweite Kritik – *dominium terrae* – führte zu einer präziseren Auslegung von Gen 1,28. Zum einen konnte gezeigt werden, dass der dort gebrauchte Begriff des Herrschens in der hebräischen Bibel insbesondere auch für das Herrschen Jahwes Verwendung findet, menschliches Herrschen also analog zu dem – von Liebe geleiteten – Herrschen Jahwes zu verstehen ist. Zum andern führte die genauere Exegese von Gen 1,28 zu der Erkenntnis, dass der gewählte Begriff des Herrschens in Zusammenhang steht mit der Hirtensprache und Hirtenmetaphorik und deshalb den Gedanken des Hütens und Bewahrens impliziert. Die dritte Kritik – Anthropozentrik – führte zu einer breiten Diskussion um das Verhältnis von Mensch und Natur innerhalb der Schöpfung, deren Ergebnisse noch recht divergieren. Doch es beginnen sich Gemeinsamkeiten dahingehend abzuzeichnen, dass der Mensch zum einen eine Sonderstellung in der Schöpfung einnimmt, zum andern als Teil der Natur der mitgeschöpflichen Solidarität verpflichtet ist.

2. Nur wenig beachtet blieb in den deutschen Diskussionen jene Dimension, die von zentraler Bedeutung für die gegenwärtige ökologische Krise ist: der Konflikt zwischen Ökologie und Ökonomie, der vor allem als Machtkonflikt zu begreifen ist, und dem wir uns jetzt zuwenden wollen.

Der Sozialwissenschaftler und Philosoph Iring Fetscher[118] hat bereits früh darauf hingewiesen, dass die gegenwärtige ökologische Krise nicht allein als eine Folge der – unter den Machtstrukturen einer alles beherrschenden christlichen Kultur entstandenen und ideologisierten – christlichen Prägungen zu sehen ist. Vielmehr – so Fetscher – habe die umfassende Bedrohung der Natur ihren Grund in einer gewaltigen Steigerung der Mittel der Naturbeherrschung und verbunden damit in dem in der Sozialstruktur angelegten Expansionsdrang. Historisch ist damit der Zusammenhang von europäischer Aufklärung und europäischem Kolonialismus in den Blick genommen.

Die gesellschaftliche und ökonomische Seite der Naturzerstörung bekamen eine Theologie und Ethik der Schöpfung, die sich – vor-

---

118 I. Fetscher, *Die Überlebensbedingungen der Menschheit.* München 1985. S. 83 ff.

nehmlich im deutschsprachigen Raum – zunächst mit den drei oben genannten massiven Vorwürfen auseinander setzten, nicht oder kaum in den Blick.

Anders verlief dagegen die ökumenische Debatte der Schöpfungsethik, die – von Theologie und Kirche in Westdeutschland freilich nur ungenügend rezipiert – bereits seit 1975 [119] die Forderung nach einer gerechten, partizipatorischen und überlebensfähigen Gesellschaft (JPSS[120]) stellte. Für die ökumenische Ethik wurde damit der Zusammenhang von Ökonomie – Gerechtigkeitspostulat –, Gesellschaftsstruktur – Forderung nach Partizipation – und Ökologie – Überlebensfähigkeit – bereits sehr frühzeitig und vor den entsprechenden Berichten politischer Institutionen wie beispielsweise der UNO (Brundtlandbericht) als zentral erachtete. Der konziliare Prozess für Gerechtigkeit, Frieden und Bewahrung der Schöpfung [121] führte diesen Gedanken fort und verschaffte ihm auch in den deutschen Kirchen und Theologien endlich eine gewisse Resonanz, so dass heute wenigstens die Absicht formuliert werden kann: „Wirtschaftsethik kann heute nur noch im Horizont der Ökologie entwickelt werden." [122] Und: Ökologische Ethik, die den Grundkonflikt mit der Ökonomie nicht in ihre Reflexion und ihre Praxis aufnimmt, bleibt hinter der ihr gestellten Aufgabe zurück.

3. Nun wird uns die Frage beschäftigen, wo biblisch und systematisch-theologisch der Ausgangspunkt gegenwärtiger Schöpfungstheologie und Schöpfungsethik zu suchen ist. Nehmen diese ihren Ausgang bei der Schöpfung oder bei dem Zusammenhang von Schöpfung und Fall? Jürgen Moltmann nimmt seinen Ausgangspunkt vergleichsweise einseitig bei der Schöpfung. 1985 publizierte er seine Schöpfungslehre unter dem Titel „Gott in der Schöpfung". [123] Er beansprucht mit seinem Entwurf, die Vereinbarkeit von Schöpfungsglauben und ökologischem Engagement nachweisen zu können. Einzelheiten dieses lesenswerten Buches können hier nicht nachgezeichnet werden. Ich will nur auf ein zentrales gleichermaßen theologisches wie ethisches Problem des An-

119 Vgl. H. Krüger, W. Müller-Römheld (Hg.), *Bericht aus Nairobi 75*. Frankfurt a.M. 1975.
120 Vgl. W. Stierle, D. Werner, M. Heider (Hrsg.) *Ethik für das Leben. 100 Jahre ökumenische Wirtschafts- und Sozialethik*. Ökumenische Studien Bd. 5. Rothenburg 1996.
121 Vgl. W. Stierle u.a. (Hrsg.), aaO. Vgl. auch G. Orth, *Protest gegen den Tod. Auf dem Weg zu ökumenischem Lernen*. Hamburg 1983.
122 W. Huber, *Konflikt und Konsens*. AaO. S.186.
123 J. Moltmann, *Gott in der Schöpfung*. München 1985.

satzes von Moltmann hinweisen: Er identifiziert eine bestimmte ethi-sche Handlungsperspektive – die des ökologischen Engagements – mit Grundaussagen christlichen Glaubens – hier der Schöpfungstheologie. Er begründet diese Identifizierung mit der Zusammengehörigkeit und Kontinuität von *creatio originalis* – Schöpfung am Anfang –, *creatio con-tinua* – Schöpfung in der Geschichte – und *creatio nova* – Neuschöpfung im Reich Gottes. In diesem dreifachen Schöpfungsbegriff aber ist kaum „Platz" für die menschliche Fortsetzungsgeschichte der Schöpfung, die „Sündenfälle". Diese Diskontinuität in der Schöpfung bleibt weitgehend ausgeblendet.

„Die biblische Urgeschichte dagegen ist ein dramatisches Modell für die Wahrnehmung dieser Diskontinuität. Sie verdankt sich in er-heblichem Umfang gerade der Erfahrung, dass dem Menschen der un-mittelbare Zugang zu einer ungebrochenen Schöpfungswirklichkeit, zu einer kontinuierlichen Schöpfungsgeschichte verschlossen ist. Zum Er-wachsenwerden der Menschheit wie des Einzelnen, so kann man an der biblischen Urgeschichte lernen, gehört die Erfahrung dieser Dis-kontinuität. Fall und Sintflut sind deren Symbole. Es ist eine Diskonti-nuität, die vor allem durch Auflehnung und Gewalt bestimmt ist. Die Auflehnung gegen Gott ist das Thema der so genannten Sündenfallge-schichte; die soziale Gewalt tritt in der Erzählung von Kain und Abel ins Zentrum, in der auch – zum ersten Mal, also nach der Paradiesge-schichte – der Begriff ‚Sünde' begegnet; die ökologische Gewalt aber begegnet in der Sintflutgeschichte",[124] die als Reaktion auf die Gewalt der Menschen und die durch die Gewalt der Menschen zerstörte Erde von der großen Flut berichtet. Trotz Auflehnung und Gewalt aber wird neues Zutrauen ermöglicht – nicht freilich durch die Kontinuität der Schöpfung selbst, sondern durch Gottes Treue zur Menschheit, deren Zeichen der Regenbogen ist: „Solange die Erde steht, soll nicht aufhö-ren Saat und Ernte, Frost und Hitze, Sommer und Winter, Tag und Nacht" (Gen 8,22). Und es folgen Gottes Bund mit Noah und die noa-chitischen Gebote (Gen 9). „Die Treue Gottes bändigt den Konflikt, der die Schöpfung durchzieht und ermöglicht es dem Menschen, die Ge-walt zu vermindern, mit der er der Schöpfung entgegentritt."[125] In der Treue Gottes und in seiner Versöhnung mit der Schöpfung liegt also der

---

124 W. Huber, aaO. S. 187.
125 W. Huber, aaO. S. 188.

Grund, dass nun Menschen der Schöpfung die Treue zu halten, die Gewalt gegen die Natur zu minimieren suchen. Das konflikthaltige Ineinander von Harmonie und Konkurrenz bestimmt die Geschichte der Natur; die ökologische Krise ist Ausdruck dieses Konfliktes. Dennoch bestimmt Liebe Gottes Verhältnis zu seiner Schöpfung: „In der Versöhnung des liebenden Gottes hat unsere Liebe zur Schöpfung ihren Grund",[126] nicht aber in einer Identifikation der Sorge der Menschen um die Schöpfung mit Gottes Sorge um diese. „Die Orientierung des Schöpfungsgedankens am Bund Gottes mit Noah hat eine kritische Pointe: Das Bekenntnis zur Versöhnung Gottes mit seiner Schöpfung ermöglicht ein Verhalten der Gewaltbegrenzung, der Gewalteindämmung gegenüber der Schöpfung"[127] (vgl. dazu den prinzipiellen Vegetarismus in Gen 1,29 mit der Freigabe der Fleischnahrung in Gen 9,3, die freilich durch Gen 9,4 sogleich begrenzt wird). Selbstbegrenzung menschlicher Möglichkeiten in der Natur und gegenüber der Natur lassen sich theologisch angemessener begründen in dem durch die Urgeschichte eröffneten Zusammenhang von Schöpfung und Fall und Gottes Treue auch danach und in dem, „was der Fall ist" (J. Ebach).

4. „Selbstbegrenzung" wird gegenwärtig zu einem immer bedeutsameren schöpfungsethischen Stichwort. Einer der zentralen Vorwürfe gegenüber dem Christentum angesichts der ökologischen Krise lautete: Durch die israelitische Konzentration auf den einen Schöpfergott und durch den christlichen Schöpfungsglauben wurde die Welt radikal entzaubert und entgöttlicht und so wurde die Natur dem erkennenden Zugriff des Menschen preisgegeben. In einer ähnlichen Richtung argumentiert der vom Judentum geprägte Philosoph und Ethiker Hans Jonas und zieht daraus die Konsequenz: „Unsere so völlig enttabuisierte Welt muss angesichts ihrer neuen Machtarten freiwillig neue Tabus aufrichten. Wir müssen wissen, dass wir uns zu weit vorgewagt haben, und wieder wissen lernen, dass es ein Zuweit gibt. Das Zuweit beginnt bei der Integrität des Menschenbildes, das für uns unantastbar sein sollte. Nur als Stümper könnten wir uns daran versuchen, und selbst Meister dürfen wir dort nicht sein. Wir müssen wieder Furcht und Zittern lernen und, selbst ohne Gott, die Scheu vor dem Heiligen. Diesseits der Grenzen, die es setzt, bleiben Aufgaben genug."

Die Traditionen der Religionen hatten bestimmte Bereiche mensch-

---

126 W. Huber, aaO. S. 189.

lichem Zugriff durch Tabuisierung entzogen. Solche ursprünglichen Tabuisierungen aber sind im Zuge der Neuzeit, ihrer Religionskritik, ihrer Entmythologisierung und ihrer Zerstörung des Mythos sämtlich der scheinbaren Irrationalität geziehen und durchbrochen worden. Mehr und mehr aber zeigt sich, dass viele dieser Tabuisierungen kulturell sinnvoll und Leben bewahrend waren. Sie lassen sich nicht mehr zurückholen; weder willkürlich noch absichtsvoll lassen sich Tabus verbindlich machen. So bleibt die Notwendigkeit, dem Lebensrecht der außermenschlichen Natur bewusste und reflektierte Anerkennung zu zollen: „Ich bin Leben, das leben will, inmitten von Leben, das leben will"[129] und soll. Die Verantwortung dafür, dass anderes, außermenschliches Leben leben soll und kann, liegt in vielen Fällen beim Menschen. „Weil der Mensch das eine Naturwesen ist, das seine Umwelt systematisch umgestalten kann, kommt ihm für die Bewahrung der Natur eine Verantwortung zu. Da er seine technischen Verfügungsmöglichkeiten zu erweitern vermag, muss er seine Verantwortung in der Form der Selbstbegrenzung wahrnehmen."[130] Es geht darum, unterscheiden zu lernen zwischen dem, was der Mensch kann, und dem, was er wollen kann und darf. Dafür ist die Wiederentdeckung und die Wiederingebrauchnahme dessen nötig, was die europäische philosophische und theologische Tradition einmal als das „rechte Maß"[131] bedacht und benannt hat und was im Zuge des Fortschrittsglaubens der Moderne im wahrsten Sinne unter die Räder kam.

127 AaO. S. 188.

128 H. Jonas, *Technik, Ethik und biogenetische Kunst.* In: R. Flöhl (Hrsg.), *Genforschung – Fluch oder Segen?* München 1985. S. 1 ff., Zitat S. 15.

129 A. Schweitzer, *Die Ehrfurcht vor dem Leben. Grundtexte aus fünf Jahrzehnten,* hrsg. von H. W. Bähr. München 1982. S. 111.

130 W. Huber, aaO. S. 193.

131 Chr. Stückelberger, *Umwelt und Entwicklung.* Stuttgart 1997. S. 115 ff.

3.5   ... und an Jesus Christus, seinen einzigen Sohn, unsern Herrn

Zunächst fällt an der Formulierung des Glaubensbekenntnisses die Auswahl der beiden Titel „Sohn" und „Herr" auf. Im Sohnestitel wird die Nähe zwischen Gott-Vater und Jesus deutlich, während der Titel Herr an das Verständnis Gottes aus der hebräischen Bibel anknüpft und verdeutlicht, dass der in Jesus Mensch gewordene Gott zugleich als der Herr der Geschichte wie der Schöpfung geglaubt wird. Beide hier gewählten Titel verweisen also in besonderer Weise auf die Beziehung Gottes zu Geschick und Geschichte Jesu Christi. Doch ehe ich zum Ende dieses Abschnitts auf diese beiden christologischen Titel – einziger Sohn, unser Herr – zurückkomme, frage ich nun, was Christologie ist.

Christologie bedeutet wörtlich übersetzt: die Lehre oder die Rede von Christus. „Christus" wurde in der Geschichte der Kirchen nahezu zum „Nachnamen" Jesu. Ursprünglich war es die griechische Übersetzung des hebräischen Messias, zu deutsch „der Gesalbte Jahwes". Christus war also ursprünglich ein Jesus beigegebener Titel. Er erinnerte an die davidische Königsdynastie, in der der König als der „Gesalbte Jahwes"[132] gekennzeichnet wurde. In der Pfingstpredigt des Petrus (Apg 2,36) spiegelt sich noch jene – wohl älteste – judenchristliche Christologie, wenn Petrus predigt: „Mit Gewissheit erkenne also das Haus Israel: Gott hat ihn zum Herrn und Messias gemacht, diesen Jesus." Im hellenistischen Heidenchristentum aber wurden die jüdischen Messias-Vorstellungen wohl bald nicht mehr verstanden, und so wurde die Bezeichnung „Christus" zum festen Bestandteil des Eigennamens.

Gleichwohl ist festzuhalten, dass in dem Namen Jesus Christus – juden- wie heidenchristlich – ein Bekenntnis enthalten ist, das entscheidend ist für die Grundstruktur aller Christologien: „Alle Christologien haben Bekenntnis-Charakter und von daher bildet die Bekenntnisstruktur das entscheidende formale Element jedweder Christologie. Es gibt keine Christologie, die nicht die Form einer Bekenntnis-Aussage hat, zumindest als ihre unaufgebbare Grundvoraussetzung."[133] Die Auflösung der Bekenntnisstruktur der Christologie bedeutet die Auflösung

---

132 Vgl. Ps 2,2; 18,50; 20,6; 84,9; 132,10.17.
133 B.J. Hilberath, Th. Schneider, Art. Jesus Christus / Christologie. In: P. Eicher (Hrsg.), aaO. Bd. 2. S. 226 – 256, hier S. 229.

des Christentums: „Tolle assertiones, et Christianum tulisti" (Martin Luther).[134]

Ausgangspunkt der Christologie bildet die Glaubensentscheidung, dass Jesus Gottes Sohn und unser Herr ist. Ohne eine Zustimmung zu diesem Bekenntnis ist Christologie als Lehre und Rede, die Jesus Christus und seiner Geschichte nachdenken will, unmöglich. Warum aber ist dies so bedeutend, dass wir sagten, die Zustimmung zum Bekenntnis – also der Glaube an Jesus Christus – sei die Grundstruktur aller Christologie? Die Begründung liegt darin, „dass der christliche Glaube einem bestimmten geschichtlichen Menschen, dem Mann Jesus von Nazareth und seiner historisch-einmaligen Lebensgeschichte" zwischen ca. 7 v. Chr. und 30/33 n. Chr. „eine endgültige, ‚eschatologische', absolute und universale Bedeutung für unser Gottesverständnis und für das Heil der gesamten Geschichte und Menschheit zuspricht".[135] Dass dieser historische Mensch Jesus die Offenbarung Gottes ist, darin liegt das Grundproblem der Christologie, das nur durch die Zustimmung des Glaubens entschieden, weil eben nicht bewiesen werden kann. „Der Glaube gehört zu den Bedingungen eines vollen Verständnisses im Blick auf Jesus dazu."[136] Wissenschaftlich im Sinne von beweisbar bleibt die Frage nach Jesus als dem Christus offen; beweisbar im Sinne historischer Gewissheit ist nur Jesu historische Existenz zwischen ca. 7 v. Chr. und 30/33 n. Chr. „Das Kriterium, ob wir Jesus wirklich verstehen, ... ist allein der Glaube daran. Wer also denkt: ‚für uns' bist du da gewesen, Jesus Christus, der kann das nur glaubend sagen. Den Beweis dafür, da hat der Neutestamentler Herbert Braun ganz recht, wird nur die Liebe erbringen, vor allen Werken und in allen Werken. Deshalb kann die Frage nach Jesus nur in unserer persönlichen Existenz eine Antwort finden."[137]

Das Kriterium also, ob wir Jesus wirklich verstehen, ist der Glaube daran, dass Jesus Gottes Sohn und unser Herr ist. Die Alte Kirche dachte diesem Problem in der Frage nach dem Wesen Jesu nach, das Neue Testament und Luther in der Betonung der Einheit von Person und Werk Jesu Christi.[138] Beide Positionen aber sind sich in der zugrundeliegen-

---

134 WA 18, 603. Dt.: *Hebe die Bekenntnisse auf, so hebst du das Christentum auf.*
135 B. J. Hilberath, Th. Schneider, aaO. S. 230.
136 E. Fuchs, Jesus Christus. In: H. J. Schultz, *Theologie für Nichttheologen.* Stuttgart 1968. S. 185–189, Zit. S. 186.
137 E. Fuchs, aaO. S. 189.138
138 S. o. S. 9 ff.

den Glaubensaussage einig: In der Krippe im Stall in Bethlehem, in diesem Kind und dem dann erwachsen werdenden Mann Jesus kommt Gott zur Welt.

Karl Barth hat diesen – für die Erkenntnis Gottes und der Menschen – entscheidenden Zusammenhang so beschrieben: „Es geht um Gottes Zusammensein mit dem Menschen. Wer Gott und was er in seiner Göttlichkeit ist, das erweist und offenbart er nicht im leeren Raum seines göttlichen Fürsichseins, sondern authentisch gerade darin, dass er als des Menschen (freilich schlechthin überlegener) Partner existiert, redet und handelt. Der das tut, ist der lebendige Gott. Und die Freiheit, in der er das tut, ist seine Göttlichkeit. Sie ist die Divinität, die als solche auch den Charakter von Humanität hat. ... Eben Gottes recht verstandene Göttlichkeit schließt ein: seine Menschlichkeit."

Woher wissen wir das? Von woher ist dieser Satz erlaubt und geboten? Er ist ein christologischer, vielmehr ein von der Christologie her begründeter und zu entfaltender Satz. ... Eben in Jesus Christus, wie er uns in der Heiligen Schrift bezeugt ist, haben wir es ja gewiss nicht abstrakt mit dem Menschen zu tun. ... Eben in ihm handelt es sich vielmehr um die Geschichte, um den Dialog, in welchem Gott und der Mensch zusammentreffen und zusammen sind, um die Wirklichkeit des von ihnen beiderseitig geschlossenen, gehaltenen und vollendeten Bundes. ...

Im Spiegel dieser Menschlichkeit Jesu Christi offenbart sich die in seiner Göttlichkeit eingeschlossene Menschlichkeit Gottes. So wie er ist Gott. So bejaht er den Menschen. So nimmt er Anteil an ihm. So setzt er sich selbst für ihn ein. ... Die Wahrheit Gottes ... ist mit Titus 3,4 zu reden: seine Menschenfreundlichkeit."[139]

Das also ist der Ausgangspunkt, die Voraussetzung und die Grundgestalt der Christologie: Ich glaube an den in Jesus Christus Mensch geworden Gott. Und schließlich: „Ich glaube an Jesus Christus, seinen einzigen Sohn, unsern Herrn".

Was meint der Titel, Jesus sei Gottes Sohn? Hier ist vor allem der Hintergrund der hebräischen Bibel wichtig (z.B. die Gottessohn-Prädikationen in Ex 4,22 f., Hosea 11,1 oder Ps 2,7). Oscar Cullmann fasst die alttestamentliche Bedeutung des Gottessohntitels so zusammen:[140] „Der

---

139 K. Barth, *Die Menschlichkeit Gottes.* Zürich 1956. S. 10 f, 15 (18, 22).

140 O. Cullmann, *Christologie des Neuen Testamentes.* 1975 (5. Aufl.). S. 281.

alttestamentlich jüdische Begriff des Gottessohnes ist im Wesentlichen nicht gekennzeichnet durch die Begabung mit einer besonderen Kraft, auch nicht durch eine Substanzbeziehung zu Gott aufgrund göttlicher Zeugung, sondern durch den Gedanken der Erwählung zur Mithilfe bei der Ausführung eines besonderen göttlichen Dienstauftrages und durch den Gedanken des strikten Gehorsams dem erwählenden Gott gegenüber." In diesem Sinne formuliert der Titel des Gottessohnes zum einen die innere Beziehung Jesu zu Gott. Jesus spricht ihn mit Abba an. In Jesus ereignet sich Gottes Wille; Jesus ist Gott auf dem Weg zu den Menschen. Zum Zweiten formuliert der Titel des Gottessohnes Jesu Sendung, seinen Auftrag: Jesu Hingabe an den Menschen; er bleibt nicht in selbstherrlicher Höhe, sondern geht den „Weg in die Fremde" (K. Barth), wie es in dem Hymnus im Philipperbrief heißt: „Er war Gott gleich, hielt aber nicht daran fest, wie Gott zu sein, sondern er entäußerte sich und wurde wie ein Sklave und den Menschen gleich. Sein Leben war das eines Menschen; er erniedrigte sich und ward gehorsam bis zum Tod, bis zum Tod am Kreuz. Darum hat ihn Gott über alle erhöht und ihm den Namen verliehen, der größer ist als alle Namen, damit alle im Himmel, auf der Erde und unter der Erde ihre Knie beugen vor dem Namen Jesu und jeder Mund bekennt: ‚Jesus Christus ist der Herr' – zur Ehre Gottes des Vaters." (Phil 2,6–11). Zum Dritten benennt der Titel des Gottessohnes Jesu Beziehung zu uns Menschen. Der „einzige Sohn" will nicht allein bleiben; die Menschen will er zurückführen in den Schalom Gottes, zu Söhnen und Töchtern Gottes werden lassen. Nicht mehr Knechte sollen wir sein, sondern Freunde (Joh 15,14): Dem Herrschaftsverhältnis setzt der johanneische Jesus ein Freundschaftsverhältnis entgegen.

Wie kann aber dann – und damit kommen wir zu dem zweiten im Credo genannten christologischen Titel – Jesus Christus als unser Herr bekannt werden, wenn gerade eben – in der Reflexion des Sohnestitels – von Emanzipation die Rede war, von Freundschaft statt Herrschaft? Jesu Herrsein zeichnet sich dadurch aus, dass er dient. Das wird nicht zuletzt deutlich in dem bereits zitierten Hymnus aus dem Philipperbrief. Dieses Verständnis wird auch bei den Synoptikern deutlich. Als die Jünger sich streiten, wer wohl der Erste unter ihnen ist, verweist Jesus sie an das Dienen: „Wer der Erste sein will, soll der Letzte von allen und der Diener aller sein" (Mk 9,35 par). Damit ist zum einen eine radikale Umkehrung von Herrschaft in den Blick genommen: Herrschaft wird in der Gemeinde Christi begründet als Dienst. Und es ist zweitens eine radikale Herrschaftskritik gemeint: Auch andere, beispielsweise politische oder ökonomische Herrschaft soll an ihrem Dienstcharakter bemessen werden. Zum einen haben wir also, indem wir Jesus als unseren Herrn bekennen, ein Kriterium der Beurteilung von Macht und Herrschaft. Zum andern sind mit diesem Bekenntnis Christinnen und Christen, Gemeinden und Kirchen aufgefordert, alle diejenigen zu entmachten, die sich selbst zu Herren der Welt machen wollen. So spielt der christologische Titel „Herr" in der Apokalypse eine besondere Rolle. Gegen den römischen Staat und seinen totalitären Anspruch wird Jesus jetzt bekannt als der „Herr aller Herren" und der „König aller Könige" (Apk 17,14). Oder ein Beispiel aus der jüngsten Vergangenheit. Die 1934 von der Bekennenden Kirche formulierte Barmer Theologische Erklärung nimmt gerade auch diesen Titel auf, wenn sie in ihrer 6. These formuliert: „,Siehe ich bin bei euch alle Tage, bis an der Welt Ende' (Mt 28,20). ‚Gottes Wort ist nicht gebunden' (2 Tim 2,9). Der Auftrag der Kirche, in welchem ihre Freiheit gründet, besteht darin, an Christi Statt und also im Dienst seines eigenen Wortes und Werkes durch Predigt und Sakrament die Botschaft von der freien Gnade Gottes auszurichten an alles Volk. Wir verwerfen die falsche Lehre, als könne die Kirche in menschlicher Selbstherrlichkeit das Wort und Werk des Herrn in den Dienst irgendwelcher eigenmächtig gewählter Wünsche, Zwecke und Pläne stellen." [141]

So zeigt sich an diesen Beispielen, die sich vielfach vermehren ließen, dass das Bekenntnis des Glaubens an Jesus Christus unsern Herrn immer auch unmittelbare Konsequenzen einer bestimmbaren gesellschaftlichen oder politischen Praxis hat. Glauben und Tun, Dogmatik und Ethik – auch das wird an diesem Beispiel deutlich – hängen aufs Engste miteinander zusammen. Wie das Tun dem Glauben zu entsprechen sucht, so sucht die Ethik als Lehre vom Handeln der Christinnen und Christen, der Gemeinden und Kirchen der Dogmatik als der Lehre vom Glauben zu entsprechen.

In besonderer Weise wird dies deutlich in Christologien aus ande-

---

141   Zit. aus: E. Beyreuther, *Die Geschichte des Kirchenkampfes in Dokumenten 1933/45.* Wuppertal 1966. S. 70. Vgl. auch die 3. Barmer These: „Die christliche Kirche ist die Gemeinde von Brüdern, in der Jesus Christus in Wort und Sakrament durch den Heiligen Geist als der Herr gegenwärtig handelt." (aaO. S. 69)

ren kulturellen Kontexten, wie sie beispielsweise in den von Misereor und „Brot für die Welt" vertriebenen Hungertüchern sichtbar werden:[142] So verdeutlicht das Hungertuch aus Peru das Kreuz Jesu durch Symbole, die das Kreuz, das peruanische Campesinos tragen, anzeigen; das Hungertuch aus Haiti zeigt Jesus gekreuzigt am „Baum der tausend Früchte": der, der die Macht des Todes erfährt, wird bekannt als der Lebende, dessen Arme bis zum Regenbogen reichen, dem Zeichen der Treue Gottes zum Leben. Eine dogmatische Christologie jenseits solcher ethischer Bezüge und lebensweltlicher Erfahrungen ist hier nicht denkbar.[143]

3.6   ... empfangen vom Heiligen Geist, geboren von der Jungfrau Maria: Der historische Jesus

Ungewöhnlich ist die von mir gewählte Verbindung, die Frage nach dem historischen Jesus zu verknüpfen mit der Bekenntnisformulierung „empfangen durch Heiligen Geist, geboren von der Jungfrau Maria". Diese Verknüpfung bestätigt auf ihre Weise die bereits betonte Struktur, dass Christologie nur möglich ist aufgrund des Glaubens daran, dass der historische Jesus der von den Christen geglaubte Messias ist. Heißt dies, die Jungfrauengeburt glauben zu müssen?

Denken wir – ehe wir zu den Fragen des historischen Jesus kommen – dem nach, was es bedeuten kann, wenn Christinnen und Christen doxologisch bekennen: dass Jesus vom Heiligen Geist empfangen und von der Jungfrau Maria geboren wurde.

Der Streit um diese Zeile des Credo ist besonders heftig: Dabei liegen die Grenzen der differenten Positionen nicht an den Grenzen der Konfessionen, obwohl die Jungfrauengeburt für die östlich-orthodoxen Kirchen einen hohen Wert hat und die Marienverehrung in der katholischen Kirche eine besondere Rolle spielt. Und doch gibt es katholische Theologen, die hier eher schweigen, und evangelische Theologen, die hier – wie beispielsweise Karl Barth – das „Geheimnis der Weihnacht" erblicken. Der Streit ist also kein konfessioneller, sondern er geht quer durch die Konfessionen.

---

142 Die entsprechenden Materialien sind erhältlich bei „Brot für die Welt" und Misereor.
143 Vgl. dazu auch: V. Küster, *Die vielen Gesichter Jesu Christi. Christologie interkulturell.* Neukirchen-Vluyn 1999.

Der hier betonte Zusammenhang zwischen Geist – der schöpferischen Gegenwart Gottes – und Maria – einer historischen Frau – ist zunächst zu betonen. Wenn wir von Jesus Christus reden wollen, dann müssen wir von Gott und Mensch reden. Beide Monophysitismen (Ein-Naturen-Lehren) sind mit Jan Milič Lochman abzulehnen: „Der Monophysitismus ‚von oben' bedroht vor allem die altkirchliche, mittelalterliche und auch ‚orthodoxe' Christologie: Die volle Menschheit Jesu tritt hinter seiner Gottheit zurück. Zum ‚Monophysitismus von unten' neigt vor allem die neuzeitliche Dogmengeschichte: Die Initiative und die Präsenz Gottes in der Geschichte Christi wird relativiert oder weggedeutet, Christus wird auf ein Vorbild oder eine Chiffre allgemein humaner Möglichkeiten reduziert."[144] Dagegen soll festgehalten werden, dass wir in Jesus Christus „die vollmächtige Präsenz Gottes in dem menschlichen Lebensgeschick Jesu von Nazareth glauben, erfahren und bekennen dürfen".[145]

In der Formulierung „empfangen durch den Heiligen Geist" meint das zweideutige Wort „empfangen" keinen biologischen Sachverhalt, sondern den Ur-sprung Jesu in Gott, die Anknüpfung an den Geist der Schöpfung (Gen 1,2), und der Begriff „Genesis" taucht ja in der Weihnachtsgeschichte des Matthäus tatsächlich auf (Mt 1,18). Jesus ist die Initiative Gottes: „Das Subjekt der Geschichte Jesu Christi ist also Gott selber, so wahr da ein Mensch lebt und leidet und handelt."[146] Nur so ist die Geschichte Jesu ganz menschlich und ganz göttlich und nur so macht der herrschaftskritische Satz des späteren Barth Sinn: „Nachdem Gott Mensch geworden ist, ist der Mensch das Maß aller Dinge".[147] Das ist das eine: „empfangen durch den Heiligen Geist".

„Geboren von der Jungfrau Maria". Zunächst begegnet hier – außer Jesus selbst und Pilatus – im Glaubensbekenntnis eine historische Person, eine Frau: „Als die Erfüllung der Zeit gekommen war, sandte Gott seinen Sohn, von einer Frau geboren, dem Gesetz unterworfen" – so Paulus in Gal 4,4: die theologische, die historische, die biologische und die religiös-kulturelle Dimension werden in diesem Satz zusammengehalten. Übrigens wusste Paulus so wenig von einer Jungfrauengeburt wie Johannes oder Markus. Das Motiv begegnet lediglich bei Matthäus

---

144 J. M. Lochman, aaO. S. 90.
145 Ebd.
146 K. Barth, *Dogmatik im Grundriss*. Zürich 1977. S. 113.
147 K. Barth, *Christengemeinde und Bürgergemeinde*. AaO. S. 33 (Abschnitt 15).

und Lukas. Dieser biblische Befund ist ebenso dogmatisch ernst zu nehmen wie die sprachliche Tatsache, dass das griechische Wort für Jungfrau das hebräische Wort *almah* übersetzt und dies bedeutet einfach „junge Frau" – so bereits die Übersetzung in der LXX. Ich halte es für müßig, die Frage nach der Jungfrauengeburt dogmatisch zu entscheiden, und mich beunruhigt es nicht, wenn das „Geheimnis der Weihnacht" neben der biologischen Ablehnung der Jungfrauengeburt zu stehen kommt, so lange weder die einen noch die anderen daraus meinen ableiten zu müssen, die jeweils anderen seien „hinter dem Mond" zu Hause oder sie seien Ungläubige. Wichtiger erscheinen mir zwei andere Gesichtspunkte der Weihnachtsgeschichte: Der Herr der Schöpfung, der Mann, das Familienoberhaupt wird hier unmissverständlich zurückgestellt. Im Zentrum der Geburt des Messias steht die Frau, wie es eine Frau sein wird, die dem Auferstandenen als Erste begegnet. Und das andere: Verschwindet nicht in unseren Dogmatiken, die von Männern gedacht und geschrieben werden, jene Frau in ihrer historischen Konkretheit als die Empfangende und Hörende und als die Tätige und Kämpfende? Ich denke an den Beginn des Lukasevangeliums, das Magnifikat der Maria (Lk 1,50–53), und zitiere den Text in einer neueren Übersetzung: „Allzeit währt sein Dasein für die, denen es ernst ist mit ihm. Seine Macht steht gegen die Herren, hinweg fegt er ihre Pläne. Die oben sind, stürzt er vom Sitz und erhebt die Erniedrigten, die Hungernden füllt er mit Gütern und die Reichen gehen leer aus."

Eine in vieler Hinsicht benachteiligte Frau singt dieses Revolutionslied: Maria, „eine junge Frau, sie ist schwanger, nicht verheiratet und arm – ein Wesen zweiter Klasse –, und sie lobt Gott mit ihrer Stimme, die zugleich die der befreienden Tradition ist",[148] denn Maria zitiert die hebräische Bibel. Und was wurde in der Tradition der Kirchen und Theologien aus dieser Frau, aus Maria gemacht? Ich zitiere Dorothee Sölle: „eine entsinnlichte, reine, erhabene Maria. ... Die Wirkungsgeschichte, das ‚Ave Maria' mit geneigtem Kopf, möglichst demütig in der Gebärde, erzählt von dieser Zerstörung der biblischen Realität."[149] Doch nicht nur Maria wurde domestiziert zur reinen Magd, sondern auch der Text dieses Revolutionsliedes wurde schlicht verschwiegen. Hätten Christinnen und Christen mit ihm Ernst gemacht,

---

148 D. Sölle, *Gott denken.* Stuttgart 1990. S. 95.
149 AaO. S. 97.

er wäre jeder Zensur zum Opfer gefallen. Dies erscheint mir im Anschluss an die Maria im Glaubensbekenntnis ungleich relevanter und bedeutungsvoller als die Diskussion um einen biologischen Sinn des Begriffs „Jungfrau".

Das Magnifikat der Maria weist uns den Weg zum historischen Jesus, wie ihn Lukas – in der gleichen inhaltlichen Perspektive wie Matthäus Maria reden lässt – im vierten Kapitel seines Evangeliums zeichnet: „Der Geist des Herrn ruht auf mir, weil er mich gesalbt hat, den Armen das Evangelium zu verkünden; er hat mich gesandt, den Gefangenen zu verkünden, dass sie frei sein sollen, und den Blinden, dass sie sehen sollen, und den Unterdrückten, dass sie frei und ledig sein sollen, und damit ein Gnadenjahr des Herrn zu verkündigen" (Lk 4,18f.). Lukas lässt Jesu erstes öffentliches Auftreten in der Synagoge beginnen mit einem Zitat aus Jes 61,1f. In dieser jüdischen Tradition wollte Lukas Jesus sehen. Doch dieser programmatische Anspruch, den Lukas hier Jesus in den Mund legt, ist bereits Inhalt des Namens „Jesus". Bereits im Alten Testament – „Jehosua" – als auch zur Zeit Jesu war dieser Vorname „Jesus" ein durchaus gebräuchlicher Name. So gibt es in der hebräischen Bibel eine ganze Reihe von Männern, die Jehosua heißen – z.B. Josua, Bruder und Nachfolger des Mose – und ebenso ist dieser Vorname im Neuen Testament gebräuchlich und auch andere Männer, nicht lediglich der aus Nazareth, tragen den Vornamen „Jesus". Auch drei der Übersetzer der LXX tragen den dann bereits gräzisierten Namen *Iesous*. Jesus von Nazareth trägt also einen zu seiner Zeit ganz gebräuchlichen Vornamen – auch dies verweist auf seine Menschlichkeit. Gleichwohl erscheint es mir bedeutsam, sich die Bedeutung dieses Namens zu vergegenwärtigen – sind Namen doch nicht Schall und Rauch und lediglich zufällig gewählt, sondern haben sie Bedeutung für diejenigen, die den Namen ihrem Kind geben, wie für das Kind selbst. Im Falle des Mannes aus Nazareth ist sein Vorname „Programm". Nicht erst der ihm beigefügte Titel „Messias" oder „Kyrios" zeigt die Besonderheit des Jesus in den Augen der unterschiedlichen ihm nachfolgenden Gemeinden, sondern bereits sein Vorname zeigt sein Programm, bedeutet Jehosua doch „Jahwe ist Retter" – ein zentrales Glaubensbekenntnis Israels. So erkennt dogmatische Theologie in dem Namen „Jesus Christus" bereits den Zusammenhang von Judentum und Christentum: Ein zentrales Glaubensbekenntnis Israels ist verknüpft mit einem zentralen Glaubensbekenntnis der frühen Gemeinden: Jesus ist der Christus: „Jahwe ist Retter", und der, der diesen Namen trägt ist der Messias, unser Herr.

„Wie ihn Lukas zeichnet" – habe ich eben formuliert: Wir haben keine direkten Überlieferungen von Jesus, genauso wenig wie die Evangelisten Geschichtsschreiber in einem modernen historiographischen Sinne sein wollen: Sie verkünden, was sie glauben, was sie erfahren haben und was sie deshalb weitergeben müssen, weil es etwas war, was ihr Leben völlig verändert hat. So können wir, wenn wir uns an die neutestamentliche Überlieferung halten, zunächst ausschließlich vom synoptischen oder vom johanneischen Jesus reden, also davon, wie die Synoptiker – Matthäus, Markus, Lukas – oder Johannes Jesus dargestellt haben, und aus der neutestamentlichen Wissenschaft ist bekannt, wie verschieden sie das taten.

Nichtsdestotrotz wollen Theologen und Theologinnen – und nicht nur sie – wissen, wer derjenige historisch war, von dem die neutestamentlichen Autoren ihren Ausgang nahmen. Die theologische Frage nach Jesus macht die historische Frage nach ihm nicht überflüssig, wenngleich sich der Glaube in seinem dezidiert biblischen Verständnis auch nicht an der historischen Verifizierung der Person Jesu festmachen lässt.

So entstand in der Zeit von Reimarus, Lessing und Herder, also in der Aufklärungszeit, die Frage nach dem historischen Jesus, nach seinem Leben: die so genannte Leben-Jesu-Forschung. Die Bilder, die Theologen und Theologinnen von Jesus zeichneten, reichen von dem projektiven Charakter der Leben-Jesu-Bilder in der frühen Zeit bis zur Einordnung Jesu in die jüdisch-frühchristliche Geschichte aufgrund dessen, was wir aus christlichen – neutestamentlichen und apokryphen – und aus nicht-christlichen – jüdischen und römischen – Quellen über Jesus wissen können. Als Fazit der unterschiedlichen Quellen über Jesus bleibt mit dem Neutestamentler Gerd Theißen: „Die menschlich mögliche Gewissheit im Umgang mit dem historischen Jesus ist, dass wir bei der Beschäftigung mit ihm nicht in ‚Dialog' mit einem Fantasieprodukt treten, sondern mit einer konkreten historischen Erscheinung. Alle konkreten Einzelaussagen innerhalb einer Jesusdarstellung sind von verschiedenem Wahrscheinlichkeitsgrad. Hypothetisches bildet notwendig eine bleibende Aura um jedes Jesusbild." [150]

---

150 G. Theißen, A. Merz, *Der historische Jesus.* Göttingen 1997. S. 122.

Für die Dogmatik ist jener Befund durchaus bedeutungsvoll: Gerade wenn sie betont, dass Christologie nur möglich ist unter der Voraussetzung des Glaubens an Jesus als den Christus, zeigt der historische Befund doch, dass dieser Glaube Anhalt – nicht Grund – hat an historischer Realität. Ein wirklicher Mensch, geboren um 7 v. Chr., am Kreuz hingerichtet zwischen 30 und 33 n. Chr., war dieser Jesus, den der christliche Glaube bekennt als Messias, als Befreier und Retter der Menschen und – wie Paulus weiß (Röm 8) – auch der ganzen Schöpfung. In einem wirklichen Menschen war Gott unterwegs zu seiner Schöpfung.

3.7   ... gelitten unter Pontius Pilatus, gekreuzigt, gestorben und begraben, niedergefahren zur Hölle, am dritten Tage auferstanden von den Toten

Nach der Betonung der Gottheit Jesu – einziger Sohn, unser Herr –, nach dem Bekenntnis zu seiner Menschwerdung – geboren von der Jungfrau Maria – folgt nun das Bekenntnis zu Jesus als wahrem Menschen, der schlechthin leidet, gekreuzigt wird, stirbt und begraben wird, und zu dem Gott dann Ja sagt in seiner Auferweckung Jesu von den Toten. Hier geht es um das Kernstück christlichen Glaubens wie ihn neutestamentlich alle Zeugen verkünden. Gehen bei der Hinrichtung Jesu am Kreuz die Interpretationen der neutestamentlichen Autoren noch weit auseinander, so ist die Auferstehung das schlechthin Neue, Revolutionäre, der alles verändernde Glaube der Frauen und Männer um Jesus Christus. In der Auferstehung bewahrheitet Gott sein Ja zu seinem „einzigen Sohn"; in der Auferstehung bewahrheitet Gott Jesus als „unsern Herrn". Im Bekenntnis zur Auferstehung Jesu wird der Beginn des zweiten Artikels des Glaubensbekenntnisses nochmals begründet, dass dort nämlich die beiden Titel Jesu – sein einziger Sohn, unser Herr – deutlich machen, wie Gott sich mit Jesus identifiziert. Mit dem Glauben an die Auferstehung steht und fällt christliche Verkündigung und christlicher Glaube. Ich zitiere stellvertretend Paulus in seinem großen Auferstehungskapitel 1 Kor 15: „Ist aber Christus nicht auferstanden, so ist unsere Predigt vergeblich, so ist auch euer Glaube vergeblich" (V 14). Das wird uns jetzt vornehmlich beschäftigen: Auferstehung ist das Thema, doch Auferstehung nicht triumphalistisch, sondern immer in dem Wissen darum: Auferstanden ist der gekreuzigte Jesus. Das eine ohne das andere macht weder in der Praxis unseres Glaubens noch in dessen theologischer Reflexion recht einen Sinn: Ohne Auferstehung hat mit dem Kreuz die politische Unterdrückung, die römische Kolonialmacht in Palästina, der Tod gesiegt und alles kann beim Alten bleiben. Ohne das Kreuz aber wird Auferstehung leicht triumphalistisch missverstanden, als ob die Welt zu „überspringen" wäre. Ohne das Kreuz wird die Auferstehung ihrer politischen Konsequenzen für die gegenwärtige Welt beraubt, denn Auferstehung ist auch der Aufstand gegen den Tod, gegen Unterdrückung: Auferstehungsglaube heißt, „alle Verhältnisse umzuwerfen, in denen der Mensch ein erniedrigtes, ein geknechtetes, ein verlassenes, ein verächtliches Wesen ist" – wie der junge Marx einmal „sehr evangeliumsgemäß" die Aufgabe formuliert hat.[151]

Doch bevor wir zu diesem Kern unserer Bekenntnisaussage kommen, drei Bemerkungen wenigstens zu den anderen Zusammenhängen dieses Teils des apostolischen Credo.

Wieder erscheint im Credo eine historische Persönlichkeit: Pilatus, der Statthalter Roms in Jerusalem, der das Urteil über Jesus spricht und seine Hände in Unschuld wäscht – dieser Pilatus ist Teil des Credo. Nach Maria, der jüdischen Frau, nach Jesus, nun der Heide Pilatus als dritte historische Gestalt. Der von der Bevölkerung gehasste Repräsentant der Besatzungsmacht begegnet im Glaubensbekenntnis. Die Historizität Jesu, sein wahres Menschsein wird damit zum einen betont, wenn festgehalten wird, zu welcher Zeit, unter welcher Macht und gegen wen er gelebt und gelitten hat. Der Bezug auf die konkrete politische Wirklichkeit ist Teil christlichen Glaubens und seines Bekenntnisses. In der Mitte der Heilsgeschichte – und das wird zum andern betont – ist mit der Nennung des Pilatus festgehalten: Es gibt keinen christlichen Glauben ohne bestimmbare politische Konsequenzen.

Unter Pontius Pilatus „gelitten" – das meint zuerst die Passion Jesu, aber das meint mit sein ganzes Leben. Das Glaubensbekenntnis weiß sonst nichts zu berichten zwischen Geburt und Kreuz – außer jenem Wörtchen „gelitten". Wird da Leidensverherrlichung betrieben, christlicher Masochismus, Leiden als Vorbild? Wird da das Aushalten gepredigt, der Leidensweg durch das Jammertal dieser Erde hin zum himm-

---

151 Vgl. H. Gollwitzer, ... dass Gerechtigkeit und Friede sich küssen. Bd. 1. München 1988. S. 119, hier findet sich auch das Zitat von K. Marx.

lischen Jerusalem – irgendwo jenseits von Gut und Böse am Sankt Nimmerleinstag? Das Missverständnis liegt vielleicht nahe und doch ist ganz und gar Anderes gemeint. Ich zitiere J. M. Lochmans zusammenfassende Auslegung dieses „gelitten": Es geht „nicht um einen Fetischismus des Bösen und des Leidens, nicht um eine passive Versöhnung mit dem Übel, sondern um die ‚Mitleidenschaft' Jesu Christi, um sein Mitleiden, Mittragen, Mitkämpfen. Das letzte Wort hat von daher die Verheißung: Wir sind nicht allein mit unserem Leiden – und auch nicht allein mit unserem ‚Leiden am Leiden'. Gott selbst auf dem Weg seines Sohnes mit uns und für uns leidet am Leiden seiner Geschöpfe, wird ohne Rückversicherung in die Mitleidenschaft gezogen: er ist kein apathischer Gott. Dies ist der Abschied vom Masochismus, zugleich aber der Abschied von aller Apathie, der Gleichgültigkeit dem Leiden, besser: den Leidenden gegenüber. Positiv gesagt: dies ist der Aufruf zum Mit-Leiden, Mit-Tragen, Mit-Kämpfen in der Nachfolge dessen, welcher ‚gelitten hat unter Pontius Pilatus'."[152] Die politische, anti-herrschaftliche, gegen Unterdrückung gerichtete Parteilichkeit dieses Mit-Leidens, Mit-Tragens und Mit-Kämpfens ist offensichtlich. Glaube und Nachfolge stehen nicht über den Fronten, sondern parteilich an der Seite derer ‚unten'. Das Handeln ist unmittelbar Teil des Glaubens, die Ethik unmittelbar Teil der Dogmatik. Glaube äußert sich handelnd an der Seite derer, die leiden; Dogmatik verifiziert sich in der Ethik.

„Hinabgestiegen in das Reich des Todes" – das alte dreistöckige Weltbild ist zeitgeschichtliche Grundlage dieser mythologischen Sprache, wie es dann an späterer Stelle des Credo Grundlage der Aussage „aufgefahren in den Himmel" sein wird. Nun könnte man geneigt sein, mit dem Ende dieses Weltbildes auch die damit verbundene Mythologie und ihre Sprache zu verabschieden. Das antike dreistöckige Weltbild ist nicht mehr das unsere, und daran festzuhalten wäre dumm! Mit ihm aber auch den Mythos zu verabschieden wäre töricht. Gottes Schöpfung, das lehren die Urgeschichte und das Bilderverbot des Dekalogs, umfasst alles, was auf der Erde, über der Erde und unter der Erde ist. Nichts ist außerhalb des Bereichs der Schöpfung, nichts außerhalb der Herrschaft Gottes. Diesen Gedanken der Schöpfung – als Ganze angesprochen im ersten Artikel – nimmt die mythologische Aussage von der „Höllenfahrt Christi" auf. Der Tod Jesu – wie seine Auferstehung – um-

---

152 J. M. Lochman, aaO. S.109.

fassen alles: Nichts bleibt ausgeschlossen. Die mit Jesu Tod und Auferstehung begründete Hoffnung geht aufs Ganze! Sie gilt nicht nur dem neuen Himmel und der neuen Erde, nicht nur den jetzt Lebenden, sondern auch den Toten. Alle sollen teilhaben an der verheißenen und mit Jesus begonnen Neuschöpfung der Welt. Nichts bleibt da ausgeschlossen. „Dazu ist Christus gestorben und lebendig geworden, damit er sowohl über Tote als über Lebendige Herr sei", bekennt Paulus (Röm 14,9). Auch das Reich des Todes bleibt nicht ausgeschlossen von der Hoffnung, die nach dem Bekenntnis unseres Glaubens auch zur Hölle fährt, hinabsteigt in das Reich der Toten, freilich nicht, um dort zu verbleiben, sondern um sie heimzuholen in die neue Schöpfung. Und diese Hoffnung, dieses Evangelium ist auch „die gute Botschaft für Judas Ischarioth",[153] auch für Pontius Pilatus: „Niemanden aufzugeben, physisch und psychisch Zerstörtes zu retten",[154] darum geht es, wenn christlich von Kreuz und Auferstehung die Rede sein soll.

Am Kreuz wurden im Römischen Reich politische Verbrecher hingerichtet. So auch Jesus. INRI – Jesus von Nazareth, König der Juden – lautete die Inschrift. Jesus stirbt den Tod eines Aufrührers, eines Menschen, den die Römer als gefährlich für ihre Herrschaft erachteten, wie später die christlichen Gemeinden auch, die den neuen Himmel und die neue Erde verkündigten und lebten und deshalb verfolgt wurden. Und mit Jesus starb Gott am Kreuz; ich zitiere Hans Joachim Iwand: „Hegel hat das Kreuz definiert: ‚Gott ist tot' – und er hat wahrscheinlich richtig gesehen, dass hier die Macht der wirklichen, der letzten und undeutbaren Gottesferne vor uns steht. ... Unser Glaube beginnt genau da, wo die Atheisten meinen, dass er zu Ende sein müsse. Unser Glaube beginnt in jener Härte und Macht, die die Macht des Kreuzes, der Verlassenheit, der Anfechtung und des Zweifels an allem ist, was es gibt."[155] „Ave crux – spes unica", bekennt katholische Frömmigkeit: das Kreuz – einzige Hoffnung. Das Kreuz dieses politischen Aufrührers ist der Grund christlicher Hoffnung – das unterscheidend Christliche: Gott ist mit uns. Wie Mose am Dornbusch erfuhr: „Ich bin der, der ich mit euch

153 H. Gollwitzer, *Krummes Holz – aufrechter Gang. Zur Frage nach dem Sinn des Lebens.* München 1970. S. 270 ff.
154 H. J. Heydorn, *Zur bürgerlichen Bildung. Anspruch und Wirklichkeit. Bildungstheoretische Schriften.* Bd. 3. Frankfurt a. M. 1980. S. 133. Vgl. dazu G. Orth, *Parteilichkeit und Verständigung.* Göttingen 1990. Insbes. S. 240 ff.
155 Zit. in: B. Klappert, *Diskussion um Kreuz und Auferstehung.* Wuppertal 1968. S. 288.

sein werde" (Ex 3,15), so erfahren wir hier: Gott ist nicht erst jenseits des Todes, sondern mitten im Leben und mitten im Sterben und im Tod mit uns.

Eine neutestamentliche Deutung des Todes Jesu beschreibt diesen als „für uns gestorben". In diesem „für uns", das alle Menschen einschließt, liegen Trost und Hoffnung – für alle Menschen: Trost und Hoffnung auch für Judas Ischarioth und Pontius Pilatus. Es gibt keine Schuld jenseits des Kreuzes. Die Versöhnung aller ist angebrochen. Die eschatologische Hoffnung gilt allen Menschen: Salvador Allende und Augusto Pinochet, Alexander Solschenizyn und Josef Stalin – so unbegreifbar dies ist: Christinnen und Christen haben Hoffnung für alle Menschen und die ganze Schöpfung. Das macht Sünde und Schuld nicht ungeschehen, das hebt die Ethik nicht auf – wir kommen sofort und in eins damit (!) darauf zu sprechen – und dennoch ist diese unbegreifliche Gnade das Erste, aus dem die Menschen und die ganze Schöpfung leben. Christliche Theologie ist Gnadentheologie oder sie hört auf, christliche Theologie zu sein! Das ist das Erste, was hier dem Glauben nachzudenken und im Glauben zu lernen ist.

Das andere ist die ethische Konsequenz des Kreuzes Jesu Christi, gleich unmittelbar wie die eschatologische Hoffnung: das eine gibt es nicht ohne das andere! Die ethische Konsequenz des Kreuzes Jesu Christi ergibt sich mit der dort erfahrbaren Solidarität Gottes mit uns Menschen im Leben, Sterben und im Tod. Johann Baptist Metz sprach deshalb von einem „gefährlichen Gedenken des Leidens", weil dieses Gedenken anstiftet zur Solidarität der Menschen untereinander und vornehmlich zur Solidarität mit denen, die leiden und sterben: Es geht um aktives Eintreten für Menschen. Die „memoria passionis" erfordert individuelle und strukturelle Konsequenzen, sie erfordert das Mit-Leiden mit denen, die „unten" sind, und sie erfordert die strukturelle Veränderung, die denen den Boden entzieht, die andere zum „Unten-Sein" verdammen, die andere unterdrücken: Barmherzigkeit und „love in structures", wie es die ökumenische Bewegung formuliert, gehören zusammen. Und die eschatologische Hoffnung der Gnade für alle können nur derjenige und diejenige glauben und weitersagen, die sich dieser Praxis anschließen – in der Konsequenz der Auferweckung Jesu, in der Gott Ja gesagt hat zu Jesu Praxis der Gnade gegenüber den Verlorenen und Verdammten, in der Gott Ja gesagt hat zur Hoffnung derer, die diesem Jesus nachfolgen, und in der Gott Ja gesagt hat zu Jesu Praxis gegenüber seinen Verfolgern („Vater vergib ihnen, denn sie wissen nicht, was sie tun", Lk 23,34).

Mit wissenschaftlichen oder historischen Mitteln ist der Auferstehung Jesu nicht beizukommen. Für die historische und wissenschaftliche Rückfrage bleibt hier fast alles im Dunkel. Was dabei herauskommt, wenn man die Ostergeschichten der Evangelien in allen ihren Angaben historisch liest, hat mit zwingender Logik bereits Hermann Samuel Reimarus – ein Zeitgenosse Lessings – demonstriert. Wie es da erzählt wird, kann es historisch nicht gewesen sein. Reimarus hat daraus geschlossen, die Jünger hätten den Leichnam Jesu gestohlen und versteckt, die Botschaft von seiner Auferstehung erfunden und sich dabei nicht genau genug verabredet, was sie sagen sollten. Da habe der eine dies und der andere das erzählt, und so sei es zu den widersprüchlichen Geschichten gekommen. Man mag über diese Erklärung lächeln, aber historisch kommt man hier nicht weiter. Wir glauben an den Gott der Auferweckung, wir sehen ihn nicht. Wir glauben an den auferstandenen Jesus, wir sehen ihn nicht.

Das Element der Vermittlung der frohen Botschaft von der Auferstehung Jesu ist nicht die Wissenschaft, es sind Predigt und Glaube und natürlich vor allem die Praxis der Auferstehung. Und dies entspricht auch den neutestamentlichen Texten.

Die Evangelisten und andere Erzähler vor ihnen haben sich, selbst im wahren Sinne des Wortes begeistert von der lebendigen Gegenwart Jesu, nicht gescheut, mit kreativer Fantasie das Zeugnis der ersten Zeugen, das diese aufgrund ihnen widerfahrener Erscheinungen Jesu aussprachen, in Geschichten umzusetzen. In ihnen erscheint Jesus nun auch ihrer Leser- und Hörerschaft als von den Toten Auferweckter. Die Fantasie der Erzähler und die unterschiedlichen Situationen der Leserinnen und Hörer, in die hinein jeweils erzählt wird, bedingen das, was – mit historischen Maßstäben gemessen – als widersprüchlich bezeichnet werden muss. Die Ostergeschichten sind eben Geschichten. Und sie sind darin wahre Geschichten, dass sie Zeugnis des Glaubens ablegen für die Auferweckung Jesu und seine lebendige Gegenwart, dass sie Fingerzeige dafür geben, die Spuren seiner Gegenwart wahrzunehmen und ihnen zu folgen.

Einer dieser Geschichten will ich beispielhaft nachdenken.[156] Das Johannesevangelium erzählt sie, nachdem es zunächst die Geschichte vom leeren Grab und den Wettlauf der beiden Jünger zum Grab erzählt hat (Joh 20,1–10), danach von der Begegnung Jesu mit Maria aus Magdala (Vers 11–18) und schließlich von Jesu Erscheinung vor allen Jüngern, denen er den heiligen Geist schenkt und die er sendet (Vers 19–23). Eigentlich ist damit das Johannesevangelium zu einem guten Schluss gekommen. Doch jetzt erst kommt die Geschichte, vielleicht vom Evangelisten selbst formuliert, die Geschichte vom Glauben und Zweifel des Thomas (Joh 20,24–29). Warum erzählt der Evangelist diese Geschichte? Zum einen will er noch einmal betont die Identität des Auferweckten mit dem Gekreuzigten herausstellen. Doch der andere Aspekt ist vielleicht wichtiger: Thomas hat der Aussage der Jünger „Wir haben den Herrn gesehen" keinen Glauben geschenkt. Thomas, der die Erscheinung nicht miterlebt hat, ist damit in dieser Hinsicht in derselben Situation wie die Menschen in der Gemeinde des Evangelisten – und wie wir. Er kennt zunächst jedenfalls ausschließlich das Zeugnis anderer. Er weiß nur vom Hörensagen, dass Jesus lebt. Und da erhebt sich der Zweifel. In der Gestalt des Thomas bringt der Evangelist den Zweifel zur Sprache, dem er in seinem Umfeld und in seiner Gemeinde begegnet.

Wie er die Überwindung des Zweifels schildert, ist höchst bemerkenswert: Zunächst ist wichtig, dass der Evangelist die anderen Jünger den Thomas nicht bestürmen lässt. Ihre Sache ist allein das Zeugnis, sonst nichts. Und es ist ganz und gar nicht ihre Sache, Thomas mit Bekehrungseifer zu bedrängen oder gar ihn ob seiner Zweifel hinauszuwerfen. Sie behalten ihn in ihrer Gemeinschaft. „Und nach acht Tagen waren seine Jünger wiederum drinnen und Thomas war bei ihnen." Mit der Zeitangabe „nach acht Tagen" – Bezugspunkt ist der Ostertag – erfolgt nebenbei ein Fingerzeig darauf, wo die Gegenwart Jesu nach Meinung des Evangelisten erwartet werden darf: in der gottesdienstlich versammelten Gemeinde. Dort ist Thomas mit den anderen Jüngern zusammen. Aber Glauben zu schaffen und Zweifel zu überwinden ist weder ihre Sache noch seine. Das ist nach dieser Geschichte allein Sache Jesu selbst. So macht sie davon frei, den Glauben als schwer

---

156 Vgl. dazu K. Wengst, *Ostern. Ein wirkliches Gleichnis, eine wahre Geschichte.* München 1991.

errungene eigene Leistung zu verstehen und den Zweifel durch krampf-
hafte Anstrengung überwinden zu wollen. Sie macht frei dazu, mit Zweifeln in der Gemeinde zu bleiben, ja mit Zweifeln glauben zu dürfen,
denn wäre Thomas zurückgegangen zu den Jüngern, wenn er nur ge-
zweifelt hätte?!

Glauben zu schaffen ist also die Sache Jesu selbst. Aber in dieser
Geschichte tut er es so, dass er dem Thomas erscheint, wie er vorher
den Jüngern erschienen ist. Und das ist eine Möglichkeit, die den
Lesern und Hörerinnen des Evangeliums, die sich gerade noch mit Thomas identifizieren konnten, nicht mehr eingeräumt wird. Auf sie
bezieht sich deshalb das letzte Wort Jesu im ursprünglichen Johannesevangelium, das zunächst Thomas anredet, dann aber die vorgestellte
Situation weit überschreitet „Weil du mich gesehen hast, hast du
geglaubt. Glücklich zu preisen sind die, die nicht sehen und doch glauben" (Joh 20,29). In dieser abschließenden Seligpreisung hat der Evangelist die Menschen seiner Gemeinde im Blick, die jenseits der Zeit der
Jünger Jesu und deren Ostererfahrungen leben. Dazu gehören auch wir.
„Das Glaubenszeugnis, das wir dem Thomas verdanken, befreit uns von
dem Diktat der Vernunft, Gott beweisen zu müssen, rechtfertigt aber
den Zweifel, der uns offen hält für den Glauben an den Auferstandenen." Vielleicht lässt sich die Seligpreisung dann auch so lesen: „Selig
sind die, die, durch den Zweifel offengehalten, zum Glauben finden."[157]

Ich habe zuvor darauf hingewiesen, dass die Predigt und der Glaube
und die Praxis der Auferstehung die Elemente ihrer Vermittlung sind.
Ich schließe diesen Abschnitt mit einem Hinweis zur Praxis der Auferstehung; es ist die Praxis Gottes, die nach unserer Nachfolge, nach unserem Aufstehen ruft – dazu ein Gedicht von Kurt Marti:[158]

„das könnte manchen herren so passen
wenn mit dem tode alles beglichen
die herrschaft der herren
die knechtschaft der knechte
bestätigt wäre für immer
das könnte manchen herren so passen

157 M. Wermke, *Das Glaubenszeugnis des Thomas, genannt Didymus.* In: Ders. (Hrsg.),
     Tod und Auferstehung Jesu. Theologische und religionspädagogische Annäherungen.
     Loccum 1987. Zitat S. 86.
158 K. Marti, *Leichenreden.* Frankfurt a. M. 1989. S. 65.

wenn sie in ewigkeit
herren blieben im teuren privatgrab
und ihre knechte
knechte in billigen reihengräbern
aber es kommt eine auferstehung
die ganz anders wird als wir dachten
es kommt eine auferstehung die ist
der aufstand gottes gegen die herren
und gegen den herrn aller herren: den tod"

3.8   ... aufgefahren in den Himmel; er sitzt zur Rechten
       Gottes, des allmächtigen Vaters; von dort wird er kommen,
       zu richten die Lebenden und die Toten:
       Himmelfahrt – Erhöhung – Endgericht

Am Schluss des christologischen Teils des Credo geht es um Jesu Christi Himmelfahrt, um dessen Sein bei Gott und um das Kommen Christi zum Gericht. Perfekt – aufgefahren in den Himmel –, Gegenwart – er sitzt zur Rechten Gottes – und Zukunft – er wird kommen – beschließen den zweiten Artikel: „Jesus Christus ist gestern und heute derselbe und in Ewigkeit" – das zusammenfassende Bekenntnis aus dem Hebräerbrief (Hebr 13,8) begegnet hier in der Zusammenfassung der Zeiten und in deren Bezug auf Jesus Christus. Damit ist die Identität Jesu Christi über die Zeiten festgehalten: Der von Maria geborene und am Kreuz hingerichtete Jesus ist der, so das Zeugnis, der kommen wird zu richten die Lebenden und die Toten.

Mit der Aussage „aufgefahren in den Himmel" wird die irdische Wirksamkeit Jesu endgültig abgeschlossen. Das Himmelfahrtsmotiv findet sich im Neuen Testament in Apg 1,4–12 und in Hebr 4,14 und 9,11 f. Die Evangelien schweigen dazu und Paulus lässt es praktisch mit der Auferstehung als Erhöhung zusammenfallen. Nicht überall also im Neuen Testament begegnet dieses Motiv der Himmelfahrt Jesu Christi, das freilich gestützt wird durch das Himmelfahrtsfest, das seit dem 4. Jahrhundert einen festen Platz im Kirchenjahr einnimmt.

Für Rudolf Bultmann und nahezu alle Neutestamentler seiner Generation war die Himmelfahrt ein prominentes Beispiel seines Entmythologisierungsprogramms. So schreibt der Neutestamentler Werner

Georg Kümmel in der 3. Auflage der RGG aus dem Jahr 1957–1962 zum Stichwort „Himmelfahrt"[159] kurz und bündig: „Die Erzählung von der Himmelfahrt Christi ist eine dem ursprünglichen Glauben an die Auferstehung Christi gegenüber sekundäre ‚späte Legende' (Grass), die mit dem zentralen urchristlichen Glauben an die Auferstehung und Erhöhung Christi in Spannung steht und als Materialisierung dieses Glaubens einer Mythenkritik unterworfen werden muss." 30 Jahre später, im EKL aus dem Jahre 1989, ist davon so nicht mehr die Rede; die Sprache ist eine andere geworden. Jetzt heißt es in dem entsprechenden Artikel von François Bovon:[160] Die Himmelfahrtserzählung „stellt einen Narrativierungsversuch des sehr verbreiteten frühchristlichen österlichen Erhöhungsmotivs dar. Während dieses aber der liturgischen und biblischen Sprache zugehörig war (Bekenntnis der Erhöhung, Sitz zur Rechten Gottes, die in Ps 110,1 angekündigt werden) und eine für den gewöhnlichen Jünger unsichtbare Realität zelebrierte, lassen die Lukasberichte das Ereignis sichtbar werden und setzen die Apostel als Augenzeugen in Bewegung." Unterwirft die von der RGG[3] repräsentierte neutestamentliche Wissenschaft das Himmelfahrtmotiv der Mythenkritik, also dem Kriterium eigener Rationalität des der Aufklärung verpflichteten Menschen, so ist die durch das EKL[2] repräsentierte neutestamentliche Theologie hier vorsichtiger geworden: Sie nimmt das Himmelfahrtmotiv als Erzählung ernst und setzt es als eine Narrativierung in Beziehung zu der Vorstellung der Erhöhung Christi; die Frage der Historizität des Ereignisses wird weder zustimmend noch ablehnend direkt diskutiert.

Eine bemerkenswerte systematisch-theologische Auslegung des Himmelfahrtmotivs bietet wiederum J. M. Lochman: Die mythischen Elemente und Vorstellungen haben „eine antimythologische Pointe. Sie bieten keine ‚Geheiminformation', sondern rufen zur Ernüchterung auf. Man beachte das Ende der Perikope: Ausgerechnet die ‚weißen Männer' warnen die Jünger davor, die Himmelfahrt mit einer Show zu verwechseln: ‚Ihr galiläischen Männer, was steht ihr da und blickt zum Himmel auf?' Hier gibt's nichts mehr zu schauen. Die ‚show is over'. Hier ist nichts für Fernsehschauer – wohl aber alles für Zeugen. Aus Mythos wird Geschichte. Aus weltbeschauender Haltung die weltver-

159 RGG, 3. Aufl. 1959, III, Sp. 335.
160 EKL, Bd. 2, 1989, Sp. 522.

ändernde. ... Es gibt zu denken, dass die Himmelfahrtsperikope dasjenige neutestamentliche Buch eröffnet, das ‚praxeis apostolon‘ heißt, die ‚Apostelgeschichte‘. Ist das ein Zufall? Oder soll damit von vornherein eine bestimmte Perspektive der christlichen Praxis (und auch eine bestimmte Praxis christlicher Perspektive) von der Himmelfahrt her erschlossen werden? In diese Richtung scheint jedenfalls das zentrale Wort Jesu an seine Jünger zu weisen: ‚Ihr werdet Kraft empfangen, wenn der heilige Geist über euch kommt, und werdet meine Zeugen sein in Jerusalem und in ganz Judäa und Samarien und bis ans Ende der Erde‘ (Apg 1,8).“ [161]

Jetzt – so heißt es im Bekenntnis – „rückte Jesus an die Seite Gottes“. [162] Mit dieser Formulierung von Gerd Theißen wird deutlich, dass das Bekenntnis „er sitzt zur Rechten Gottes“ keine topographische Aussage meint, sondern vielmehr die „Stellung“ oder „Funktion“ Jesu Christi. Sie erinnert an das Thronbesteigungsritual: Der Platz zur Rechten gebührt dem, der im Namen des Herrschers die Vollmacht ausübt. Jesus bekommt Anteil an der Macht und Herrlichkeit Gottes, was neutestamentlich vielfach bezeugt ist (Röm 1,3 f.; 1 Kor 5,4; 2 Kor 4,4. 12,9; Phil 3,10.21; Eph 1,20 f.; 1 Petr 1,21. 3,22). Doch meint diese Erhöhung biblisch keine exklusive Selbstverherrlichung, sondern vielmehr den „Weg des inklusiven Heils“: „Das bedeutet aber: Es geht um uns, wo es um die Himmelfahrt und um das Sitzen zur Rechten geht. Unsere Sache, unser Menschsein, die Jesus Christus voll auf sich genommen hat, wurden nicht vor dem Himmelstor oder auf dem Himmelsthron abgestreift: nostra res agitur, wo es um die Erhöhung Christi geht.“ [163] Oder in den Worten Karl Barths: „Es geht in der Auferstehung Jesu Christi um die Erhöhung des Menschen. ... Das ist das Ende seines Werkes: Wir mit ihm droben! Wir mit ihm bei Gott.“ [164] So spricht Paulus in Phil 3,20 von unserem „Bürgerrecht im Himmel“. Das neue Jerusalem, die „Hütte Gottes bei den Menschen“, wie es in Apk 21 heißt, ist die ‚Hütte der Menschen‘ die „Wohngemeinschaft“ der Menschen mit Gott. Das *pro nobis,* das „für uns“ von Jesu Leben und Tod gilt auch jetzt: „Er ist bei Gott als unser Fürsprecher (Hebr 7,25)“. [165]

---

161   J. M. Lochman, aaO. S. 138.

162   G. Theißen, A. Merz, *Der historische Jesus.* Göttingen 1997. S. 495.

163   J. M. Lochman, aaO. S. 140 f.

164   K. Barth, *Dogmatik im Grundriss.* AaO. S. 146.

165   W. Kasper, *Jesus der Christus.* Freiburg 1974. S. 175.

„… von dort wird er kommen zu richten die Lebenden und die Toten" – die Perspektive des Gerichts ist schon angeklungen: Es geht um Rettung. Das letzte Wort hat nicht die Weltgeschichte; das letzte Wort haben nicht die, die Macht haben und die Macht missbrauchen auf der Erde. Das letzte Wort haben nicht die Erfolgreichen, die, die überall durchkommen, die auf Kosten anderer leben. Die Zukunft ist nicht einfach Verlängerung der Gegenwart. Die Differenz von futurum und adventus, von Zukunft und Ankunft ist entscheidend: Es geht nicht immer so weiter, sondern – das Bekenntnis verheißt: Jesus kommt. Solcher Glaube hat zuerst eine anthropologische Konsequenz: Er schenkt Atem zum Leben, gibt Freiheit, wenn ich glauben darf, dass alles, was mich bedrängt oder bedrückt, unsicher macht oder ängstigt, niemals das letzte Wort haben wird. In der traditionellen Sprache formuliert dies der dem schweizerisch-reformierten Flügel der Reformation zugehörende Heidelberger Katechismus so: „Was tröstet dich die Wiederkunft Christi, zu richten die Lebendigen und die Toten? Antwort: Dass ich in aller Trübsal und Verfolgung mit aufgerichtetem Haupt eben des Richters, der sich zuvor dem Gericht Gottes für mich dargestellt und alle Vermaledeiung von mir hinweg genommen hat, aus dem Himmel gewärtig bin (Lk 21,28; Röm 8,23; Phil 3,20; Tit 2,13) …"[166] Es geht um Rettung, um aufgerichtetes Haupt und aufrechten Gang, wenn Jesus kommt, zu richten die Lebenden und die Toten. Helmut Gollwitzer wusste darum, wenn er das Evangelium kennzeichnete als „gute Botschaft für Judas Ischarioth", der als Randfigur im Neuen Testament doch zentrale Bedeutung hat, der zu den Zwölfen, dem engsten Kreis um Jesus gehört – und hier lauert der Verrat: „Wer schützt den Jünger vor sich selbst?" Des Judas zentrale Bedeutung aber liegt darin: „Judas ist kein Sonderfall. Er ist unser aller Fall." Das ist kein theoretisch-theologischer Lehrsatz über das Sündersein aller Menschen; ihn so zu verstehen, hieße ihn nicht zu verstehen. An solchen Sätzen ist das Neue Testament gänzlich uninteressiert, auch hier geht es um Lebenspraxis, darum, „wie denn unsere als Normalität behauptete Gerechtigkeit den angeblichen Ausnahmefällen, dem Judas und Eichmann, dem Hitler und Stalin, mit diesen auch den blutbefleckten Akteuren der Staatengeschichte, den Königen, Präsidenten und Generalen, Leopold II. von Belgien und L.B. Johnson, Ludendorff und Westmoreland samt ihren Unteroffizieren und

---

166 O. Weber (Hrsg.), *Der Heidelberger Katechismus.* Hamburg 1963. S. 33.

Napalmfliegern, und all den Ungezählten, an deren Händen „unschuldig Blut" klebt, zugute käme. Das Neue Testament ist das Buch der großen Sorge um Judas Ischarioth. Es ist das große Buch der Versöhnung, die allen gilt. Keiner wird ausgesondert. Auch nicht Judas Ischarioth." Und hier wird Gollwitzers Rechtfertigungslehre zum Seele und Leib umfassenden Trost: Lehre trägt er vor, aber Lehre im Kontext von Praxis, der Praxis der Treue Gottes zu den Menschen, der Praxis der Freundschaft für das Leben – und dann wird auch die Lehre zur Botschaft, zu einem der Botschaft nachfolgenden, ihr dankbar dienenden Denken, das neu sie sagen will: „Zum Freunde war Judas Ischarioth samt den anderen von Jesus ernannt worden (Joh 15,14 f.) – die Freundschaft hält, die Freundschaft setzt sich durch, die Freundschaft ist schöpferisch, die Freundschaft wird durch Sinnzerstörung nicht mit zerstört, die Freundschaft hat die Schuld schon mit eingerechnet, ja übernommen, geht an ihr nicht zugrunde, schafft vielmehr das Übermaß von Schuld um zum Sieg der Freundschaft; noch das, was gegen sie geschieht, macht sie zu einem Mittel ihres siegreichen, lebenschaffenden Für-Seins." Auch so ist Judas Ischarioth unser aller Fall.[167]

Das nicänische Glaubensbekenntnis, das in allen hier interpretierten Aussagen mit dem Apostolikum übereinstimmt, formuliert den zweiten Artikel abschließend noch einen doxologischen Schluss: „Sein Reich wird kein Ende haben". Damit nimmt dies Bekenntnis expressis verbis auf, was im Apostolikum mitzudenken ist: die neutestamentliche Botschaft des Reiches Gottes. In Jesus Christus, Gottes Weg zu den Menschen, geht es nicht nur um individuelles Heil oder um Kirche, sondern um das Leben der Erde, um Gottes Reich für alle und alles, um Neuwerden der Schöpfung. Das Reich Gottes hat mit Jesus begonnen, auf der Erde Wirklichkeit zu werden: Jesus hat es in Gleichnissen kenntlich gemacht, in seiner Lebenspraxis verdeutlicht und in seinen Wundern anbrechen lassen. Und der, auf dessen Wiederkunft Christinnen und Christen bekennend hoffen dürfen, ist kein anderer als der Mann aus Nazareth: „Er rief die Mühseligen und Beladenen zu sich, pries die Friedfertigen, Verfolgten und Leidtragenden selig, die, die hungern und dürsten nach Gerechtigkeit. Der Weltenrichter ist kein anderer als der,

---

167 Zum vorstehenden Text vgl. G. Orth, Helmut Gollwitzer. *Zur Solidarität befreit.* Mainz 1995. S. 173 f. Die Nachweise der Zitate Gollwitzers finden sich ebenfalls dort.

der selbst am Kreuz gerichtet, ja hingerichtet wurde. Weil er der Verurteilte ist, verbindet sich mit seinem Namen darum unauslöschlich die Hoffnung, dass sein Gericht nicht allein vergebender Freispruch sein wird, sondern ein für allemal aufrichtet und zurechtrückt, was verloren war. Sein Wiederkommen am Jüngsten Tag teilt dann nicht ein Strafmaß aus, sondern das maßlose, ewige Leben."[168]

3.9 ... und an den Heiligen Geist

Schaut man in Lehrbücher der Dogmatik, so fehlt nicht selten ein eigenständiger Paragraph zu einer „Person" der Trinität: Vom Heiligen Geist ist nicht oder nur selten die Rede. Gott ja, Christus ja klar – Heiliger Geist: Hier bleibt oftmals eine Leerstelle.

Drei Gründe sind dafür vor allem zu nennen:

Zum einen hängt die mangelnde theologische Reflexion mit einem virulenten Sprachproblem zusammen: Begrifflich ist der Heilige Geist kaum zu fassen, er weht, wo er will (Joh 3,8). Erfahrungen haben Menschen mit ihm gemacht, begeistert wurden Menschen von ihm, hineingerissen in neues Leben, das Verständigung (Apg 2) gegenüber Sprachverwirrung (Gen 11) ermöglicht. Dogmatische Definitionsversuche gehen da grundsätzlich fehl. Das Sprachproblem theologischer Wissenschaftlichkeit wird hier vollends deutlich. Am ehesten gilt es, Erfahrungen und Wahrnehmungen nachzudenken, doch damit tut sich Theologie noch immer schwer.

Zum andern beruht die trotz Ausnahmen[169] weithin wahrnehmbare Geistvergessenheit der evangelischen Theologie auf einer Konzentration theologischer Arbeit auf die Christologie, auf Jesus Christus. Der Blick auf Jesus, den Christus, und von dorther auf Gott, den Vater, hat den Heiligen Geist außen vor gelassen: das solus Christus der Reformation und Luthers Kritik an den begeisterten – den charismatischen – Schwärmern haben evangelische Theologie weithin dominiert und auf den zweiten Artikel des Credo konzentriert, so dass für anderes kaum Raum blieb.

Und drittens: Wer verlässt sich schon gerne auf ein unberechenba-

---

168 M. Nüchtern, *Weltgeschichte und Weltgericht.* In: K. Hofmeister, L. Bauerochse (Hrsg.), *Bekenntnis und Zeitgeist.* Würzburg 1997. S. 130–142, hier S. 142.

169 E. Schweizer, *Heiliger Geist.* Stuttgart 1978; H.-J. Kraus, Heiliger Geist. München 1986; M. Welker, *Gottes Geist.* Neukirchen-Vluyn 1993.

res Wunder: Wer baut seine theologische Reflexion schon gerne auf einem Windhauch auf, der weht, wo er will? Wer organisiert Kirche im Vertrauen auf ein Wunder, „das sich immer wieder ereignen muss und ohne dessen Aktualität alles hohler Schein bleibt"? Eine große Kühnheit wäre das, „mit der sich die Christenheit immer wieder nur schwer befreunden kann".[170] Christinnen und Christen setzen dann doch lieber auf ihr eigenes Handeln, Organisieren und Planen, ohne die im Kirchenlied formulierte Relativierung solchen Handelns, Organisierens und Planens immer genügend mitzubedenken, wenn es dort heißt: „Mit unsrer Macht ist nichts getan".[171]

Damit dies „Mit unserer Macht ist nichts getan" nicht quietistisch falsch verstanden wird, als könnten wir deshalb unsere Hände in den Schoß legen und untätig auf den Heiligen Geist nur warten, zitiere ich Luthers Erklärung zum 3. Artikel aus dem Kleinen Katechismus von 1529; er verdeutlicht in seiner Sprache, was gemeint ist: „Ich glaube, dass ich nicht aus eigener Vernunft noch Kraft an Jesum Christ, meinen Herrn, glauben oder zum ihm kommen kann, sondern der heilige Geist hat mich durchs Evangelium berufen, mit seinen Gaben erleuchtet, im rechten Glauben geheiligt und erhalten, gleichwie er die ganze Christenheit auf Erden beruft, sammelt, erleuchtet, heiligt und bei Jesus Christus erhält im rechten, einigen Glauben, in welcher Christenheit er mir und allen Gläubigen täglich alle Sünden reichlich vergibt und am jüngsten Tag mich und alle Toten auferwecken wird und mir samt allen Gläubigen in Christo ein ewiges Leben geben wird; das ist gewisslich wahr."

Drei Gründe habe ich genannt dafür, dass der Heilige Geist im Mainstream theologischen Denkens noch immer eine Nebenrolle spielt, und damit habe ich den Heiligen Geist bereits dreifach charakterisiert:

1. Der Heilige Geist weht, wo er will. Er ist nicht dingfest zu machen. Die Bibel redet in vielen Bildern und Erfahrungen von ihm. Ihnen gilt es nachzudenken.

2. Das *solus Christus* Luthers darf nicht dazu führen, den Heiligen Geist auszublenden, sondern kann dazu führen, in ähnlicher Weise von Jesus ausgehend nach dem Heiligen Geist zu fragen, wie von Jesus ausgehend nach Gott gefragt wird.

---

170 H. Gollwitzer, *Heiliger Geist*. In: H. J. Schultz (Hrsg.), aaO. S. 162–166, hier S. 163.
171 EG 362, Vers 2.

3. Der Heilige Geist ist ein schlechthinniges, unberechenbares Wunder.

Nach diesen ersten Klärungen fragen wir nach den Bildern und Erfahrungen, mit denen biblische Texte den Heiligen Geist zu beschreiben suchen oder von ihm zu erzählen wissen. Auszugehen ist von der Übersetzungsgeschichte des deutschen Wortes Geist: die weibliche hebräische *ruach,* die in griechischer Übersetzung *(pneuma)* sächlich, in lateinischer *(spiritus)* und deutscher *(Geist)* Übersetzung männlich wurde. „Die Grundbedeutung von ruach ist zugleich Wind und Atem, beides aber nicht als wesenhaft Vorhandenes, sondern als die im Atem- und Windstoß begegnende Kraft, deren Woher und Wohin rätselhaft bleibt." [172] Festgehalten bleibt diese Bedeutung in Joh 3,8: „Der Geist weht, wo er will, und du hörst sein Brausen wohl, aber du weißt nicht, woher er kommt und wohin er geht; so verhält es sich mit jedem, der aus dem Geist geboren ist." Erstmals begegnet in biblischen Texten der Geist Gottes in Gen 1,2: „Die Erde aber war wüst und leer. Finsternis lag über der Urflut, und Gottes Geist schwebte über dem Wasser." Martin Buber stellt hierzu fest: „Die dynamische Grundbedeutung des Wortes ist: das Hauchen, das Wehen, das Brausen. Als ein solches erscheint dem biblischen Menschen nicht bloß der Wind, sondern auch der Geist. An dieser Stelle ist beides in einem gemeint; gemeint ist das schöpferische Wehen und Sausen, der Urbraus." [173] Das so entwickelte Grundverständnis gilt für alle biblischen Traditionen: „Immer handelt es sich um die belebende Schöpfermacht Gottes, wie sie am ursprünglichsten im Wind/Atem von Menschen als Lebenskraft erfahren wird." [174] „Gottes Geist' erscheint hier – zu Beginn der Schöpfungsgeschichte – als Gegenüber zu Himmel und Erde, zu Wüste und Wirrnis und zu den Wassern der Urflut, kurz: als Gegenpol zum Chaotischen. Im anschließenden Schöpfungsbericht der Bibel wird er als kreative Potenz vorgestellt; als der Künstler, der dem formlosen Grundstoff der Materie Gestalt, Licht, Farbe, Leben, Atem und Stimme verleiht." [175]

172 THAT II, 728.
173 M. Buber, *Zu einer neuen Verdeutschung der Schrift.* Beilage zu dem Werk „Die fünf Bücher der Weisung". Köln/Olten. 1954. S. 27.
174 J. Blank, Art. Geist, Hl./Pneumatologie. A. Bibeltheologisch. In: P. Eicher (Hrsg.), aaO. Bd. 2. S. 34–44, hier S. 36.
175 B. Schellenberger, *Heiliger Geist.* Die weibliche Dimension Gottes. In: K. Hofmeister, L. Bauerochse (Hrsg.), *Bekenntnis und Zeitgeist.* AaO. S. 143–155, hier S. 144.

Neben dieser theologischen Bedeutung der *ruach* bezeichnet Hans Walter Wolff [176] diese zugleich auch als einen anthropologischen Begriff: Die *ruach* ist bezogen auf den handelnden Gott und bezogen auf den ermächtigten Menschen; wie der Heilige Geist Gottes kreative Potenz beschreibt, so auch des Menschen Möglichkeit, be-geistert nach Gottes Willen zu handeln und ein Leben in Richtung und Linie des Willens Gottes zu führen. Als zugleich theologischer und anthropologischer Begriff weist der Heilige Geist als dritte Person der Trinität deutlich darauf hin, dass „es für die Bibel keine von Gott abgeschlossene Welt und keinen gegenüber der Welt verschlossenen Gott gibt". [177]

Die *ruach,* die Geistin, wird – ich habe bereits darauf hingewiesen – oft als Lebensatem beschrieben, so auch in Gen 2,7, als Gott dem Adam bei seiner Erschaffung den Lebensodem in die Nase hauchte. Und in der Folge dieses Schöpfungsgedankens heißt es in dem großen Schöpfungslied der Bibel, in Ps 104,27–30: „Sie – die Geschöpfe – alle warten auf dich, dass du ihnen Speise gibst zur rechten Zeit. Gibst du ihnen, dann sammeln sie ein; öffnest du deine Hand, werden sie satt an Gutem. Verbirgst du dein Gesicht, sind sie verstört; nimmst du ihnen die *ruach,* so schwinden sie hin und kehren zurück zum Staub der Erde. Sendest du deine *ruach* aus, so werden sie alle erschaffen, und du erneuerst das Antlitz der Erde." Geist ermöglicht Leben, ist Leben schaffende Kraft Gottes.

Schließlich ist auf zwei weitere Gedanken der hebräischen Bibel hinzuweisen. Zunächst auf die für hebräisches Denken typische Verknüpfung von Geist und Herz. Im hebräischen Denken ist das Herz der Ort der Gedanken. Was wir – griechisch-römisch geprägt – mit dem Kopf verbinden, nämlich unsere rationalen und intellektuellen Fähigkeiten, wird in der hebräischen Bibel mit dem Herzen verknüpft: Mit dem Atem, der ruach, ist die Sprache verknüpft, und mit der Sprache der Gedanke, der seinen Ursprung im Herzen nimmt. Erst so wird dann auch verständlich, was Hesekiel meint, wenn er die Erneuerung Israels mit folgenden Worten beschreibt: „Ich verleihe ihnen ein neues Herz und lege eine neue *ruach* in ihr Inneres" (Hes 11,10; 36,26 f.). Neues Denken und Verhalten werden möglich und mit ihm – es geht um ein neues Herz! – wird der Mensch neu. Und Gestaltgeberin, Künstlerin, Schöp-

176　Vgl. H.W. Wolff, *Anthropologie des Alten Testaments.* München 1973. S. 57–67.
177　J. Blank, aaO. S. 36.

ferin solcher Neuschöpfung ist die *ruach* – Gottes kreative Macht. Sodann ist eine Veränderung der Auffassung der Geistbegabung von Menschen mit dem Beginn des Königtums in Israel verknüpft. Bis zum Beginn des Königtums hatte es in Israel charismatische Führer, z.B. die so genannten Richter, gegeben; sie hatten eine begrenzte und jeweils situationsbedingte Aufgabe und waren dafür mit dem Geist ausgestattet. Nun wird ein festes Herrschaftsgefüge institutionalisiert: das Königtum. Aufgabenbezogene und situationsbedingte Begeisterung reichte nun nicht mehr aus. Institutionalisierung war nötig geworden. „So heißt es von David: Der Geist Jahwes aber ward in David wirksam von jenem Tag an und darüber hinaus' (1 Sam 16,13), womit wohl ein dauerhaftes Bleiben und Wirken des Geistes im Sinne eines ‚Amts-Geistes' ausgedrückt werden soll. Damit war David zum ‚Gesalbten Jahwes' kreiert, und mit dieser Königssalbung war die Ausrüstung mit dem Geist Jahwes fortan verbunden. An dieser Stelle liegt der entscheidende Ursprung der Auffassung, dass der ‚Geist Jahwes' zur Wesensausrüstung zunächst des Jerusalemer Königs als des Gesalbten Jahwes gehört, dann auch zur Ausrüstung des idealen Gesalbten, des Messias."[178]

Wenden wir uns nun dem Neuen Testament zu. Das gesamte Reden vom Geist ist hier bestimmt von Jesus Christus. Im Credo bekennen wir „empfangen vom Heiligen Geist" und haben interpretiert, Jesus sei die Initiative Gottes. Johannes der Täufer weist auf den hin, der nach ihm kommen und „euch taufen wird mit Heiligem Geist und mit Feuer" (Mk 1,8 par). Und zu Jesu Taufe öffnet sich der Himmel und der Geist kommt auf Jesus herab (Mk 1,9–11) und rüstet ihn aus als „Messias" als den „Gesalbten des Herrn". Mit Jesu Geburt und Taufe ist die Gabe des Geistes verbunden, und ähnlich wie zum Jerusalemer König gehört nun zu Jesus der Geist Jahwes als Wesensausrüstung.

Und die Konsequenzen dessen werden sogleich in der Geschichte Jesu deutlich: Er lehrte nun nicht wie die Schriftgelehrten, sondern mit Vollmacht, so dass die Menschen von seiner Lehre „betroffen waren" (Mk 1,22): Das Reich Gottes ist nun nicht mehr fern, es ist angebrochen, hat mit Jesus begonnen, Wirklichkeit zu werden unter den Menschen. Nicht nur Markus, auch Lukas verweist in seinem Evangelium immer wieder auf diesen frühen Zusammenhang zwischen Geist, Jesus und dem Anbruch des Reiches Gottes, wenn er beispielsweise Jesus in sei-

---

178 J. Blank, aaO. S. 38.

ner Antrittsrede den Propheten Jesaja zitieren lässt (Lk 4,18–21). Jesu Auftrag und Botschaft sind unmittelbar verknüpft mit dem Geist, der auf ihm ruht.

So ist für die Evangelisten wie für die Apostel der Geist unmittelbar verbunden mit Jesus Christus, ja der Geist ist der Geist Christi, so dass Paulus nahezu definitorisch festhält: „Der Herr ist der Geist" (2 Kor 3,17). Mit dieser Aussage und den zuvor in der Geschichte Jesu aufgezeigten Hinweisen auf die Rede vom Geist wird deutlich: Neutestamentlich legt sich der Geist aus in der Geschichte Jesu von Nazareth, von hier aus erhält er seine Kontur und seine Richtung. Heiliger Geist meint also nicht eine dritte, völlig neue Dimension der Auslegung Gottes, sondern Heiliger Geist wird christologisch bestimmt; und diese christologische Bestimmung wird zum einen wichtig, wenn es später in der Geschichte der Urgemeinde und der Christenheit darum geht, den Geist und die Geister zu unterscheiden. Zum andern aber ist diese christologische Bestimmung des Geistes entscheidend für die Weiterführung der Sache Jesu Christi. Mit seinem Tod war sie nicht zu Ende. Mit seiner Himmelfahrt dankte Jesus nicht ab, sondern jetzt werden die Jünger eingesetzt in den Dienst: „Ihr werdet Kraft empfangen, wenn der Heilige Geist über euch kommt, und werdet meine Zeugen sein in Jerusalem und in ganz Judäa und Samarien und bis ans Ende der Erde" (Apg 1,8).

Nicht irgendein Geist kommt da über die Jünger und schenkt ihnen die Kraft, aufzubrechen, sondern der Geist Christi, der Heilige Geist weist ihnen die „Richtung und Linie" ihres Aufbruchs. Johannes hat dies in seinem Evangelium in besonderer Weise bedacht, wenn er die Abschiedsreden Jesu münden lässt in die Verheißung des Geistes, des Trösters, des Anwalts (vgl. Joh 14;15 und 16). Die Abwesenheit Jesu wird hier im Voraus interpretiert: „sie stürzt nicht in die Leere, sondern schlägt in Geistesgegenwart um. Und das ist für die apostolischen Gemeinden keine Theorie, sondern kommt in ihnen höchst praktisch zum Tragen. Ihr Lebensstil ist keine Lebensweise der Resignation, sondern die eines dynamischen Neuanfangs."[179] Pfingsten (Apg 2) ist zu spüren in den Gemeinden. Der zum Himmel gefahrene Christus wird erfahren als der gegenwärtige Christus, als Geist Gottes, als Heiliger Geist und so als gegenwärtiger Herr der Kirche.

---

179 J. M. Lochman, aaO. S. 153.

Doch dieses Herrsein Christi ist nicht eine Herrschaft, die knechtet, sondern eine, die befreit: „Ihr habt nicht einen Geist empfangen, der euch zu Sklaven macht, so dass ihr euch immer noch fürchten müsst, sondern ihr habt den Geist empfangen, der euch zu Söhnen macht, den Geist, in dem wir rufen: Abba, Vater. So bezeugt der Geist selber unserem Geist, dass wir Kinder Gottes sind", schreibt Paulus an die Gemeinde in Rom (Röm 8,15f.). Die Gegenwart des Geistes lässt uns als Kinder Gottes erfahren. Das ist das eine. Das andere ist die Freiheit, die damit verknüpft ist: „Wo der Geist des Herrn ist, dort ist Freiheit", notiert Paulus in seinem Brief an die Gemeinde in Korinth (2 Kor 3,17). Karl Barth kommentiert diesen Gedanken so: „Gott ist Geist, und so erweckt er den Menschen tatsächlich zur Freiheit. Dass er ihn seine göttliche Macht erfahren lässt, heißt nicht, dass er ihn überrennt, überwältigt, niederwalzt und also zu dem, was er von ihm haben will, zwingt. ... Er stellt ihn als seinen Partner auf seine eigenen Füße. Er will, dass er als solcher stehe und gehe, er will also, dass er selber glaube, liebe und hoffe."[180] So wird gerade vom dritten Artikel her verständlich, dass ein Grundwort des Protestantismus „Freiheit" ist: Zur Freiheit befreit, fordert Paulus die Gemeinde in Galatien auf, sich nicht wieder neuer Knechtschaft zu unterwerfen. Dieser konstitutive Bezug von „Kinder Gottes", von Kirche / Gemeinde und Freiheit ist begründet in der Erfahrung des Geistes: „Wo der Geist des Herrn ist, da ist Freiheit." Der Geist der Freiheit ist der Geist der Ermächtigung: Kinder und Freunde Gottes dürfen wir nun genannt werden, befreit von den Zwängen des alten Lebens, befreit zum Aufbruch in neue Lebensmöglichkeiten, in neues, Gott wohlgefälliges und den Menschen wie der Schöpfung dienendes Leben. Das ist die eine Perspektive: Der Bezug des Geistes auf die Kirche als dem – so erstaunlich dies klingen mag – Ort der Freiheit der Kinder Gottes.

Doch reicht der Geist zugleich weit über die Kirche hinaus, und da wird die zweite Perspektive wichtig; ich zitiere nochmals Paulus in seinem Brief an die Gemeinde in Rom: Paulus weiß, dass „wir" als „Erstlingsgabe" den Geist haben (Röm 8,23). Doch diese Erstlingsgabe des Geistes verweist die christliche Gemeinde an die ganze Schöpfung: „Die ganze Schöpfung wartet sehnsüchtig auf das Offenbarwerden der Söhne Gottes. Die Schöpfung ist der Vergänglichkeit unterworfen. ... Auch die

---

180 KD IV/3. S. 1081 f.

Schöpfung soll von der Sklaverei und Verlorenheit befreit werden zur Freiheit und Herrlichkeit der Kinder Gottes. Denn wir wissen, dass die gesamte Schöpfung bis zum heutigen Tage seufzt und in Geburtswehen liegt" (Röm 8,19–22). Die neue Schöpfung gehört in den Horizont der Rede vom Heiligen Geist. Wie Pfingsten der Beginn der Sendung der Gemeinde in die Welt ist, so ist Pfingsten auch das Fest der Hoffnung auf die neue, auf die vom Geist gewirkte Schöpfung. So wird dem Geist schon in der Alten Kirche schöpferische Macht zugesprochen. Wenn wir vom Heiligen Geist reden, geht es immer auch um Neuschöpfung, um eine eschatologische Perspektive, um die Hoffnung und Praxis des angebrochenen Reiches Gottes. Dies erhofft die christliche Gemeinde, wenn sie in einem Kirchenlied zu Pfingsten darum bittet: „Komm Schöpfer, Heiliger Geist". [181] Wie der Geist am Beginn der ersten Schöpfung über den Wassern schwebte und sich als kreativer Geist erwies, indem er „die Materie zu Lebewesen zusammenfügt",[182] so auch bei der Neuschöpfung: Geistesgegenwart ist Voraussetzung des Kommens des Reiches Gottes und Konsequenz seiner Gegenwart.

Auf beides ist der Geist zu beziehen: auf die neue Glaubensgemeinschaft – die Ausgießung des Geistes an Pfingsten schafft neue Verständigung und Gemeinschaft – und auf die neue Schöpfung – die Kraft des Geistes lässt alles neu werden. Das eine ist nicht ohne das andere zu denken. Die beiden Dimensionen sind zu unterscheiden, nicht aber voneinander zu trennen. Eduard Schweizer benennt diesen Zusammenhang präzise: „Die neue Schöpfung des Menschen durch den Geist besteht nicht etwa darin, dass er sich in den Himmel seines Glaubens flüchten und dieser unvollkommenen Welt den Rücken zukehren könnte, dass er also ‚religiös' zu denken anfinge und darum nicht mehr mit der Welt stöhnen, nicht mehr Niedrigkeit und Zerstörung sehen müsste. Die neue Schöpfung besteht im Gegenteil darin, dass er anfängt, die Welt zu sehen, wie sie ist, mit ihr zu leiden und ihre Leiden ernst zu nehmen. … Gerade das also ist das Werk des Geistes, dass ein Mensch sich … solidarisch weiß mit der Welt." [183]

Dabei ist freilich festzuhalten, worauf ich anfangs bereits hingewiesen habe, um aller Privatisierung, Dogmatisierung oder auch Ver-

181 EG 126
182 B. Schellenberger, aaO. S. 151.
183 E. Schweizer, *Heiliger Geist*. Stuttgart 1978. S. 149 f.

bürgerlichung der Vorstellung vom Heiligen Geist einen Riegel vorzu-
schieben: Der Heilige Geist und sein Wirken ist reines Wunder – un-
berechenbar, unkalkulierbar, nicht festlegbar, unplanbar weht er, wo er
will; nur die Richtung ist klar: Neuwerdung der Schöpfung und in ihr
der Kirche; Freiheit der Kinder Gottes und mit dieser Befreiung aller
Kreatur. So verweist der dritte Artikel des Glaubensbekenntnisses nochmals auf die beiden ersten zurück: Auf Gott den Schöpfer des Himmels
und der Erde, der seiner Schöpfung die Treue hält und so ihr Neuwerden ermöglicht, und auf Jesus Christus, der uns zu seinen Freunden
und Freundinnen berufen hat, damit wir mit ihm Kinder Gottes sein
können. Der trinitarische Bezug des Credo wird so auch hier deutlich,
wenn wir bekennen: Ich glaube an den Heiligen Geist.

3.10 ... die heilige christliche Kirche,
Gemeinschaft der Heiligen: Ekklesiologie

War bisher im Credo ausschließlich von Gott in seiner trinitarischen
Gestalt die Rede, treten nun dem an die Seite die Kirche sowie eschatologische Aussagen. Zur Ehre Gottes wird der Glaube an den dreiei-
nigen Gott bekannt – und nun treten andere Themen im Glaubensbekenntnis hinzu.

Dies ist keineswegs selbstverständlich, und so ist es nicht verwun-
derlich, dass einige der ältesten Bekenntnisse der Christenheit nicht
dreigliedrig waren, sondern aus fünf Teilen bestanden, indem sie das
Bekenntnis zu Gott trennten von den Aussagen zur Kirche und zur
Eschatologie. Sie machten so deutlich, dass der Glaube an Gott, Jesus
Christus und den Heiligen Geist durchaus auf einer anderen Ebene liegen als die dann in unserem apostolischen Glaubensbekenntnis dem
Glauben an den Heiligen Geist folgenden Aussagen. Auch im Apostolikum lässt sich dieser Unterschied beobachten in einer ganz feinen
grammatikalischen Differenz: Es fehlt nun die Präposition „an", wenn
von Kirche, Gemeinschaft der Heiligen usw. gesprochen wird. „Ich
glaube an Gott, ... an Jesus Christus, ... an den Heiligen Geist." Aber:
Ich glaube „die heilige christliche Kirche ... ".

Der Ort, an dem nun von der Kirche gesprochen wird, ist folgerichtig; darauf habe ich bereits in der Auslegung des Satzes „Ich glaube
an den Heiligen Geist" mehrfach hingewiesen: Der Heilige Geist hat ei-

nen Adressaten in der heiligen christlichen Kirche. Und die Verbindung von Pneumatologie und Ekklesiologie ist von entscheidender Bedeutung: „Man kann vom Heiligen Geist nicht sprechen ... ohne fortzufahren: credo ecclesiam, ich glaube an die Existenz der Kirche. Und umgekehrt: Wehe, wo man von Kirche meint reden zu können, ohne sie ganz und gar auf das Werk des Heiligen Geistes zu begründen." [184] Der Zusammenhang ist deshalb bedeutsam, weil bei einer Vernachlässigung der Pneumatologie die Lehre von der Kirche ein zu großes strukturell-institutionelles Gewicht erhält, und weil bei einer Überbetonung der Lehre vom Heiligen Geist die Ekklesiologie leicht verzichtet auf die Reflexion der Bedeutung konkreter Gestalten und Organisationsformen von Kirche.

Haben wir so Differenz und Zusammenhang der beiden Bekenntnisformulierungen im dritten Artikel bedacht, fragen wir nun nach der Kirche: Was ist „die Kirche"? In der Dogmatik gibt die Ekklesiologie, die Lehre von der Kirche, darauf Antworten. Dabei ist freilich von vornherein zu beachten, dass der Protestantismus keine einheitliche Ekklesiologie formuliert, sondern historisch ganz unterschiedliche Formen von Kirchen und kirchlichen Gemeinschaften und dementsprechend unterschiedliche Lehren von der Kirche ausgebildet hat. Dies hängt möglicherweise zum einen damit zusammen, dass Luther selbst keine geschlossene Dogmatik, in der die Ekklesiologie ihren Ort gefunden hätte, geschrieben hat; zum andern wohl auch damit, dass sich der Protestantismus damit gegenüber der katholischen Kirche und Theologie mit ihrer geschlossenen Ekklesiologie bewusst abzusetzen suchte.

In einem kleinen Exkurs fasse ich Luthers Verständnis von Kirche zusammen. Für Luther ist Kirche ein Geschöpf des Wortes Gottes. In der Confessio Augustana, dem ersten gemeinsamen Bekenntnis evangelischer Reichsstände von 1530, wird in Artikel VII formuliert: „ ... dass alle Zeit müsse eine heilige christliche Kirche sein und bleiben, welche ist die Versammlung aller Gläubigen, bei welchen das Evangelium rein gepredigt und die heiligen Sakramente laut des Evangeliums gereicht werden. ... Und es ist nicht not zur wahren Einigkeit der christlichen Kirchen, dass allenthalben gleichförmige Zeremonien, von Menschen eingesetzt, gehalten werden." [185] Zwei Kennzeichen der Kirche sind für

---

184 K. Barth, *Dogmatik im Grundriss.* AaO. S. 166.
185 BSLK S. 61, sprachlich angeglichen.

Luther entscheidend: dass das Evangelium rein gepredigt wird und die Sakramente entsprechend dem Evangelium – also lediglich Taufe und Abendmahl gegenüber den sieben Sakramenten der katholischen Kirche – gereicht werden. Luthers theologisches Interesse richtete sich sowohl auf die geglaubte – den Augen der Welt verborgene und doch weltweit wirkende – Kirche als eine Größe des Heiligen Geistes: „sein Reim heißt er weht, wo er will, und nicht: er weht, wo wir wollen".[186] Von dieser „geistlich-innerlichen" ist die „leiblich äußerliche Christenheit" zu unterscheiden, wobei doch beide zusammengehören, denn sie leben vom Evangelium.[187] „Dies geschieht ‚erstlich durchs mündliche Wort, darin gepredigt wird Vergebung der Sünde in alle Welt, welches ist das eigentliche Amt des Evangeliums, zum andern durch die Taufe, zum dritten durchs heilige Sakrament des Altars, zum vierten durch die Kraft der Schlüssel und auch durch wechselseitiges Gespräch und brüderliche Beratung';[188] zudem durch Gebet, Kreuz und Leiden um Christi willen.[189] Die konkreten Gemeinden freilich versammeln ‚allezeit viel mehr falsche Christen als fromme'[190] und nur Enthusiasten träumen von einer Saat ohne Unkraut.[191] Heilig ist die Kirche nur, sofern sie eingesteht, dass auch sie das Antlitz einer Sünderin'[192] trägt und Christus allein ihren Herrn sein lässt und darum weder Hierarchie noch richterliche Gewalt kennt: ‚all unsere Arbeit soll dahin gerichtet sein – ich mit Predigen und du mit Zuhören – dass wir Christus erkennen lernen'.[193]"[194] Alles folgende Nachdenken über Kirche und Ekklesiologie im Protestantismus nahm von Luthers Nachdenken über die Kirche seinen Ausgangspunkt.

Fragen wir nun ausgehend von einer gegenwärtigen Beobachtung nach der gegenwärtigen ekklesiologischen Diskussion: Wenn wir heute von „Kirche" reden, denken viele von uns zunächst unweigerlich wohl an ein Gebäude – und da gibt es dann Menschen, die draußen sind vor

186 WA 54, 258.
187 WA 6, 292; 51, 477.
188 BSLK S. 449.
189 Vgl. WA 50, 641 f.
190 WA 51, 270.
191 WA 51, 443 f.; 38, 560.
192 WA 40 (II), 106.
193 WA 47, 233.
194 J. Lell, Art. *Kirche / Ekklesiologie. Aus evangelischer Sicht.* In: P. Eicher (Hrsg.), aaO. Bd. 2. S. 323–331 hier S. 325 f.

dem Tor der Kirche und diese meist belanglos, wenn nicht gar ärgerlich empfinden; es gibt welche, die drinnen sind und dann recht oft als aus der Welt emigriert erscheinen; und es gibt viele Grenzgänger und Grenzgängerinnen, die drinnen oft eine Atemnot befällt und die draußen Sehnsucht nach etwas verspüren, was sie mit Kirche in Verbindung bringen. Diesen ersten Gedanken an Kirche kommentiert der niederländische Theologe Johannes Hoeckendijk mit folgender Überlegung: „Es muss etwas grundsätzlich fehlgeschlagen sein, wenn wir, sobald das Wort ‚Kirche' fällt, schizophren zu denken beginnen: Zwei Räume, Mauern, Grenzen – obwohl wir doch mit Sicherheit wissen, dass die Kirche genau dort in der menschlichen Geschichte auftaucht, wo ‚der Zaun abgebrochen' ist und die Grenzen überschritten werden."[195]

Mit seiner letzten Formulierung spielt Hoeckendijk an auf Eph 2,14: Jesus hat den Zaun zwischen Juden und Heiden abgebrochen, die Grenzen überschritten, das Heilige und das Profane verknüpft, so dass es fortan schwer werden sollte, Heiliges und Profanes wieder zu trennen. Beispiel dafür ist das Sabbatwort Jesu, dass der Sabbat für den Menschen und der Mensch nicht für den Sabbat da sei (Mk 2,27). Heiliges ist nicht mehr ausgegrenzt aus dem Profanen, sondern zugänglich, wird dienstbar gemacht den Menschen und dem profanen Leben, so dass die Unterscheidung von „heilig" und „profan", das Denken in zwei Räumen – hier die Kirche, dort die Welt – zukünftig sehr zweifelhaft werden sollten.

Wenn das Denken in zwei Räumen – hier sakral, dort profan – aus vornehmlich neutestamentlichen Gründen so problematisch erscheint, um zu verstehen, was Kirche ist, gilt es, die Urkunden des Glaubens, das Neue Testament, zu befragen. Und hier kann man die spannende Entdeckung machen, dass uns ganz unterschiedliche Kirchenbegriffe begegnen; ich nenne zunächst fünf der möglichen Stichworte: *ekklesia*, Herde, Haus der lebendigen Steine, Leib – und dann auch die beginnende Kirchenstruktur in den Pastoralbriefen.

Das Wort *ekklesia*, im Neuen Testament für Kirche verwandt, entspricht dem hebräischen *kahal* und meint die Versammlung des Volkes Gottes, die „herausgerufene Schar", die inmitten der Welt sich als Antwort auf den Ruf Gottes sammelnde Gemeinde. Das griechische Wort

---

195 J. Chr. Hoeckendijk, *Kirche*. In H. J. Schultz (Hrsg.), *Theologie für Nichttheologen*. AaO. S. 196–200, Zitat S. 196 f.

ekklesia hat dabei einen besonderen Bezug zu der Mitte der Welt, denn es hat eine politische Vergangenheit; es meint ursprünglich die „Volksversammlung". Dieser auf die Polis bezogene Begriff wird nun zum Wort für Kirche, und er macht so als Kirchenbegriff deutlich, dass Gottes Anspruch auf die Polis, die Welt zielt – und eben nicht ausschließlich auf die Kirche. Das Denken in zwei Räumen – hier die in der Kirche, dort die in der Welt – wird so bereits entscheidend durch den Kirchenbegriff selbst erschwert.

Sodann redet das Neue Testament in einer Fülle situativer Bilder von Gemeinde oder Kirche: Da ist von der „Herde" die Rede oder vom „Haus der lebendigen Steine" oder vom „Leib". „Wenn wir genauer zusehen, bemerken wir auch, dass alle diese Bilder lediglich offene Fenster sind, die Aussicht geben auf Jesus Christus, um den es in der Kirche allein geht: Die Gemeinde heißt eine Herde, um den Hirten zur Sprache bringen zu können; sie wird als ein Bauwerk beschrieben, um auf das Fundament verweisen zu können: Jesus als der Eckstein, der alles zusammenhält; sie wird mit dem Bild eines Leibes verglichen, um auf das Haupt hinweisen zu können. Jedes Bild für die Kirche dient als verhülltes Christusbekenntnis. Es weist über die Menschen, über die Dinge hinaus auf den im Heiligen Geist gegenwärtigen Herrn, der die Kirche konstituiert."[196]

Und schließlich finden sich in den vergleichsweise späten Pastoralbriefen erste Institutionalisierungsversuche und Hierarchisierungsversuche von Gemeinden und Kirchen, die sich eine feste Struktur in ihrer Umwelt zu geben suchten.

Doch nicht nur in Bildern und unterschiedlichen Begriffen, nicht nur im Blick auf eine beginnende Hierarchisierung ist im Neuen Testament von Kirche die Rede, sondern auch noch in ganz anderer Weise werden im Lukasevangelium und in der Apostelgeschichte Gemeinde und Kirche beschrieben. Ich zitiere aus Apg 4,32–37:[197] „Die Menge der Gläubigen war ein Herz und eine Seele; und kein einziger sagte, dass seine Güter noch sein Eigentum wären, es gehörte ihnen alles gemeinsam. Mit großer Kraft bezeugten die Apostel die Auferstehung des Herrn Jesus, und große Gnade war bei ihnen allen. Es gab auch keinen unter ihnen, der Mangel zu leiden hatte; denn wer von ihnen einen Acker oder

---

196 Vgl. J. Chr. Hoeckendijk, aaO. S. 198.
197 Vgl. auch Apg 2,41–47.

Häuser besaß, verkaufte sie und brachte den Erlös und legte ihn den Aposteln zu Füßen; und jeder erhielt, was er nötig hatte." Und in Apg 2,46 f. heißt es ergänzend: „Und sie waren täglich einmütig beieinander im Tempel und brachen das Brot hier und dort in den Häusern, hielten die Mahlzeiten mit Freude und lauterem Herzen. Und lobten Gott und fanden Wohlgefallen beim ganzen Volk. Der Herr aber fügte täglich zur Gemeinde hinzu, die gerettet wurden." Ob dies tatsächlich urgemeindliches Leben beschreibt oder ob Lukas hier paränetisch-appellierend sein Wort an eine Kirche richtete, in der eher unsolidarisches Verhalten zu konstatieren war, ist unbedeutend gegenüber der Feststellung: Zumindest Lukas und Teile seiner Gemeinde stellten sich Kirche so vor: gemeinsamer Gottesdienst, gemeinsame Mahlzeiten, gemeinsamer Besitz – so, dass keiner unter ihnen war, der Mangel zu leiden hatte.

Bereits diese wenigen Hinweise verdeutlichen, dass auch im Neuen Testament Gemeinde und Kirche aufgrund ganz unterschiedlicher Bedürfnisse der jeweiligen Gemeinden und Autoren sehr unterschiedlich verstanden und zu konzipieren versucht wurden. Eine (!) systematisch-theologische Lehre von der Kirche, eine geschlossene Ekklesiologie lässt sich aus den neutestamentlichen Texten nicht erheben.

Eine Vielfalt unterschiedlicher, soziologisch beschreibbarer Organisationsformen von Christinnen und Christen begegnet uns in den Schriften des Neuen Testaments. Ernst Käsemann hat aufgrund dieser Beobachtungen die These aufgestellt, dass das Neue Testament historisch betrachtet viel weniger die Einheit legitimiert als die Vielheit der Kirchen vorausnimmt: „Dass die gegenwärtigen Konfessionen sich sämtlich auf den neutestamentlichen Kanon berufen, ist von da aus durchaus begreiflich. Der Exeget kann ihnen grundsätzlich weder das methodische noch das sachlich fundierte Recht dazu bestreiten. Er muss es ihnen im Gegenteil grundsätzlich bestätigen."[198] Gleichwohl ist diese historische Argumentation nur die eine Seite. Für den Glaubenden gibt es die Einheit der Kirche – nie vorfindlich, wohl aber im Glauben: „Die Einheit der Kirche wird wie das Evangelium nicht von den beati possidentes (der glücklichen Besitzenden), sondern von den Ungesicherten und Angefochtenen in und trotz den Konfessionen, mit und gegenüber

---

198 E. Käsemann, *Begründet der neutestamentiche Kanon die Einheit der Kirche?* In: Ders., *Exegetische Versuche und Besinnungen.* Göttingen 1965. S. 221.

auch dem neutestamentlichen Kanon bekannt, sofern sie die das Evangelium Hörenden und Glaubenden sind."[199] Die Notwendigkeit, nach einer „impliziten Ekklesiologie"[200] in der Vielfalt der unterschiedlichen soziologischen Konkretionen von „Kirche" zu fragen, liegt also auf der Hand.

Johannes Hoeckendijk kommentiert die neutestamentliche Vielfalt unterschiedlicher Ekklesiologien und die daraus resultierende Aufgabe mit folgenden Worten: „Kirche ist Bewegung, ist apostolischer, ist missionarischer Prozess, in dem ehemals selbstentfremdete Menschen zu einem wirklichen Menschsein befreit werden. Dabei ist es keineswegs von vornherein ausgemacht, wie dies genau zu geschehen habe. Vielmehr werden stets erneut Formen gefunden werden müssen – nach den sich jeweils ergebenden Möglichkeiten. So ist die Gestalt der Kirche nicht ein für allemal offenbart, sondern legt sie sich auf dem Felde der Geschichte immer wieder aufs neue selbst aus. Denn eine sakrale Ordnung, die da observiert werden müsste, gibt es nicht mehr. Und ein religiöses Programm, das da nach dem Buchstaben erfüllt werden müsste, besteht nicht mehr. Der Sabbat ist für den Menschen da, und der Kalender von ‚heiligen Zeiten' hat aufgehört zu gelten. Der Gottesdienst findet im Alltag der Welt statt, dieser Alltag ändert sich von heute auf morgen, und kein liturgisches Modell kann mehr normativ sein, kein amtlicher Apparat kann in den wechselvollen Zeiten in kontinuierlicher Weise mehr fungieren. Die Kirche beginnt mit einem Exodus; sie beginnt mit einem Auszug aus allen diesen fixierten Bindungen, und sie wird nur als Exodusgemeinschaft Kirche bleiben können, immer wieder bereit, ihre Zelte abzubrechen, um nur bei der Zeit zu bleiben."[201]

Die Kirche im Zusammenhang des dritten Artikels zu bedenken, bedeutet also Kirchenkritik. Kirche ist – so habe ich es oben formuliert – Ort der auf die Neuschöpfung der Erde bezogenen Freiheit der Kinder Gottes. Kirche im Kontext der Frage nach der Wirklichkeit des Heiligen Geistes zu bedenken, bedeutet, Kirche zu verstehen als in einem unmittelbaren Bezug zu der sie umgebenden Welt stehend – nicht als ausgesonderten Raum, nicht als heiligen Bezirk, sondern als Gemein-

---

199 Ebd. S. 223.
200 Vgl. H. Thyen, *Zur Problematik einer neutestamentlichen Ekklesiologie.* In: G. Liedke (Hrsg.), *Frieden – Bibel – Kirche.* Stuttgart/München 1972. S. 96–173, bes. S. 104–106.168.
201 Vgl. J. Chr. Hoeckendijk, aaO. S. 198 f.

schaft des Lebens, des Feierns und des Dienens im Interesse des Lebens aller Menschen und der gesamten Schöpfung. Wie das Volk Israel ausgewählt war zum Dienst inmitten der Völker, so auch Gemeinde und Kirche: nicht als Selbstzweck, sondern als exzentrische, nach außen gerichtete Gemeinschaft existieren sie: Sammlung und Sendung gehören zusammen. Der theologische Bezugspunkt von Sammlung und Sendung aber ist das zentrale Motiv der Verkündigung Jesu: Reich Gottes. Das war der Ausgangspunkt der Kirchen und ihrer Geschichte, ein Ausgangspunkt auch meiner Auslegung des Credo.

„,Jesus verkündete das Reich Gottes – und gekommen ist die Kirche‘, in diesen Worten fasste Alfred Loisy seine vernichtende Kritik der urchristlichen Entwicklung zusammen. Der Satz ist in seiner kategorischen Form sicher einseitig. Doch eine starke Versuchung, vielleicht die (!) Versuchung der Kirchengeschichte, wird damit blitzartig erhellt: Die Kirche versucht, ins Reich Gottes einzudringen, nicht in der Nachfolge, sondern im Bestreben, sich selbst damit zu identifizieren; die Regie des Reiches Gottes in die eigenen Hände zu nehmen; sich selbst als das realisierte Reich Gottes zu präsentieren. Vor allem das konstantinische Christentum ist voll von solchen Versuchen. Ihnen ist vom Neuen Testament her zu widersprechen. Das Reich Gottes ist nicht ein Reich der Christen. Zwar dürfen und sollen die Christen bereits in der Perspektive des Reiches Gottes leben, handeln und leiden: das ist das ‚Besondere‘, das ‚Unterscheidend-Christliche‘ der christlichen Existenz. Aber gerade in diesem Licht können sie nicht übersehen: Das Reich Gottes ist nicht nur die Zukunft der Kirche, sondern die der Welt.“[202] Kirche dient der Wirklichkeit des Reiches Gottes und seinem Kommen. „‚Die Kirche glauben‘ heißt dann: sich vorbehaltlos darauf einlassen, dass Gottes Reich ‚in der Kraft des Geistes‘[203] durch eine gemeinsame christliche Lebenspraxis beginnen kann, weil es in Christus begonnen hat. Es gibt also für den Christen nicht mehr nur eine abstrakte Offenheit für Gottes Wirken, sondern die Möglichkeit, die Kraft des Geistes in einer konkreten Glaubensgemeinschaft zu entdecken, diesen sozialen Verband also als Kirche (und somit als sozialen Bezugsrahmen seiner Lebenspraxis) anzunehmen“[204] und zu glauben. Zu diesem Glauben ge-

---

202 J. M. Lochman, aaO. S. 169.
203 Vgl. J. Moltmann, *Kirche in der Kraft des Geistes*. München 1975.
204 H. Häring, Art. *Kirche/Ekklesiologie. Systematisch*. In: P. Eicher (Hrsg.), aaO. Bd. 2. S. 309–323, hier S. 317.

hört als weitere Erläuterung der Kirche in der Formulierung des Credo „die Gemeinschaft der Heiligen". Der Heidelberger Katechismus von 1563 erläutert auf die Frage, was die Gemeinschaft der Heiligen bedeute: „Erstlich, dass alle und jede Gläubigen als Glieder an dem Herrn Christo und allen seinen Schätzen und Gaben Gemeinschaft haben. Zum andern, dass ein jeder seine Gaben zu Nutz und Heil der anderen Glieder willig und mit Freuden anzulegen, sich schuldig wissen soll."[205] Geschwisterliche Solidarität ist also das Kennzeichen der Gemeinschaft der Heiligen, und zwar geschwisterliche Solidarität über Raum und Zeit hinweg: Es gibt keine räumliche Grenze dieser Solidarität, ihr Lebens- und Handlungsraum ist die *oikoumene*, der bewohnte Erdkreis. Aber es gibt auch keine zeitliche Grenze dieser Solidarität, die Mütter und Väter im Glauben, die Märtyrerinnen und Märtyrer der Geschichte der Kirche gehören zu dieser Gemeinschaft der Heiligen hinzu. „Vielleicht haben wir heute wieder diese umfassende Sicht der kirchlichen Gemeinschaft zu reflektieren: die Kirche ist Gemeinschaft nicht nur im Raum, sondern auch in der Zeit. Es gibt eine Ökumene der Kirchenge- schichte. Wir verarmen geistlich und theologisch, wenn wir uns ab- kapseln, ob dies im Raum oder in der Zeit geschieht. Der geschichtli- che Provinzialismus ist nicht weniger gefährlich als der geographische."[206]

3.11 ... Vergebung der Sünden: Gnade und Sünde

Von Vergebung war im Zusammenhang des Credo schon mehrfach die Rede:

▷ im Zusammenhang mit der Urgeschichte von Schöpfung und Fall und von Gottes immer neue Anfänge ermöglichender Treue zu sei- ner Schöpfung: Adam und Eva, Kain und die ganze Menschheit nach der Sintflut lässt Gott nicht fallen, sondern er erneuert sein Versprechen des mit der Schöpfung gegebenen Lebens in einem Bund mit Noah, einem heiligen Heiden; Zeichen des Bundes wird der Regenbogen: „Solange die Erde steht, sollen nicht aufhören Saat und Ernte, Kälte und Hitze, Sommer und Winter, Tag und Nacht" (Gen 8,11; vgl. auch Gen 9);

---

205 O. Weber (Hrsg.), aaO. S. 34. (Nr. 55)
206 J. M. Lochman, aaO. S. 172.

▷ im Zusammenhang mit Jesu Kreuzestod – für uns und alle Menschen hat Jesus gelebt und ist Jesus gestorben, für uns und alle Menschen ist Gott eingegangen in die Geschichte der Menschen, auf dass wir leben;

▷ und im Zusammenhang mit dem Bekenntnis zu Jesu Niederfahrt in das Reich des Todes: auch die Toten sind nicht ausgeschlossen von der alle und alles umfassenden Gnade Gottes; die vergangene Geschichte der Schöpfung wird hineingenommen in die Gnade Gottes. Die Verheißung des Lebens gilt allen Menschen und aller Kreatur. Keinen Menschen aufzugeben, Hoffnung für jeden Mann und jede Frau und alle Menschen – so habe ich die Gnade auszulegen versucht. Der Gedanke der Vergebung – dies wird deutlich – ist in allen Artikeln unseres Glaubensbekenntnisses präsent.

Jetzt ist im Glaubensbekenntnis dezidiert von uns, von jedem und jeder einzelnen, von den Menschen die Rede: der Heilige Geist – die Kirche und die neue Schöpfung – und jetzt ich: Vergebung der Sünden.

Zu zwei Begriffen will ich versuchen eine klärende Bestimmung zu leisten: Vergebung und Sünde – was ist das? Abschließend will ich dann nochmals kurz auf das Wort von der Gnade hinweisen. Theologisch angemessen und der Reihenfolge des Credo entsprechend wäre zuerst von Vergebung zu reden, Gottes allen zukommende Gnade zu loben, die es ermöglicht, ehrlich mit mir selbst zu sein und mich als Sünder zu erkennen. Das Evangelium, das mich befreit und mir vergibt, kommt durchaus vor dem Gesetz als einer Weise des Evangeliums, das mich als Sünder erkennen lässt. „Das Evangelium bestellt uns nicht zu Spürhunden der Sünde, sondern zu Dienern des Lebens, und nicht dem Sündenbewusstsein, sondern dem Dank für die Vergebung gilt sein erstes Wort und sein ganzes Interesse. Aber die Sünde gehört allerdings zu ihm wie der Schatten zum Licht. Weil das Licht so hell ist, sind die Schatten so tief. Immer bleibt Sünde ein Wort von hohem Gewicht, das vor Gott stellt. Es ist für uns beinahe verschüttet. Wir werden es aber schwerlich auswechseln können. Wir werden es in behutsamen und wohlbedachtem und also sparsamen Gebrauch zurückgewinnen müssen um der Tiefe des Evangeliums willen." [207]

Doch beginne ich aus didaktischen Gründen nicht mit dem Begriff der Vergebung, nicht mit dem Evangelium der überschießenden Gnade,

---

207 W. Jetter, *Sünde*. In: H. J. Schultz (Hrsg.), aaO. S. 338.

sondern mit dem Begriff der Sünde. „Wir finden in der Christologie eine beachtenswerte anthropologische Notiz: Von Jesus Christus wird zwar volles Menschsein ausgesagt (also ein Menschenwesen, wie es in Chalcedon begriffen wurde), jedoch mit einer Ausnahme: getrennt von der Sünde (vgl. Hebr 4,15). Wo Gott ausgesagt werden kann, kann die Sünde nicht beherrschen, d.h. wenn Gott zum Prädikat eines Menschen wird, dann ist dieser Mensch in Ordnung, dann kann er nicht ,sündigen'. Sünde meint ja, dass der Mensch sich verfehlt, dass er nicht bei sich ist, dass er entfremdet lebt, dass er sein Menschsein, seine Menschlichkeit noch nicht gefunden hat, kurz, dass er erlösungsbedürftig ist. Wo aber Gott so nahe ist, dass aktiv von ihm her Erlösung geschieht, wo die Gottunmittelbarkeit (indirekt) dem Menschen zukommt, da muss der Mensch bei sich sein, also sündenlos. In Jesus Christus wird also ein Menschsein gesehen, das recht ist."[208] Jesus – das ist der Mensch, wie er sein soll. Doch dieser Mensch lässt sich nicht festhalten. Als die Jünger in Emmaus Jesus erkennen, entzieht er sich. Gleichwohl ist er wirklich: nicht als Bild festzuhalten, aber als Gleichnis erkennbar: der Mensch, wie er sein soll. Wir sind, ich bin nicht so.

„,Die Sünde' – das heißt zunächst formal: Die Welt der Menschen ist eine zutiefst entfremdete Welt. Und wir Menschen sind gefallene Geschöpfe. Beides gehört im biblischen Sündenbegriff zusammen: der Zustand und der Akt – der Sog zum Bösen in den Bedingungen und Verhältnissen der Umwelt und unsere persönliche Verantwortung für aktuelles Mitmachen darin. Das ist der Teufels- und Menschenkreis der Sünde, ein Kreis, in welchem wir immer wieder nicht nur als Opfer, sondern auch als Verführer, nicht nur als Subjekte, sondern als Objekte der Verführung mitbeteiligt und mitbetroffen sind."[209] Die biblische Sicht ist hier völlig illusionslos: „Es ist keiner gerecht, auch nicht einer, es ist keiner, der verständig ist; es ist keiner, der mit Ernst Gott sucht; alle sind abgewichen, sie sind alle zusammen unnütz geworden; es ist keiner, der Gutes tut, es ist auch nicht einer" (Röm 3,10ff.; vgl. Psalm 14,1–3). Christlicher Glaube und christliche Theologie wird dies immer wieder auch material verdeutlichen: Sünde hat ihren Ursprung im Verfehlen des Doppelgebotes der Liebe – im Menschen, der – wie Luther es formuliert – in sich selbst verkrümmt ist.

---

208 G. Hasenhüttl, *Kritische Dogmatik*. Graz 1979. S. 139.
209 J. M. Lochman, aaO. S. 183.

„Kain bekommt eine Lebenschance, ohne dass das Opfer Abels, das ‚Opfer Abel', vergessen werden darf. Dabei ist doch Rache so süß. Und Vergebung ist bitter. So sehr Rache überzieht, indem sie abschreckend vorgeht, sowenig übersieht Vergebung, was Schreckliches geschah. Rache entlastet für den Moment; Vergebung macht frei für die Dauer. Sie ist das Herzstück des christlichen Menschen- und Weltbildes, nämlich um Grund- und Tatschuld zu wissen, wobei Erkenntnis von Schuld an Vergebung der Schuld gekoppelt wird. Unsere Verantwortung ist stets größer, als wir sie tragen können. Und Schuld hat viele Gesichter. Sie ist zuerst und zuletzt ein personaler Akt, aber sie hat auch eine kollektive und eine strukturelle Dimension. Die Schuld der bösen Tat steht neben der Schuld der Unterlassung, wobei einer dem Bösen nicht in den Weg tritt, also buchstäblich nicht einschreitet. Daneben ‚überkommt' uns die Schuld, in die wir nolens volens hineinverstrickt sind. Wer im Angesicht Gottes ‚Sünde' als Zustand essenzieller und als Vorgang existenzieller Entfremdung erkennt, also von einer umfassenden Grundschuld und von seiner eigenen, ganz konkreten Schuld spricht, der geht von menschlicher Verantwortungsfähigkeit aus und damit auch von einer Handlungsfreiheit, die Versagen und Erkenntnis des Versagens ebenso einschließt wie die Gewissheit, dass dieses – mein! – Versagen vergeben werden kann. Nur so kann ein Mensch neu anfangen, statt rechthaberisch, selbstrechtfertigend oder verantwortungsabweisend in seinem Versagen zu verharren oder es zu (ver-)leugnen, zynisch zu werden oder alles zu bagatellisieren. Sich der Schuld bewusst werden zu können und mit aller Klarheit darüber sein Urteil fällen zu können, ist etwas anderes als das Urteil über den Schuldigen. Wahrheit und Klarheit über die Sünde, aber Erbarmen und Liebe für den Sünder – das ist Gottes Handeln an uns." [210] Eingegangen ist diese Differenz von Sünde und Sünder in unser säkulares europäisches Rechtsbewusstsein und die Rede von der Würde des Menschen: Die Tat, das Verbrechen gegebenenfalls, steht vor Gericht zur Debatte und zu möglicher Verurteilung an, aber die Würde des Täters, des Verbrechers gegebenenfalls, bleibt unantastbar. Keine und keiner darf festgelegt werden auf das, was er tut, identifiziert werden mit dem, wie er handelt oder was er unterlässt. Die Augen der Liebe sehen die Würde jedes Menschen un-

---

210 F. Schorlemmer, *Vergebung der Sünden. Wider die Schuldvergessenheit.* In: K. Hofmeister, L. Bauerochse (Hrsg.), aaO. S. 171–182, hier S. 173,

angetastet von dem, was er tut. „‚Dieser nimmt die Sünder an und isset mit ihnen‘, lautet der Steckbrief der religiösen Welt für den Mann aus Nazareth. Denn in seiner Tischgemeinschaft mit armen und reichen Sündern treten Welten auseinander; hier und so beginne Gottes neue Zeit in unserer Zeit, sagen die Evangelien. Die Frage, was von diesem Manne zu halten sei, bricht auf an der Vollmacht, die er gottesgewiss in Anspruch nahm: Sünden zu vergeben auf Erden. Sündenvergebung ist der Inbegriff des Gottesheils, für das er lebte und starb, als dessen Anfänger und Vollender Gott ihn erweckte. Die Taufe, Losung solcher Vergebung, Zeichen und Handlung wider die Sünde, ist von uran die Wasserscheide seines Reiches, denn das erschienene Heil macht das Unheil offenbar, das mit ihm endet."[211]

„‚Wie oft vergeben?‘, fragen die Jünger Jesus. ‚Reicht es siebenmal?‘ Und der sagt: ‚Siebenmal siebzigmal‘, also unendlich vielmal. Das ist die Größe eines menschenfreundlichen Gottes, der uns Menschen nicht aufgibt, weil er uns liebt und von uns erwartet, dass wir einander nicht aufgeben, sofern wir ‚in der Liebe bleiben‘."[212] Martin Luther hat diesem Gedanken der Vergebung in seiner an Paulus geschulten Wiederentdeckung der Rechtfertigung des Menschen durch Gott bleibend Ausdruck verliehen: Rechtfertigung meint die Gerechtmachung des Menschen durch Gott, die Versöhnung des Menschen mit Gott als Gottes Tat, nicht als des Menschen Leistung oder Verdienst. Die „Gerechtigkeit Gottes" (Röm 1,17) ist die den Menschen aufrichtende, zurechtbringende, befreiende Gerechtigkeit: allein aus Gnade, allein im Glauben: „Der aus Glauben Gerechte wird leben", zitiert Paulus in Röm 1,17 den alttestamentlichen Text des Propheten Habakuk (Hab 2,4). Gerechtigkeit und Treue Gottes geben dem Glauben die Gewissheit, nicht die Sicherheit des Lebens, des Neu-anfangen-Dürfens, der Vergebung der Sünden, die das Ja Gottes zum Sünder bedeutet. Daran zu zweifeln ist für Luther Zweifel an Gottes Wort, eine Sünde wider den Heiligen Geist.[213] Der Glaube ist dagegen „eine lebendige, unerschütterliche Zuversicht auf Gottes Gnade" und er „macht fröhlich, beharrlich und angenehm vor Gott und allen Kreaturen …, daher wird er ohne Zwang willig und bereit, jedermann Gutes zu tun, jedermann zu die-

211 W. Jetter, aaO. S. 333 f.
212 F. Schorlemmer, aaO. S. 181.
213 Vgl. WA 2, 713 ff.

nen, alles zu leiden Gott zu lieb und Lob", so Luther in seiner Vorrede zum Römerbrief von 1522.[214]

Die Barmer Theologische Erklärung von 1934 hat in ihrer zweiten These diesen Gedanken aufgenommen, wenn sie festhält: „Wie Jesus Christus Gottes Zuspruch der Vergebung aller unserer Sünden ist, so und mit gleichem Ernst ist er auch Gottes kräftiger Anspruch auf unser ganzes Leben; durch ihn widerfährt uns frohe Befreiung aus den gottlosen Bindungen dieser Welt zu freiem, dankbarem Dienst an seinen Geschöpfen. – Wir verwerfen die falsche Lehre, als gebe es Bereiche unseres Lebens, in denen wir nicht Jesus Christus, sondern anderen Herrn zu eigen wären, Bereiche, in denen wir nicht der Rechtfertigung und Heiligung durch ihn bedürften."[215] Mit den Formulierungen von Barmen II ist der Glaube der Vergebung der Sünden und der Gedanke der Rechtfertigung zugleich bezogen auf das persönliche Leben des Einzelnen wie auf Gesellschaft und Welt: kein Bereich ist ausgenommen aus der Vergebung, alle bedürfen der Rechtfertigung.

Schließlich gehört zur Glaubwürdigkeit des Bekenntnisses „Ich glaube die Vergebung der Sünden" die Bitte des Vaterunsers hinzu: „Und vergib uns unsere Schuld wie auch wir vergeben unsern Schuldigern". Beides gehört – wie Zuspruch und Anspruch – zueinander. „Die Bitte um Vergebung im Vaterunser ‚Und vergib uns unsere Schuld, wie wir vergeben unseren Schuldigern‘ korrespondiert mit dem Vertrauen auf Vergebung im Glaubensbekenntnis. Das eine kann nicht ohne das andere glaubwürdig und wirksam sein. Nur die Expressivität des Bittenden verrät, wie viel erschütternde Selbsterkenntnis als Schulderkenntnis dem Vertrauen aufgrundlegende Nach-Sicht vorausgeht, ja vorausgehen muss, um nicht im Ritual zu verkommen. Das bloße allgemeine Bekenntnis ‚Ich glaube an die Vergebung der Sünden‘, gerät zur billigen Gnade, wo sie als ‚religiöse Sicherheit‘ nicht mehr das eigene Verhalten zu korrigieren sich anschicken muss."[216] Das ist keine Rücknahme der Gnade. Sie gilt. Doch verweist diese Überlegung auf den Zusammenhang von Gnade und Ethik, von Zuspruch und Anspruch. Verweist die Erkenntnis der Sünde auf unsere eigene Handlungsfreiheit und Verantwortungsfähigkeit, dann gilt ethisch, dass ich

214 Zitiert nach J. Lell, Art. *Buße/Vergebung. Aus evangelischer Sicht.* In: P. Eicher (Hrsg.), aaO. Bd. 1. S. 165–170, Zitat. S. 167.
215 Zit. nach J. Lell, aaO. S. 169.
216 F. Schorlemmer, ebd.

ihr zu entsprechen suche. Und solche Entsprechung ist – theologisch gesprochen – nicht Zwang oder gutes Werk, sondern Dank, dankbarer Dienst. Dankbar für Gottes grundlose Gnade suche ich dem geöffneten Himmel in meinem Leben und Handeln oder Unterlassen zu entsprechen und für andere Menschen ein Hinweis zu sein auf den für alle offenen Himmel.

Ich zitiere – die Überlegungen zu diesem Teil des Bekenntnisses zusammenfassend und weiterführend – Karl Barth und Hans Joachim Iwand. Barth schreibt in seiner kirchlichen Dogmatik: „Freispruch! – von Gott und darum unbedingt ausgesprochen und unbedingt gültig – das ist des Menschen Rechtfertigung."[217] Und Hans Joachim Iwand: „Glauben heißt, sich Gottes Urteil zu eigen machen, seiner Verheißung vertrauen, seine Vergebung gelten lassen."[218] Freispruch! – das ist die Leben ermöglichende, Menschen befreiende, Zukunft eröffnende Gnade: Jetzt schon können wir leben wie im Reich Gottes, denn Gott ist mit den Menschen auf dem Weg – so wie er mit Israel seit den Zeiten des Auszugs aus Ägypten und der Sklaverei unter dem Pharao unterwegs war und so wie er sich in Jesus auf den Weg zu den Menschen begeben hat.

Und Glauben heißt, diese Gnade bejahen, annehmen und das Leben gestalten als Dank für solche Lebensermöglichung, als „freier und dankbarer Dienst an Gottes Geschöpfen": „Darum macht die Gnade gerade keine ‚faulen Leute'. Sie versetzt mich nicht in Wartestellung, sondern bringt mich gerade in Bewegung. Sie befreit auf doppelte Weise von der Untätigkeit. Einmal hat es jetzt Sinn, nach Gott zu fragen. Alles ist Gnade – das bedeutet eben nicht: Also kann ich nichts zum Glauben tun, also muss ich warten, bis Gott zu mir kommt. Gerade weil Gnade unverfügbar und unverdient ist, kann ich nun, wo sie geschenkt ist, nach ihr greifen. Zum andern verändert die Gnade mein Leben. Sie reißt mich aus der frommen Selbstbekümmerung heraus. Weil Gott gnädig ist, brauche ich mich um mein Verhältnis zu ihm nicht mehr zu sorgen, sondern kann alle Aufmerksamkeit darauf richten, die mir von ihm zugewiesene Aufgabe zu erfüllen. Ruft mich die Gnade zurück zu Gott, so ruft sie mich damit in die Welt. In ihr als Gottes Mitarbeiter (und Mitarbeiterin, von mir) zu leben und mit den Menschen (und der Na-

217 KD IV, 1. S. 634.
218 H. J. Iwand, *Glaubensgerechtigkeit nach Luthers Lehre.* München 1964. S. 11.

tur, von mir) gnädig umzugehen, das heißt die Treue zu leisten, zu der die Gnade befreit."[219]

3.12   ... Auferstehung des Fleisches und ein ewiges Leben

Im Abschnitt zur Wiederkunft Christi zum Endgericht zitierte ich abschließend das nicänische Glaubensbekenntnis zum Stichwort des Reiches Gottes und schloss daran an eine Überlegung zur Identität des wiederkommenden Christus mit dem Mann aus Nazareth. Das Reich Gottes hat mit Jesus begonnen, auf der Erde Wirklichkeit zu werden: Jesus hat es in Gleichnissen kenntlich gemacht, in seiner Lebenspraxis verdeutlicht und in seinen Wundern anbrechen lassen. Und der, auf dessen Wiederkunft Christinnen und Christen bekennend hoffen dürfen, ist kein anderer als der Mann aus Nazareth.

Hieran ist anzuschließen, wenn es nun in der abschließenden Passage des Credo um den Glauben der Auferstehung des Fleisches und des ewigen Lebens geht, um – wie es in der theologischen Fachsprache heißt – die Eschatologie, die Lehre von den letzten Dingen. Das ist der Ausblick auf das „maßlose, ewige Leben" nach unserer Auferstehung. Ging es am Ende des zweiten Artikels um die Zukunft Jesu Christi in seiner Wiederkunft, so geht es nun um unsere Zukunft. Ging es im zweiten Artikel um die Auferstehung Jesu Christi, so geht es hier – in genauer Aufnahme des Wortes „Auferstehung" – um unsere Auferstehung. Was darf ich hoffen? Darauf gibt der Schluss des Credo seine Antwort, und zwar eine durch das Wort von der Auferstehung bereits spezifizierte Antwort: Christliche Hoffnung, christliche Eschatologie ist christologisch bestimmt.

Der erste neutestamentliche Bezug zu dieser christologisch bestimmten Hoffnung ist wiederum das große Auferstehungskapitel des Paulus in 1 Kor 15: Paulus beginnt bei der Auferstehung Jesu Christi und deren Zeugen und spricht von Jesus als dem „Erstling der Entschlafenen" (1 Kor 15,20) – das kann nur bedeuten: Christusgeschichte ist Menschheitsgeschichte. „Wie in Adam alle sterben, so werden in Christus alle lebendig werden" (1 Kor 15,22). Der Menschen Zukunft hat an Ostern bereits begonnen: „Der Tod ist verschlungen in den Sieg. Tod, wo ist dein Sieg? Tod, wo ist dein Stachel? Der Stachel des Todes aber ist

---

219   M. Linz, Gnade. In: H. J. Schultz (Hrsg.), aaO. S. 146–150, Zitat S. 150.

die Sünde, die Kraft der Sünde aber ist das Gesetz, Gott aber sei Dank, der uns den Sieg gibt durch unseren Herrn Jesus Christus" (1 Kor 15, 54 ff.). „Biblisches Denken sträubt sich gegen alle geradlinigen Festlegungen. Eindrucksvoll ringt Paulus mit der Frage in 1 Kor 15. Er warnt vor allzu schnellen Projektionen: Wird jemand sagen: Wie werden die Toten auferweckt? Und mit was für einem Leibe kommen sie? Du Tor, was du säst, wird nicht lebendig gemacht, wenn es nicht zuvor stirbt' (V. 35 f.). ‚Es wird gesät ein natürlicher Leib, es wird auferweckt ein geistiger Leib' (V. 44). Kein Zweifel: es gibt keine Kontinuität im Sinne der mit unseren Mitteln vorstellbaren oder gar erreichbaren Verlängerung und Verewigung des Irdischen. Aber nicht weniger klar wird der These vom kompletten Bruch, von Zusammenhangslosigkeit zwischen Zeit und Ewigkeit widersprochen. Es geht um uns in der Auferstehung, um uns in der Fülle unseres Menschseins, auch und gerade in unserer Leiblichkeit, ja in der ungeschminkten Realität unserer gefährdeten Existenz. Mit Paulus zu sprechen: es entstehen in der Auferweckung keine zusammenhangslos ‚neuen Leiber', es geschieht nicht mehr eine ‚creatio ex nihilo', sondern: ‚Dieses Verwesliche muss anziehen Unverweslichkeit und dieses Sterbliche muss anziehen Unsterblichkeit' (V. 53). Mein Ich wird nicht abgelegt vor den Himmelstoren, wohl aber verwandelt. Meine Geschichte zerschellt nicht im Nichts, sondern wird aufgenommen (‚integriert') in der Bundesgeschichte Gottes. In ihr beruht die wahre Kontinuität und Identität meines Lebens."[220]

„Auferstehung des Fleisches" – für uns noch immer griechisch geprägte Menschen in Europa ein fremder Gedanke. Die Unsterblichkeit der Seele scheint viel verständlicher. Dass ein Teil von uns am Leben bleibt, erscheint einleuchtender, als dass durch das Sterben und den Tod hindurch neues Leben verheißen ist. Was meint die befremdliche Rede von der „Auferstehung des Fleisches"? Ich will drei Erläuterungen versuchen:

1. Es geht ums Ganze, wenn von Auferstehung die Rede ist. Wie der Tod alles und alle betrifft – am Lebensende der alle erwartende Tod und mitten im Leben der viele betreffende soziale Tod –, so soll auch die Auferstehung alles und alle betreffen. Die Heilserwartung christlichen Glaubens geht aufs Ganze. Nichts und niemand soll ohne Hoffnung bleiben. Nicht nur ein Teil von uns wird gerettet, sondern

---

wir – ganz. Die christliche Auferstehungshoffnung ist grenzenlos. Wie wir die Welt als Ganze als Schöpfung Gottes glauben, so auch deren Neuschöpfung.

2. Von Karl Barth stammt der Satz: „Im Materialismus steckt etwas von der Botschaft der ‚Auferstehung des Fleisches'" – gemeint ist der Marx'sche Materialismus. Auferstehung macht also gerade nicht Halt vor dem realen, wirklichen Leben und seinen materiellen Bedingungen. Die Botschaft von der Auferstehung des Fleisches ist Hoffnung für die Zeit nach dem individuellen Tod – der Zuspruch des Lebens. Der Anspruch, der damit in eins zu sehen ist, liegt in der Aufforderung, hier und jetzt schon auch die materiellen Bedingungen menschlichen Lebens so zu verändern, dass alle leben können. Es gibt so etwas wie einen „heiligen Materialismus", der davon weiß, dass der Mensch vom Brot allein nicht lebt – nicht vom Brot allein, deshalb sind erst einmal Bedingungen zu schaffen, die es allen ermöglichen, Brot zu haben, und nicht mehr wie heute die einen auf Kosten der anderen, die Satten und Übersättigten auf Kosten der Hungernden leben. Wie der Glaube an die Auferstehung Jesu den Aufstand an der Seite derer unten, die die Herrschenden sterben lassen, impliziert, so macht die Hoffnung auf die „Auferstehung des Fleisches" die Ernstnahme und Veränderung der materiellen Lebensbedingungen hier und heute zur Aufgabe.

War im ersten Punkt von zukünftiger Neuschöpfung die Rede, lag im zweiten Punkt das Zentrum meiner Überlegung in den Auswirkungen dieser Hoffnung für die Gegenwart, so bezieht sich der nun folgende dritte Gesichtspunkt auf die Verknüpfung von Vergangenheit, Gegenwart und Zukunft.

3. Botschaft und Hoffnung der „Auferstehung des Fleisches" zielen auf eine Vollendungsgeschichte. In ihr wird „den besiegten und vergessenen Möglichkeiten menschlichen Daseins" in Vergangenheit und Gegenwart, „die wir ‚Tod' nennen, ein Sinn in Aussicht gestellt, der durch den Ablauf künftiger Geschichte nicht widerrufen wird".[221] Die besiegten und vergessenen Möglichkeiten menschlichen Daseins, die von der Geschichte der Mächtigen übergangenen und zertretenen Hoffnungen von Menschen werden nicht noch einmal besiegt und verraten, indem sie endgültig vergessen werden, son-

---

221 J. B. Metz, *Glaube in Gesellschaft und Geschichte.* Mainz 1977. S. 100.

dern sie werden aufgehoben in der „Auferstehung des Fleisches".
Ohne diese Hoffnung ist Solidarität konsequent nicht zu denken:
Auferstehung des Fleisches bewahrt alle zertretenen und vernich-
teten Hoffnungen, für die Menschen in Gottes Schöpfung, im Bund
mit Jahwe und in der Nachfolge des Mannes aus Nazareth gekämpft
und gelitten haben und gestorben sind. Eine solche „Erinnerungssolidarität"[222] gibt nichts verloren. Die Hoffnung auf Vollendung gilt
auch ihnen und verbindet uns Heutige mit denen in der Vergangenheit auf eine menschenwürdige und naturverträgliche Zukunft
hin. Der Gedanke der „Gemeinschaft der Heiligen" wird hier nochmals wichtig: Ich habe diesen Begriff interpretiert als die geschwisterliche Solidarität in Raum und Zeit und kritisch abgesetzt
von einem geschichtlichen oder geographischen Provinzialismus.
Aus der Vollendungsgeschichte wird niemand ausgeschlossen: kein
Mann und keine Frau aus der Vergangenheit oder der Gegenwart
und Zukunft und keine Frau und kein Mann aus irgend einem Teil
der Erde. „Wo die Rettung des Letzten nicht mehr Aufgabe ist, wird
niemand gerettet", formuliert Hans Joachim Heydorn.[223] „Erinnerungssolidarität" meint das, was wir denen schulden, die zu Letzten gemacht werden, eine Erinnerungssolidarität, die darum weiß,
dass bei Gott alle Namen aufgehoben sind.

Alle drei Überlegungen zeigen, wie der Glaube an die Auferstehung Jesu
Christi und die damit geschenkte Hoffnung auf die „Auferstehung des
Fleisches" viel weiter reichen als nur auf individuelle Jenseitshoffnung:
Ich bin aufgehoben im ewigen Leben, ja – zugleich und in eins damit
setzt dies eine Praxis des „heiligen Materialismus" jetzt und heute frei,
die uns solidarisch sein lässt mit den unabgegoltenen Hoffnungen der
Geschichte. Die Geschichte zerschellt nicht im Nichts, sondern wird
aufgenommen in die Bundesgeschichte Gottes. In diesem Sinne schrieb
Ernst Lange in einem kleinen Büchlein mit dem Titel „Nicht an den Tod
glauben. Praktische Konsequenzen aus Ostern" folgende Sätze: „Dies
ist es, was die Christen mit dem geheimnisvollen Wort Auferstehung
meinen: dass der Tod kein Argument gegen das Leben ist. Kein Argu-

222 J. B. Metz, aaO. S. 161.
223 H. J. Heydorn, *Zur bürgerlichen Bildung. Bildungstheoretische Schriften.* Bd. 1.
      Frankfurt a. M. 1980. S. 133.

ment gegen den Glauben an den Sinn jeden Menschenlebens. Kein Argument gegen die Liebe als die Energie des Lebendigmachens allen Lebens. Kein Argument gegen die Hoffnung auf die Vollendung der Welt. Ganz schlicht: kein Argument gegen Gott. Kein Grund, an Gott zu verzweifeln. Man stirbt nicht weg von Gott. Man stirbt in Gott hinein, so unbegreiflich das ist und bleibt."[224]

Nicht an den Tod glauben – das ist die Konsequenz der letzten Bekenntnisformulierungen des Credo: der Glaube an das Leben! Helmut Gollwitzer hält dazu fest: „Gott ist biblisch – nicht auch, sondern zentral – identisch mit Verheißung des Lebens in der Todeswelt."[225] Das Leben in der Zeit ist dabei neu qualifiziert durch die Hoffnung auf ewiges Leben und seine Gegenwart: Die „Fülle des Lebens" für die Schöpfung ist nicht nur ferne Zukunft, sondern hier und heute zu ergreifende Lebensmöglichkeit. „Im Unterschied zum griechischen Denken sind Zeit und Ewigkeit biblisch keine Gegensätze, und zwar aus einem zentral christologischen Grund: In Jesus Christus ist der Ewige in die Zeit eingegangen, in der ‚Erfüllung der Zeit' (Gal 4,4). ‚Ewiges Leben' ist demnach neutestamentlich nicht rein futurisch, einfach postmortal zu fassen. Es hat für uns bereits angefangen – in Christus: ‚Denn ihr seid gestorben, und euer Leben ist mit Christus in Gott verborgen ... Christus unser Leben' (Kol 3,3f). Das ist für den Apostel keine Zukunftsmusik, sondern die Grundbedingung christlicher Existenz, hier und heute, inmitten der Verhältnisse der Zeit."[226] „Die Kraft des Jenseits", so Ernst Troeltsch, „ist die Kraft des Diesseits"[227]. So meint der Glaube an ewiges Leben, von dem wir nicht wissen, wie es zustande kommt und wie es aussehen wird, nicht Vertröstung, sondern Trost[228] in den Auseinandersetzungen, die Christinnen und Christen bevorstehen, wenn sie sich einlassen auf den Glauben an die Auferstehung und das ewige Leben.

Lange Jahrhunderte wurde das Missverständnis der Vertröstung den Menschen eingeprägt und aufoktroyiert von einer Kirche, die im Bund

---

224 E. Lange, *Nicht an den Tod glauben.* Hrsg. von R. Schloz. Bielefeld 1975. S. 112.
225 H. Gollwitzer, *Krummes Holz – aufrechter Gang.* München 1971. S. 284. Vgl. dazu auch: Plädoyer für eine ökumenische Zukunft (Hrsg.), *Ökumenische Entdeckungen und Perspektiven für eine Theologie des Lebens.* Rothenburg 1996.
226 J. M. Lochman, aaO. S. 203.
227 Zit. bei K. Barth, *Das Wort Gottes und die Theologie.* München 1924. S. 66.
228 Vgl. H. Gollwitzer, aaO. S. 293.

mit denen lebte und lebt, die Reichtum und Macht hatten und haben und deshalb Angst davor haben, solches zu verlieren. Die anderen, die „unten", sollten religiös ruhig gestellt werden durch die Hoffnung auf ein besseres Jenseits nach dem als Jammertal erfahrenen irdischen Leben. So wurden die Hoffnung auf die Auferstehung des Fleisches und der Glaube des ewigen Lebens halbiert – und zerstört, denn halbe Wahrheiten sind meist und so auch hier ganze Unwahrheiten.

Karl Barth ist einer der Theologen im vergangenen Jahrhundert, die darum gekämpft haben, diese Lüge im Interesse der Menschen aufzudecken. Er hat theologisch dafür gearbeitet, die Radikalität des Glaubens an die Auferstehung des Fleisches und ein ewiges Leben wieder zu entdecken – die Radikalität des Glaubens, der darum weiß, dass uns im Sterben und (!) im Leben nichts trennen kann von Gottes Verheißung des gelingenden Lebens für seine Schöpfung. In einem frühen Vortrag aus dem Jahre 1919 mit dem Titel „Der Christ in der Gesellschaft" beschreibt Barth diesen Glauben mit folgenden Sätzen:[229] „Wir glauben also darum an einen Sinn, der den einmal gewordenen Verhältnissen innewohnt, aber auch an Evolution und Revolution, an Reform und Erneuerung der Verhältnisse, an die Möglichkeit von Genossenschaft und Bruderschaft auf der Erde und unter dem Himmel, weil wir noch ganz anderer Dinge warten, nämlich eines neuen Himmels und einer neuen Erde. Wir setzen darum unsere Kraft ein zur Erledigung nächstliegendster banalster Geschäfte und Aufgaben, aber auch für eine neue Schweiz und ein neues Deutschland, weil wir des neuen Jerusalem, das von Gott aus dem Himmel herabfährt, gewärtig sind. Wir haben darum den Mut, in diesem Aeon Schranken, Fesseln und Unvollkommenheiten zu ertragen, aber auch nicht zu ertragen, sondern zu zerbrechen, weil wir ertragend oder nicht ertragend den neuen Aeon meinen, in welchem der letzte Feind, der Tod, das Beschränkende schlechthin, aufgehoben wird."

229 K. Barth, aaO. S. 67.

3.13   Amen

Das Credo – wie alle unsere Gebete – schließen wir mit dem kleinen Wörtchen „Amen". „Amen" kommt aus der hebräischen Sprache; es bekräftigt eine Aussage und verpflichtet, einzustehen für das, was gesagt und behauptet wurde; „Amen" meint: „wahrlich, so ist es, so sei es – und: so möge es sein", es meint also eine Zustimmung oder Bekräftigung eines Gebetes oder eines Segensspruches durch den Sprecher und die Sprecherin oder die Hörerin und den Hörer: „Ja, so wie wir es jetzt gehört haben, so wie wir es jetzt gebetet oder bekannt haben, so sei es, so möge es sein" – hoffende Zustimmung drückt sich hierin aus.

Das Subjekt in Gemeinschaft ist hier gefordert: „Amen ist Wort einer Sozietät".[230] Würden in Gebeten, Bekenntnissen oder liturgischen Segensformeln objektive Wahrheiten verkündet, bedürfte es nicht ihrer subjektiven Bestätigung – unabhängig von den Subjekten wäre wahr, was da gebetet oder bekannt wird. Christlicher Glaube aber fordert die Zustimmung der Menschen: da wird nichts über den Kopf hinweg dekretiert – nicht „die Partei hat immer recht", nicht die Kirche hat immer recht, nein: ich setze mich in der Gemeinschaft des Volkes Gottes und der Gemeinde zu Gebet, Bekenntnis oder Segen in eine Beziehung und sage: Ja, so sei es: „Amen".

Und das gilt gerade auch für das Bekenntnis unseres Glaubens, das ich auszulegen versuchte: Es gilt nicht unabhängig von denen, die es sprechen, zu verstehen suchen und auslegen. Diejenigen, die bekennen, sagen dazu „Amen" und drücken ihre hoffende Zustimmung aus: Ja, so wie ich es in Gemeinschaft mit anderen jetzt bekannt habe, so sei es, so möge es sein – nicht einfach so ist es, sondern der Glaube möge gestärkt werden und wachsen und es möge sich so zeigen, es möge sich so erweisen, wie ich es jetzt zu glauben versuche, wie die Gemeinde es jetzt bekannt hat.

Des Volkes Gottes Rede von Gott, der Kirche Rede von Gott, der Christinnen und Christen Rede von Gott soll der biblischen Rede von Gott als dem Ursprung unseres Glaubens entsprechen. Das ist nicht so, es soll werden. Auf Zukunft gerichtet ist solches „Amen": Unsere Rede von Gott, von Jesus Christus und vom Heiligen Geist und unser Glaube

---

230 Vgl. F.-W. Marquardt, aaO. S. 151.

an ihn sollen wahr werden, Gott selbst entsprechend werden – jetzt soweit dies möglich ist, wenn wir wie in einem Spiegel und erst dann von Angesicht zu Angesicht sehen werden (1 Kor 13). Dazu sagen wir am Ende eines Gebetes, am Ende eines Bekenntnisses und am Ende seiner Auslegung „Amen", mit Martin Luthers letztem Vers aus seinem Vater-Unser-Lied ein „Zukunfts-Amen":[231] „Amen, das ist: es werde wahr. Stärk unsern Glauben immerdar, auf dass wir ja nicht zweifeln dran, was wir hiermit gebetet han. Auf dein Wort, in dem Namen dein so sprechen wir das Amen fein."[232]

---

231 Vgl. F.-W. Marquardt, aaO. S. 155, dem ich auch den Hinweis auf Luthers Vater-Unser-Lied verdanke.
232 EG 344,9.

4 Eine exemplarische, religionsdidaktisch orientierte Erarbeitung eines dogmatischen Themas

Exemplarisch wenden wir uns nun im Rahmen des Religionsunterrichts der Grundschule (3. und 4. Klasse) der Gottesfrage zu, denn diese ist dogmatisch und religionspädagogisch zentral: Betont die klassische Dogmatik in ganz unterschiedlichen Variationen, dass „der höchste Endzweck der Schöpfung des Menschen und auch der der Offenbarung ist, dass Gott erkannt werde"[233] und deshalb Theologie mit der Gottesfrage zu beginnen habe, so korrespondiert dem innerhalb der Religionspädagogik die Feststellung von Peter Biehl, dass es „die fundamentale Aufgabe des Religionsunterrichts" sei, „das Wort ‚Gott' verständlich zu machen, denn mit dem Wort ‚Gott' ist alles zusammengefasst, was den Glauben ausmacht".[234]

Dass Gott nicht mehr selbstverständlich ist, ist kennzeichnend für die mit der Aufklärung beginnende Neuzeit.[235] Dies gilt auch für Kinder. Dass christlicher Glaube Glaube an Gott ist, der im Credo als der Gott der Juden und Christen gelobt bekannt wird, ist ebenso selbstverständlich. Auch dies gilt für die Kinder. Zwischen diesen beiden Aussagen hat die Gottesfrage im Religionsunterricht der Grundschule ihren Ort.

---

233 H. Schmid, *Die Dogmatik der Evangelisch-Lutherischen Kirche.* Gütersloh 1893. S. 67 (im Anschluss an Gerhard).

234 P. Biehl, *Der Religionsunterricht in der Hauptschule.* In: K. Wegenast (Hrsg.), Theologie und Unterricht. Gütersloh 1969. S. 184.

235 Vgl. oben S. 44 ff.

4.1 Sachanalyse

Für die Sachanalyse verweise ich zum ersten auf meine Auslegung zum Glaubensbekenntnis[235] und benenne zusammenfassend folgende Gesichtspunkte, die mir für den Religionsunterricht in der Grundschule von besonderer Bedeutung erscheinen:

▷ Christlicher Glaube ist Glaube an Gott, der sich durch Jesus Christus in besonderer Weise bekannt gemacht hat.

▷ Christlicher Glaube ist verbunden mit dem Glauben der Juden: Hier ist die Wurzel unseres Glaubens und hier ist die Geschichte Gottes als des Vaters Jesu Christi zu erkennen.

▷ Die Frage nach Gott entscheidet sich im Kontext alltäglicher Erfahrungen und individueller wie gesellschaftlicher Lebenspraxis im Alltag der Welt: „mitten im Leben". Hier ereignet sich und geschieht Gott.

▷ Die Sprachform, die dem entspricht, ist das Erzählen und das Beten und erst sekundär das Reflektieren, das Wissen, das Dogma.

▷ Im Glaubensbekenntnis loben wir Gott als Vater, als Allmächtigen und als Schöpfer des Himmels und der Erde. Die Reihenfolge ist entscheidend: Gott ist den Menschen in unwiderruflicher Treue als Vater und als Mutter des Lebens nahe. Wenn Gott so allmächtig genannt wird, dann bedeutet dies zum einen Kritik an aller „weltlichen" Macht und ihren Ansprüchen und zum andern grenzenlosen Trost und grenzenlose Hoffnung allen Lebens: Im Lob der Allmacht Gottes geht es um die Macht der Liebe zum Leben, die sich in der Befreiung Israels und in seiner Geschichte gezeigt hat und in Jesus Christus und seinem Leben, Sterben und Auferstehen erfahrbar wurde, und nicht um die Liebe zur Macht eines dem Leben und seiner Geschichte fremd gegenüberstehenden Gottes. Als solcher wird Gott gelobt als Schöpfer des Himmels und der Erde; dabei geht es zugleich um Fragen der Gotteslehre und der Anthropologie wie der Ethik.

Die biblischen Traditionen sind Grundlage dieser Bekenntnisformulierungen. Sie bezeugen Gott als den, der Israel aus ägyptischer Sklaverei befreit und in seiner Geschichte begleitet und geführt hat. Sie erzählen

---

235 Vgl. oben S. 51 ff.

von Gott als dem Vater Jesu Christi und berichten seine Geschichte im Geschick Jesu und der ersten christlichen Gemeinden, die voll des Heiligen Geistes ihren Glauben lebten. Dabei redeten und erzählten sie als Menschen von Gott und stellten sich ihn deshalb in menschlichen Bildern vor: als Vater und König, als Mutter und Beschützerin (und in der dogmatischen Tradition schließlich als Person). Doch all dies sind nicht mehr als Bilder und Gleichnisse für Gott. Aus diesen vielen Geschichten der biblischen Traditionen sind für die Thematisierung der Gottesfrage in der Grundschule Folgende von grundlegender Bedeutung:

▷ Lk 15,11–32: der den Menschen entgegenlaufende Vater.

▷ Ex 3,1–15: Gott zeigt sich Moses am Dornbusch als der, der mit ihm und mit seinem Volk auf dem Weg der Befreiung ist.

▷ Manna-Geschichte: Gott zeigt sich als Gastgeber in der Wüste: Israel leidet keinen Hunger, wenn es teilt, was es hat; wenn es „hamstert", verdirbt, was für alle reicht.

▷ Gen 1 ff. und Ps 104: Die Erde und der Himmel sind Gottes sehr gute und geordnete Schöpfung, an der Menschen teilhaben und zugleich Hüter und Bewahrer der Erde sind, deren Schönheit und Fülle erkannt und gelobt sei will.

▷ Lk 2: Gott wird Mensch und findet keine Herberge auf seiner Erde.

▷ Auszüge aus den Evangelien: In Jesus zeigt sich Gott als der, der Menschen hilft und heilt, als der, der den Menschen entgegenkommt, als der, dem nichts Menschliches fremd ist, als der, der Menschen den Raum des Lebens eröffnet und begrenzt.

▷ Mk 15: Gott stirbt mit Jesus außerhalb der Stadt, draußen auf Golgatha.

▷ Lk 24: Jünger erfahren Jesus und mit ihm Gott als den Lebendigen, der sie auf ihrem Weg begleitet und gleichwohl nicht festzuhalten ist: er ereignet sich und geschieht.

▷ Joh 21: Zum Glauben gehört der Zweifel; er ist nicht das Gegenbild des Glaubens, sondern eine Möglichkeit zu glauben – wie bei Thomas.

▷ Apg 2 und 4 und Röm 8: Der Glaube an Gott ermöglicht neue Lebensweisen der Menschen untereinander und in der Natur.

Gott geschieht und ereignet sich auch heute. Davon können Kinder erzählen und darüber können Kinder nachdenken;[236] die Geschichte Gottes endet nicht mit den in der Bibel aufgezeichneten und überlieferten Geschichten. Exemplarisch zitiere ich drei Äußerungen neun- bzw. zehnjähriger Kinder:

▷ Klaus: „Ich weiß überhaupt nicht, ob es den Gott überhaupt genau gibt. Ich kann mir den eigentlich ziemlich wenig vorstellen. Entweder es ist einfach so ein Geist oder eben so ein Mensch, der vom Himmel auf uns herabschaut, oder sonst was. Aber ich meine, ich hab' kein schlechtes Gefühl, wenn ich über ihn nachdenke."[237]

▷ Jakob: „Ich glaube an ihn, auch dass er existiert und so, aber ich habe ihn ja noch nie gesehen. ... Ich stelle mir Gott so vor, als wenn Menschen jetzt traurig sind, dass er dann ihnen hilft, dann sie auch wieder munter macht. Also, dass Gott jetzt nicht so ein böser Mensch ist. Also, dass er viel Liebe verbreitet. .. Ich glaube schon an Gott. Weil ich bin z.B. im Judo-Club und vor den Wettkämpfen und so, da gehe ich nachts in mein Bett und bete, dass ich da gewinne, oder auch zu anderen Anlässen, wenn meine Mutter oder mein Bruder krank sind. Ja, und bis jetzt hat es immer geholfen, auch bei den Kämpfen und auch bei meinen Eltern und bei meinem Bruder. Denen ist dann nix passiert. Also wenn ich jetzt Trauer oder so habe oder ganz traurig bin, dann spreche ich einfach zu Gott und denke, der wäre neben mir und ist ein Ansprechpartner für mich."[238]

▷ Edith: „Gott ist für mich jemand, der dafür da ist, dass die Menschen glücklich sind, und dem man, wenn man jetzt ganz traurig ist, dem man alles erzählen kann, weil der das niemand anderem erzählt. Und der hat immer Zeit für einen, sozusagen, und man braucht sich keine Sorgen darüber zu machen, dass er eines Tages nicht mehr zu einem hält. Also sozusagen ein guter Freund. ... Ich hab mir so Reiterferien gewünscht, und jetzt hat mein Vater und meine Mutter endlich ja gesagt, dass wir mit einer Freundin auf einen Reiterhof gehen dürfen. Da war ich dann so froh darüber, da habe ich gedacht, da war nicht nur Glück und Überzeugungskraft,

---

236 Vgl. dazu insgesamt: U. Arnold, H. Hanisch, G. Orth (Hrsg.), *Was Kinder glauben. 24 Gespräche über Gott und die Welt.* calwer taschenbibliothek 61. Stuttgart 1997.
237 AaO. S. 29.
238 AaO. S. 57 f. und 59.

später hat auch Gott mitgeholfen und dann habe ich einfach gebetet als Dankeschön dafür. Und danach habe ich mich doppelt so glücklich gefühlt."[239]

4.2   Ausgangspunkt der Gottesfrage: Die Kinder heute

Geschieht und ereignet sich Gott „mitten im Leben", dann sind die Kinder einer Religionsunterrichtsgruppe der Ausgangspunkt, kommt die Frage nach Gott im Religionsunterricht zur Sprache. Leonie, ein zehnjähriges Mädchen, weiß es: „Jesus hat sich auch den Kindern zugewendet, er hat nicht gesagt, ach die Kinder, ja. Also er hat sie auch genauso genommen wie die Erwachsenen."[240] Sollen Kinder in dieser Weise auch im Religionsunterricht ernst genommen werden, dann entsteht gerade auch bei klassischen dogmatischen Themen das, was die ökumenische Bewegung „Lernen in Gemeinschaft" nennt und in Vancouver 1983 so bestimmt hat: „Der Begriff ‚Lernen in Gemeinschaft' bedeutet für Christen, dass es sich sowohl um eine persönliche als auch um eine gemeinschaftliche Erfahrung handelt, dass sowohl die Methode als auch die Botschaft von Bedeutung sind, dass die volle Beteiligung aller Betroffenen entscheidend ist, dass auf die eine oder andere Art alle Beteiligten sowohl Lehrer als auch Lernende sind, dass ein wichtiges Lernziel darin besteht, die Gemeinschaft unter den Menschen auszuweiten und zu bereichern, und dass Gemeinschaft, ganz gleich auf welcher Ebene, nicht von selbst geschieht, sondern in der Kraft des Heiligen Geistes und nach den Kriterien des Bildes vom Reich Gottes im Evangelium erkämpft werden muss."[241]

Die Weltversammlung für Gerechtigkeit, Friede und Bewahrung der Schöpfung 1990 in Seoul hat dies aufgenommen, wenn sie in ihren Grundüberzeugungen dazu auffordert, „Gemeinschaften zu schaffen, in denen die verschiedenen Generationen voller Staunen und Neugier, spielerisch und sensibel, in Einklang von Leib und Seele und in der

---

239 AaO. S. 72 und 75.
240 Das Interview ist im gleichen Projekt entstanden wie U. Arnold / H. Hanisch / G. Orth (Hrsg.), aaO., aber nicht in den Band aufgenommen. Vgl. zum Folgenden auch: G. Orth / H. Hanisch, *Glauben entdecken – Religion lernen. Was Kinder glauben. Teil 2.* Calwer Taschenbibliothek 68. Stuttgart 1998.
241 W. Müller-Römheld (Hrsg.), Vancouver 1983. Frankfurt a. M. 1983. S. 120 f.

Liebe Gottes aufwachsen können."[242] Wer solches Lernen in Gemeinschaft im Religionsunterricht in Lernprozessen zur Gottesfrage ernst
nehmen will, kann Kinder nicht zu Objekten eines Lernprozesses machen. Sie sind Subjekte. „Ihre Originalität und Kreativität, ihre Fähigkeiten und Meinungen und ihr vielfältiges Können stehen im Mittelpunkt des Unterrichtsgeschehens. Miteinander lernen ist geboten. Nicht
belehren, sondern gemeinsames Lernen, eigenständiges Suchen, Fragen stellen, streiten in der Lerngruppe, aneinander Interesse gewinnen,
füreinander Zeit haben, einander ernstnehmen und sich akzeptieren,
alles das sind Merkmale einer solchen Lerngemeinschaft. Lernen, das
miteinander geschieht – nicht gegeneinander –, achtet die Kompetenz
eines jeden und einer jeden" und sucht der Lernenden Begabungen und
Fähigkeiten zu entdecken.[243]

4.3   Eine mögliche Unterrichtsgestaltung

Aus empirischen Arbeiten mit Kindern wissen wir, dass

▷   Kinder sich im Zusammenhang der Gottesfrage in einer metapho-
rischen Sprache auszudrücken verstehen, die ihre Gefühle in Gedanken fasst, und dass die Kinder dabei ihre Reflexion nicht abspalten von ihrer Gefühlsbeteiligung, die sie bei für sie wichtigen
Gedanken ergreift,

▷   Kinder sich spekulativ – unter Einbeziehung alle ihrer Möglichkeiten der Fantasie und der Reflexion – religiösen Themen und so auch
insbesondere der Gottesfrage nähern,

▷   Kinder begreifen wollen, was sie glauben, der Zusammenhang von
Glauben und Wissen gerade in der Gottesfrage für sie bedeutsam
ist und Kinder generell nach einem Religionsunterricht verlangen,
der mehr als „nur ein halber Unterricht" ist,

▷   Kinder biblische Bilder oder Vorstellungen von Gott (Vater, Licht,
Hirte, etc.) zur Sprache bringen, die oftmals der weiteren Klärung
bedürfen,

---

242 IX. Affirmation der Weltversammlung für Gerechtigkeit, Frieden und die Bewahrung der Schöpfung. Seoul 1990.

243 L. Teckemeier, *Von einander lernen*. In: EMW (Hrsg.), *Kinder haben Rechte. Gott gibt
Kindern recht.* Hamburg 1991. S. 13–16, hier S. 13.

▷ Kinder in großer Freiheit und Eigenständigkeit in dogmatischen Fragen sprachfähig und religiös und theologisch dialogfähig werden wollen,

▷ Kinder das Thema „Gott" identifizieren mit ihrer Erfahrung von dessen Präsentation im Unterricht, der Zusammenhang von Inhalt und Methode also besonders bedeutsam und deshalb sorgfältig zu gestalten ist.[244] Im Blick auf die jüdisch-christliche Vorstellung von Gott bedeutet dies, dass der Zusammenhang von Gott und Befreiung bzw. Freiheit dort sinnlos und unglaubwürdig wird, wo die Unterrichtsbedingungen und -methoden autoritär, repressiv, manipulativ oder auch nur gesprächsunfähig sind.[245]

All dies muss ebenso bestimmt wie sensibel berücksichtigt werden in der Gestaltung des Religionsunterrichts, soll in ihm ausgehend von und gemeinsam mit den Kindern nach Gott gefragt werden.

Ein aus diesen Prämissen resultierender Unterricht zur Gottesfrage lässt sich weder in seinem Verlauf noch in seiner Dauer genau planen.

Beginnen würde ich eine entsprechende Unterrichtssequenz entweder mit der Aufgabenstellung, die Kinder sollen zunächst ihre momentane Vorstellung von Gott malen, oder mit einer Vergleichsübung „Gott ist für mich wie ...", in der die Kinder einen bildhaften Vergleich für Gott formulieren sollen. Die Bilder der Kinder lassen sich in einer Ausstellung gemeinsam anschauen: Zunächst dürfen zu einem Bild die Kinder etwas sagen, die es nicht gemalt haben, erst danach darf sich der- oder diejenige äußern, der oder die das Bild gemalt hat. Ähnlich lässt sich mit den Texten der Vergleichsübung arbeiten. Sodann könnte man zunächst nach Ähnlichkeiten der Bilder oder Vergleiche fragen, anschließend nach Differenzen und schließlich die Kinder auffordern, die zwei oder mehr Bilder oder Vergleiche auszuwählen, die am weitesten auseinander liegen. Deutlich wird dann: So verschieden können Kinder Aussagen zu Gott machen, ihre Gedanken zu Gott in Bilder oder Worte fassen – und kein Gedanke ist falsch: Unterschiedliche Erfahrungen wecken verschiedene Vorstellungen. Die meisten, wenn nicht alle Kinder werden sich auf den ihnen zugewandten, liebenden *Deus revelatus*, den sich in seiner Gnade offenbarenden Gott, beziehen. Darin

---

244 Vgl. G. Orth, H. Hanisch, aaO., insbes. S. 162 ff. und 307 ff.
245 Vgl. dazu Ernst Lange in seiner Einleitung zu Paolo Freires „Pädagogik der Unterdrückten", jetzt in: E. Lange, *Sprachschule für die Freiheit*. München 1981. S. 92.

sehe ich im Blick auf den Grundschulreligionsunterricht kein Problem, der zornige Gott oder der *Deus absconditus* wird in späteren Jahrgängen zur Sprache kommen (müssen) – es sei denn, ein Kind thematisiert eine solche Erfahrung, schließlich konnte auch Luther Gott metaphorisch beschreiben als einen „glühenden Backofen voller Liebe"[246]. Möglicherweise bietet es sich schon an, danach zu fragen, ob die Kinder schon immer Gott so verstanden haben, wie sie es jetzt als ihre Vorstellung ausgedrückt haben, oder ob sich ihre Vorstellung von Gott im Laufe ihres Lebens schon einmal verändert hat.

In einem zweiten Schritt würde ich biblische Geschichten – oder je nach religiöser Zusammensetzung der Klasse auch Geschichten aus entsprechenden anderen heiligen Schriften[247] – ins Spiel bringen. Vielleicht ergeben sich Anknüpfungen über die Bilder oder Vergleiche der Kinder. Vielleicht ist auch die festzustellende Vielfalt der Kinderäußerungen ein Übergang zu der großen Vielfalt biblischen Erzählens und Redens von Gott. Zunächst sollten dabei solche biblischen Texte ausgewählt werden, die den Äußerungen der Kinder korrespondieren, erst daran anschließend sollten sie mit der einen oder anderen Differenzerfahrung konfrontiert werden, um eigene Wahrnehmungs- und Denkmöglichkeiten erweitern zu können. Möglicherweise bieten sich auch andere Geschichten, z.B. die von „Beppo",[248] an, um Kinder zu fantasievollem und spekulativem Denken über die Erfahrung Gottes, die Beppo in dieser Geschichte macht, zu veranlassen.

In einem dritten Schritt könnten nun weitere Texte oder Bilder aus den eigenen christlichen Traditionen – z.B. Gebete, Lieder, Altarbilder, Bilder aus Kinderbibeln oder anderes – oder von Christinnen und Christen aus anderen Kontexten der Erde – z.B. die Hungertücher von Misereor oder Brot für die Welt – herangezogen werden, um den Kindern zusätzliche Materialien zum Weiterdenken anzubieten. Mit Hilfe solcher Texte oder Bilder können Kinder – wie mit den biblischen Geschichten auch – sprachfähig werden und eigene Argumentationen einüben hinsichtlich ihrer Rede von Gott.

---

246 WA 36, 425, 13.
247 Diese Ergänzung gilt für alle folgenden Schritte, ohne dass es eigens jeweils erwähnt wird.
248 Die Geschichte ist abgedruckt in: U. Arnold, H. Hanisch, G. Orth (Hrsg.), aaO. S. 350 f.

Abschließend sollte hier wie nach jeder thematischen Einheit im Religionsunterricht zusammen mit den Kindern das gemeinsam erarbeitete Wissen zur Gottesfrage zusammengefasst und systematisiert werden. Religionsunterricht unterscheidet sich von anderen Veranstaltungsformen zum Thema „Religion" dadurch, dass im Unterricht die Kategorie des Wissens eine entscheidende Rolle spielt. So haben Kinder ein Recht darauf, das, was sie in der möglicherweise besonderen Form des Religionsunterrichts lernen, als weiter zu bearbeitendes oder zu veränderndes Wissen sich auch aneignen zu können, um es – wie das Wissen anderer Schulfächer auch – „parat" zu haben.

4.4   Zu den Aufgaben der Lehrenden

Lehrerinnen und Lehrer im Religionsunterricht zur Gottesfrage sollten sich als freundschaftliche Erfahrungs- und Lernhelfer bzw. -helferinnen der Kinder verstehen, die mit den Kindern gemeinsam lernen wollen: Es gibt kein fertiges und einfach weiterzugebendes, zu tradierendes Wissen „über" Gott. Zu einem solchen Verständnis der Rolle von Lehrern und Lehrerinnen gehören u.a. folgende Aufgabenstellungen:

▷ Ermutigung der Kinder, ihre individuellen Vorstellungen von Gott mitzuteilen, damit Kinder und Unterrichtende darüber ins Gespräch kommen können.

▷ Anregung der Kinder, sich spekulativ mit ihren und fremden Gottesvorstellungen auseinander zu setzen, um so den eigenen Deutungs- und Verstehenshorizont zu erweitern und zu eigenständigen Antworten auf die Gottesfrage zu kommen.

▷ Den Kindern Gelegenheiten eröffnen, die Veränderungen ihrer Gottesvorstellungen im Laufe ihrer bisherigen Biografie zu entdecken dazu kann es auch gehören, von den Veränderungen der eigenen Gottesvorstellungen zu erzählen.

▷ Zugänge zu den biblischen Geschichten zur Gottesfrage den Kindern ermöglichen, die ihnen helfen, die Bedeutsamkeit dieser Geschichten für ihren eigenen Gottesglauben zu entdecken; dazu gehört es auch, dass die Kinder die biblischen Geschichten mit ihrer Lebensgeschichte verknüpfen und in ihren Erfahrungshorizont integrieren können.

▷ Den Kindern theologisches Sachwissen und weiteres instrumentelles Wissen dann bereitstellen, wenn sie danach fragen oder das gemeinsame Unterrichtsgeschehen dies erforderlich macht.

Wenn die Kinder so „in der Mitte" eines Lernens in Gemeinschaft zur Gottesfrage im Religionsunterricht stehen können, dann sind ihre erwachsenen Lehrerinnen und Lehrer unmittelbar auch mit ihrer Biografie und insbesondere mit ihrer erinnerten Kindheit am Unterricht beteiligt. Deshalb erscheint die Anforderung ebenso dringend wie lohnend, sich immer wieder als Religionslehrer und -lehrerin auch mit der eigenen Glaubensbiografie und den Veränderungen des Gottesbildes in der eigenen Lebensgeschichte auseinander zu setzen. Denn nur wer seine eigene Glaubensgeschichte „durchschauen" und verstehen lernt und einübt, den eigenen Glauben und seine Veränderungen wie die mit diesem verbundenen Gefühle und Gedanken wahrzunehmen und davon zu erzählen, wird in der Lage sein, einen solchen Lernweg mit Kindern zu gestalten und gemeinsam zu begehen.

5 Eine exemplarische, religionsdidaktisch orientierte Erarbeitung eines ethischen Themas

Ethik sei, wie oben erläutert, verstanden als Verhaltenslehre des christlichen Glaubens. Ethik enthält als Lehre also immer ein reflexives Moment und ist damit unterschieden von Moral, die das umschreibt, was geschichtlich überliefert und konventionell geprägt an Verhaltensnormen vorliegt und für eine Gruppe (zunächst unhinterfragt) gilt. Ethik und Moral stehen also in einem spannungsvollen Miteinander. Im allgemeinen Sprachgebrauch werden beide Begriffe oftmals nicht unterschieden verwendet.

Ethik und Moral beziehen sich auf das Sollen des Menschen und sind insofern immer sekundär, denn Menschen finden sich in ihren Grundbezügen immer schon vor und erst aufgrund dieser Vorfindlichkeit werden Forderungen sinnvoll. Gerhard Ebeling hat dies in einem „etymologisch nicht unberechtigten Wortspiel" einmal so formuliert: „Nur da kann etwas geboten (d.h. gefordert) sein, wo etwas geboten (d.h. dargereicht, gegeben) ist."[249] Theologisch meint dies den Zusammenhang von Befreiung und Dekalog in der hebräischen Bibel, von Evangelium und Gesetz im Neuen Testament. Wie es für die Verantwortungsethik gezeigt wurde, sind es Vorfindlichkeiten, die ethische Überlegungen und ggf. Entscheidungen möglich machen, und Situationen, die diese als notwenig erscheinen lassen.

---

249 G. Ebeling, *Die Evidenz des Ethischen und die Theologie.* In: Zeitschrift für Theologie und Kirche. 1960. S. 331.

In der folgenden Erarbeitung für den Religionsunterricht in der Haupt- und Realschule[250] gehen wir aus von Situationen, in denen die Rechte von Menschen, die Rechte von Kindern im Besonderen und die Rechte der Natur und des Kosmos verletzt werden. Davon ausgehend fragen wir nach verantwortungsethischer Urteilsbildung und ziehen dazu neben biblischen Traditionen die Charta der Menschenrechte[251] und der Kinderrechte[252] und die Erd-Charta[253] heran.[254]

5.1 Erster Ausgangspunkt: Die Wahrnehmungen der Kinder und Jugendlichen

Das Lebensgefühl vieler Kinder und Jugendlicher formulierte unsere zwölfjährige Tochter kürzlich nach dem Anschauen einer ganz durchschnittlichen „Tagesschau" so: „Papa, ich wär' heut' am liebsten schon achtzig." „Warum denn das?", fragte ich gedankenlos erschrocken. „Dann bräuchte ich all das, was jetzt kommt, nicht mehr erleben." Kinder wie meine Tochter, die dreißig Jahre älter sein wollte als ich, haben ein feines Gespür für die Erde und die Menschen auf ihr und oft noch nicht verlernt, ihre Ängste und Traurigkeiten zu verbergen. Sie reden existenziell von dem, was für Erwachsene oftmals selbstverständlich und

---

250 Vgl. dazu insgesamt: G. Adam, F. Schweitzer (Hrsg.), *Ethisch erziehen in der Schule.* Göttingen 1996. Das Buch ist wichtig, obwohl es hinsichtlich seiner ethischen Themen weit hinter dem Stand der gegenwärtigen Ethik-Diskussion zurückbleibt, fehlt doch der gesamte Komplex der gerade für die Schule bedeutsamen Ethik der Umwelt oder Mitwelt. Ebenfalls kritisch anzumerken ist, dass der Grundschulbereich fast völlig herausfällt.

251 www.uno.de; vgl. weiter W. Huber, H. E. Tödt, *Menschenrechte. Perspektiven einer menschlichen Welt.* Stuttgart/Berlin 1977. W. Huber, *Menschenrechte/Menschenwürde.* In: TRE 22/1992. S. 577–602. Ders., *Menschenrechte: ein Begriff und seine Geschichte.* In: Concilium 15/1979. S. 199–204.

252 www.kindersache.de; BMFSFJ (Hrsg.), *Die Rechte der Kinder von logo einfach erklärt.* Berlin 1999. Deutscher Kinderschutzbund (Hrsg.), *Meine Rechte. Teil I. 5–8 Jahre*; ders. (Hrsg.), *Meine Rechte. Teil II. 9–12 Jahre*; ders. (Hrsg.), *Meine Rechte. Teil III. 13–18 Jahre.* Alle Hannover 1997.

253 www.earthcharter.org; für die deutsche Erd-Charta-Bewegung vgl.: www.oeiew.de.

254 Im konkreten Unterricht können nicht alle drei Situationen und Problemstellungen parallel thematisiert werden, sondern es wird eine der Situationen auszuwählen sein. Ich nenne hier alle drei Situationen, weil mir für den Religionsunterricht die Menschen- und die Kinderrechte sowie die Erd-Charta deshalb von besonderer Bedeutung erscheinen, weil hier ein unmittelbarer inhaltlicher Zusammenhang besteht und jeweils die Universalisierbarkeit spezifisch religiöser Optionen mit auf dem Spiele steht.

distanziert zu den Szenarien der „Risikogesellschaft" hinzugehört. Auch hier ist es entscheidend für den Unterricht zu beachten, dass Kinder und Jugendliche ihre Reflexion nicht abspalten von ihrer Gefühlsbeteiligung, die sie bei für sie wichtigen Gedanken ergreift – wenn sie es noch nicht verlernt haben.

5.2   Zweiter Ausgangspunkt: Drei Situationen

Ich skizziere im Folgenden drei Ausgangssituationen ethischer Urteilsbildung im Horizont der Frage nach den Menschen- und Kinderrechten und der Erd-Charta.

Menschenrechtsverletzungen: „Ich heiße Bartazar und bin 80 Jahre alt. Ich kann Burundi nicht vergessen, aber im Laufe der Zeit werde ich langsam nicht mehr daran denken zurückzukehren. Ich bin zum ersten Mal geflohen. In den letzten zwei Wochen wurden meine beiden Kinder umgebracht – zwei Jungs. Sie waren zu Hause. Soldaten kamen, nahmen sie mit und brachten sie um. Da ging ich los und wanderte zu Fuß bis hierher ins Durchgangslager. Ich bin noch sehr traurig wegen meiner ermordeten Söhne. Aber ich bin schon dankbar, hier im Lager zu sein und endlich ohne Terror zu leben.

... Ich heiße Saidi und bin 30 Jahre alt. Wenn unser Baby größer wird, erzähle ich ihm, dass Ruanda mit bösen Führern verflucht worden war, was uns zu Flüchtlingen machte. Zwei meiner Kinder wurden dort umgebracht, und ich werde nie wieder zurückgehen. Ich könnte es nicht ertragen, dass noch ein Kind getötet würde. Aber ich will auch nicht, dass das Baby im Lager aufwächst. Das ist nicht der richtige Ort für ein Kind. Wie soll es denn hier ein richtiger Mensch werden?"[255]

Kinderrechtsverletzungen: „Ich heiße Uriel. Zwölf Jahre alt, sterbe ich mehr als ich lebe in Bogotá, der Hauptstadt Kolumbiens. Vier Jahre bin ich jetzt auf der Straße, Tage und Nächte. Jetzt bin ich am Ende. Meine Lunge ist zu mit Kleber, den ich geschnüffelt habe, damit der Hunger nicht so weh tut und die Kälte der Nacht nicht so beißt. Was jetzt kommt, muss ich ganz alleine mit mir selbst ausmachen: das Ende. Aber ich habe es geübt all diese Jahre hindurch. Ihr habt mir Gelegenheit dazu genug gegeben."

Allein in Lateinamerika leben 40 Millionen Kinder obdachlos und

---

255 Colors 41. Dezember 00/Januar 01.

ohne Angehörige auf der Straße, in Deutschland schätzte das Diakonische Werk 1996 ihre Zahl auf 40 000.[256]

Die Verletzung der Rechte der Erde und des Kosmos: „Die Erderwärmung ist die größte kollektive Krise, vor der die Menschheit je gestanden hat. Im Unterschied zu früheren Krisen ist sie ihrem Wesen nach global und bedroht das Überleben der menschlichen Zivilisation" – so 1989 zu lesen in der Erklärung der Internationalen Konferenz über Erderwärmung und Klimaveränderung aus der Perspektive der Entwicklungsländer.[257] Während mehr als 100 000 Jahre der CO_2-Gehalt der Atmosphäre weitgehend konstant blieb und vor der industriellen Revolution bei etwa 275 ppmv (= millionstel Volumenanteil) lag, droht diese Zahl sich bis zum Jahre 2050, also seit Beginn der Industrialisierung in etwa 300 Jahren, zu verdoppeln, wenn der gegenwärtige Trend anhält. Klimakatastrophe, Ozonloch, Treibhauseffekt sind die Folgen. Die Verantwortung dafür tragen in einzelnen Bereichen vom Energieverbrauch über Treibhausgas und Transportwesen bis hin zu den Ozonschichtkillern zu über 90 % im Schnitt die Industrieländer.

„Eine Arche Noah, die einige wenige retten würde und alle anderen zugrunde gehen ließe, gibt es nicht noch einmal. Die Interdependenz ist so groß geworden, dass wir entweder alle gerettet durchkommen oder alle untergehen."[258]

5.3   Sachanalyse: Ethische Urteilsbildung

Alle drei Situationen fordern heraus zu ethischer Urteilsbildung, deren sechs Schritte[259] auch als didaktisches Modell genommen werden können, gemeinsam mit Schülerinnen und Schülern im Religionsunterricht ethisches Denken einzuüben.

Im Folgenden skizziere ich die einzelnen Schritte der ethischen Urteilsbildung für alle drei Themen stichwortartig; den besonderen Schwerpunkt lege ich dabei auf den Schritt des Urteilsbildungsprozesses, in dem Normen, Güter und Perspektiven für die Wahl möglicher Verhaltensoptionen bedeutsam werden.

256 *Gebt den Kindern eine Chance.* Aktionsmaterial von „Brot für die Welt" der 40. Aktion 1998/99.257. Zit. in epd-Dok 4/1990. S. 35.
258 L. Boff, *Ethische Herausforderungen der Globalisierung.* In: MGU (Hrsg.), *Basler Denkanstöße.* Basel 1998. S. 11–30, hier S. 21.
259 Zum idealtypischen Verlauf ethischer Urteilsbildung s. o. S. 14 ff.

Zunächst gilt es im *ersten Schritt,* die ethische Herausforderung jeder der Situationen zu erfassen; sie könnte in Folgendem liegen:

▷ Menschen sind auf der Flucht, sie suchen Asyl. Welche Menschenrechte haben Asylsuchende und wie verhalte ich mich/wie verhalten wir uns ihnen gegenüber in Deutschland?

▷ Kinder leben auf der Straße in Armut und ohne Familie. Welche Kinderrechte haben Straßenkinder und welche Möglichkeiten der Hilfe sehe ich/sehen wir?

▷ Die Erde wird zerstört, Wasser und Luft werden bedroht, Lebewesen – Pflanzen und Tiere – gehen zugrunde und Menschen werden gefährdet. Welche „Rechte" hat die Erde und wie verhalte ich mich zu meiner „Mitwelt" und ihren „Rechten", um einen eigenen Beitrag zur Abwendung der Klimakatastrophe zu versuchen?

Sodann geht es im *zweiten Schritt* darum, möglichst viele Elemente der jeweiligen Situation zu analysieren und zu verstehen, um der ethischen Herausforderung der Situation gerecht zu werden und mein Verhalten zu orientieren; dazu helfen Informationen, die entweder direkt über das Internet abrufbar sind, oder zumindest sind die Adressen der jeweiligen Organisationen hierüber zu finden:

▷ das Flüchtlingshilfswerk der Vereinten Nationen UNHCR, Pro Asyl in Deutschland und Asyl- oder Flüchtlingsinitiativen in der Stadt oder dem Umkreis des Wohnorts, u.a.,

▷ das Kinderhilfswerk der Vereinten Nationen UNICEF, terre des hommes, die Hilfswerke der Kirchen („Brot für die Welt" und das Diakonische Werk, Misereor und Caritas) u.a.,

▷ die Umweltorganisation der Vereinten Nationen UNEP, der weltweite Agenda-21-Prozess in der Folge der Konferenz von Rio de Janeiro 1992, Greenpeace und viele Umweltinitiativen in Deutschland, u.a.

Im *dritten Schritt* geht es nun darum herauszufinden, welche Verhaltensmöglichkeiten als Antwort auf das Problem geeignet und ethisch geboten erscheinen. Hier sind die Fantasie und das Einfühlungsvermögen der Schülerinnen und Schüler gefragt: Es gilt, möglichst viele verschiedene Möglichkeiten, Aktionen zu machen oder Unterlassungen zu üben, herauszufinden, um im abschließenden Urteilsentscheid aufgrund der erfolgten weiteren Schritte die Verhaltensmöglichkeiten auszuwählen, die dem Problem und dem ‚Aktionsradius' der Kinder und

Jugendlichen am ehesten entsprechen. Dabei ist sorgfältig darauf zu achten, dass Erwachsene als „Verursacher" oder „Dulder" der Probleme Kindern nicht aufbürden, was sie selbst nicht in der Lage sind zu leisten.

Nun geht es im *vierten* Schritt darum, wie ich mögliche Verhaltensoptionen ethisch begründen kann, welche Normen, Güter und Perspektiven also möglicherweise relevant sind für die als ethisch identifizierten Probleme in den skizzierten Situationen. So kommen hier insbesondere biblisch-christliche Traditionen ebenso ins Spiel wie die Menschen- und Kinderrechte und die Erd-Charta. Ich nenne für diesen religionsdidaktisch zentralen Kern ethischer Urteilsbildung wesentliche Inhalte als Beispiele.

Flüchtlinge und das Menschenrecht auf Asyl: Das Asyl gehört in den jüdisch-christlichen Traditionen zum Grundbestand ethischer Aussagen; die Inhalte der biblischen Orientierung sind klar und eindeutig: „Einen Fremdling sollst du nicht ausbeuten; ihr wisst doch, wie es dem Fremden zumute ist, denn ihr selbst seid Fremde gewesen im Lande Ägypten" (Ex 23,9). „Und wenn sich ein Fremder bei dir in eurem Lande aufhält, so sollt ihr ihn nicht bedrücken: wie einer von euch soll euch der Fremdling gelten, der sich bei euch aufhält; du sollst ihn lieben wie dich selbst, denn ihr seid selbst Fremde gewesen im Lande Ägypten. Ich bin Jahwe, euer Gott" (Lev 19,33 ff.). „Was ihr getan habt einem unter diesen meinen geringsten Brüdern, das habt ihr mir getan." (Mt 25, 31 ff., bes. V 40) [260]

Verfolgte Menschen sind aufzunehmen und zu schützen. So besingt es der 23. Psalm von jenem Asylsuchenden, der „im Hause des Herrn immerdar bleiben will", weil hier der Asyl- und Schutzraum ist vor denen, die ihm nachstellen. Aus Erfahrungen des „finsteren Tales" heraus betet der Psalmdichter diesen Psalm. Aus Erfahrungen des Hitler-Faschismus heraus hatte die Parlamentarische Versammlung das großzügige Asylrecht des deutschen Grundgesetzes [261] formuliert: Die Menschen damals wussten, was es heißt, verfolgt zu werden, und was es in dieser Situation bedeutet, beschützt und als Gast aufgenommen zu werden. Die Menschenrechtscharta, von der UNO 1948 verabschiedet, hält dieses grundlegende und einschränkungslose Asylrecht bis heute fest;

260 Vgl. dazu grundlegend L. und W. Schottroff, *Die Macht der Auferstehung. Sozialgeschichtliche Bibelauslegungen.* München 1988, bes. S. 106.
261 Art. 4 GG in seiner ursprünglichen Fassung.

im Artikel 14 heißt es: „Jeder hat das Recht, in anderen Ländern vor Verfolgung Asyl zu suchen und zu genießen." Solche grundsätzlichen Aussagen zum Asylrecht fußen auf dem allen Menschen geltenden Schutz ihrer Würde (Art. 1 der Menschenrechtscharta); auch hier liegt die Parallelität zu biblischen Aussagen auf der Hand: Alle Menschen sind Gottes Ebenbild (Gen 1), oder auch in dem zitierten Text: „wie einer von euch soll euch der Fremdling gelten".

Aufgrund dieser klaren Übereinstimmung biblischer und menschenrechtlicher Aussagen kann es, werden daraus Handlungskonsequenzen gezogen, hier wie auch bei den folgenden Beispielen zum Konflikt mit dem Staat kommen, wie es das Beispiel des Kirchenasyls und der Arbeit von Christinnen und Christen in der zivilgesellschaftlichen Initiative „Pro Asyl" zeigt. Dazu noch folgende theologische Überlegung: „Es gibt starke Kräfte, die behaupten, Demokratie sei die Herrschaft der Mehrheit auf Kosten der Minderheit und des Restes der Welt. ... Aus dem Gottesverständnis der Bibel ergibt sich, ... dass Konflikte mit dem obrigkeitlichen Denken und Handeln unvermeidlich sind, wie die Geschichte der christlichen Gemeinden im 1. und 2. Jahrhundert gezeigt hat. – Dass diese Konflikte aber nicht den Sinn haben, eine Kraftprobe zwischen Kirche und Staat anzuzetteln, sondern Menschen, die in Not sind, ihr Recht zu verschaffen." [262]

Straßenkinder und die Kinderrechte: Die besondere Stellung der Kinder wird im Neuen Testament immer wieder betont. Zu Jesus werden Kinder gebracht; die Jünger wollen Jesus abschirmen; Jesus aber wird wütend und sagt: „Lasst die Kinder zu mir kommen und wehret ihnen nicht, denn solchen gehört das Reich Gottes". So können die Kinder zu Jesus kommen, er stellt sie in die Mitte und umarmt sie, er herzt sie und segnet sie. Ein anderes Wort findet sich in Mt 18,3; Jesus sagt zu den Jüngern: „Wenn ihr nicht umkehrt und werdet wie die Kinder, so werdet ihr nicht in das Reich Gottes gelangen." Nimmt man das Kinderevangelium „ganz ernst, so kommt man zu der Folgerung: In der Nachfolge Jesu sollen wir unsere Kinder so ansehen und so lieb haben wie er; dies wäre jedenfalls die angemessene Art, den Kindern gegenüber den Text zu ,wiederholen'." [263] Kindern gehört das Reich Gottes.

---

262 L. und W. Schottroff, aaO. S. 112 f.
263 H. Stock, *Studien zur Auslegung der synoptischen Evangelien im Unterricht.* Gütersloh 1966. S. 194.

Einfach so, ohne irgendwelche Qualifikationen, erhalten Kinder diesen Ehrenplatz. Und wer seit Jesus die Wirklichkeit dieser Erde in der Perspektive des Reiches Gottes sehen möchte, ist angehalten, ernst zu nehmen, dass eine solche Perspektive auch die Konsequenz hat: Gott und sein Heil sind nur dort, wo Kinder sein können, wo Kinder sind.[264] Eine vernünftige Erklärung für dieses besondere Verhältnis Jesu zu den Kindern, das bis zu dessen Identifikation mit ihnen reicht (Mk 9,37), kenne ich nicht. Aber es gibt biblische Parallelen für diese ganz besondere Liebe Gottes zu den Kleinen, Dtn 7,7–8 z.B.: „Nicht hat euch der Herr angenommen und euch erwählt, weil ihr größer wäret als alle Völker – denn du bist das kleinste unter allen Völkern – sondern weil er euch geliebt hat" (oder: Hos 11,1–4; Hes 16,3–8 u.ö.).

Auch die von der UN-Vollversammlung 1989 verabschiedete Charta der Kinderrechte stellt die Kinder in die Mitte gesellschaftlicher und staatlicher und insbesondere rechtlicher Aufmerksamkeit. Sie anerkennt, dass jedes Kind ein angeborenes Recht auf Leben hat (Art. 6), auf Schutz (Art. 20), auf Gesundheit und ärztliche Versorgung (Art. 24), auf einen seiner körperlichen, geistigen, seelischen, sittlichen und sozialen Entwicklung angemessenen Lebensstandard (Art. 27), auf Bildung (Art. 28 und 29) sowie auf Schutz vor sexueller Ausbeutung und sexuellem Missbrauch (Art. 34) – alles Rechte und Ansprüche, die Straßenkindern weltweit vorenthalten werden. Auch diese Rechte der Kinder gründen in deren unantastbarer Würde: Ein Kind wird nicht erst, sondern ist ein Mensch, weshalb es nicht nur unter dem besonderen Schutz der Kinderrechtscharta allein steht, sondern ebenfalls unter dem der Menschenrechte.

Klimakatastrophe und Erd-Charta: Biblisch ist hier zu erinnern an die beiden Geschichten von der sehr guten Schöpfung sowie an die Geschichte von der Sintflut (Gen 1–3 und 6–9). Diese Erzählzusammenhänge der so genannten Urgeschichte beschreiben Himmel und Erde als geordnetes Ganzes, das sich durch immanente und nicht vom Menschen gesetzte Maße auszeichnet und so gelesen vom Menschen nicht nur hütende und bewahrende Herrschaft verlangt, sondern zu allererst wie in der antiken Tugendlehre – Mäßigung. Hinzu kommen Texte wie Ps 104, die die Schönheit der Schöpfung loben und so gerade nicht auf

---

264 Vgl. U. Becker, *Das Kind in der Mitte.* In: Bildung und Kirche, hrsg. V. Comenius-Institut. Münster 1985. S. 99–115, hier S. 103.

einen zugreifenden, analysierenden, definierenden oder technischen, sondern zuerst ästhetischen, wahr-nehmenden Zugang zu Himmel und Erde verweisen. Schließlich sei an Röm 8 erinnert: an das Seufzen der Kreatur, die wartet auf das Offenbarwerden der Kinder Gottes.

Die Erd-Charta, deren Sekretariat sich beim Earth-Council in Costa Rica befindet, ist entstanden in einem mehrjährigen, weltweiten, Kulturen und Religionen übergreifenden Prozess, zunächst als ein Dokument der Selbstverpflichtung, dessen Parallelen in der Konferenz von Rio und den Nachfolgekonferenzen und dem Agenda-21-Prozess zu sehen sind. Sie wurde in einer abschließenden Version im März 2000 im UNESCO-Hauptquartier in Paris veröffentlicht. Die Erd-Charta will „in knappen Worten eine inspirierende Vision grundlegender ethischer Prinzipien für eine nachhaltige Entwicklung" darlegen und im Jahr 2002 (Rio + 10) die Generalversammlung der Vereinten Nationen um eine Bestätigung der Erd-Charta ersuchen. Auch im Text der Erd-Charta findet sich eine Fülle von Parallelen zu jüdisch-christlichen Traditionen. Ich zitiere aus der Präambel und den einführenden Grundsätzen: „Die Selbstheilungskräfte (engl.: resilience) der Gemeinschaft allen Lebens und das Wohlergehen der Menschheit hängen davon ab, ob es uns gelingt, eine gesunde Biosphäre zu bewahren mit all ihren ökologischen Systemen, dem Artenreichtum ihrer Pflanzen und Tiere, fruchtbaren Böden, reinen Gewässern und sauberer Luft. Die globale Umwelt mit ihren endlichen Ressourcen ist der gemeinsamen Sorge aller Völker anvertraut. Die Lebensfähigkeit, Vielfalt und Schönheit der Erde zu schützen, ist eine heilige Pflicht. ... Achtung haben vor der Erde und dem Leben in seiner ganzen Vielfalt. Erkennen, dass alles, was ist, voneinander abhängig ist und alles, was lebt, einen Wert in sich hat, unabhängig von seinem Nutzwert für die Menschen. Das Vertrauen bekräftigen in die unveräußerliche Würde eines jeden Menschen und in die intellektuellen, künstlerischen, ethischen und spirituellen Fähigkeiten der Menschheit. ... Die ganze Fülle und Schönheit der Erde für heutige und zukünftige Generationen sichern. Erkennen, dass die Handlungsfreiheit jeder Generation durch die Bedürfnisse zukünftiger Generationen begrenzt ist. Künftigen Generationen Werte, Traditionen und Institutionen weitergeben, die ein langfristiges Gedeihen der Erde und der Menschheit fördern."[265]

---

265 Die dt. Übersetzung der Erd-Charta findet sich unter: www.oekumini-einewelt.de

Im Religionsunterricht kommt es nun darauf an, diese jüdisch-christlichen Perspektiven, die je nach Zusammensetzung der Schülerschaft um muslimische, buddhistische oder andere Perspektiven zu ergänzen sind,[266] und die Normen aus den Menschen- und Kinderrechten wie der Erd-Charta in das Gespräch um die ethische Urteilsbildung so einzubringen, dass sie für die Schülerinnen und Schüler horizonterweiternd und Lebensmöglichkeiten eröffnend und nicht moralisch restriktiv ihre Kraft entfalten können. Sie stehen allesamt im kritischen Gegenüber zu der Gesellschaft des Habens[267] der westlichen und nördlichen Länder der Erde, die weithin „Vorbild"-Charakter für die anderen Länder haben; die hier dominierenden und mit der Lebensweise des Habens zusammenhängenden Güter wie individueller Privatbesitz und gesellschaftlicher Reichtum, Fortschritt und Bemächtigung, individuelle und nationale Sicherheit u.a.m. sind hier ja ebenfalls zu diskutieren, um die jetzt in den Blick zu nehmende Wahl unter möglichen Verhaltensoptionen begründen zu können.

Die getroffene und begründungsfähige Wahl einer oder mehrerer Verhaltensmöglichkeiten wird in einem *fünften Schritt* im Gespräch der Religionsunterrichtsgruppe auf ihre ethisch-kommunikative Verbindlichkeit hin überprüft. Möglicherweise haben unterschiedliche Schülerinnen und Schüler verschiedene Verhaltensmöglichkeiten für sich persönlich oder in Kleingruppen ins Auge gefasst, dann ist jetzt der Raum, dies zu diskutieren. Zielen ethische Entscheidungen zuerst und prinzipiell immer auf das eigene Verhalten eines Individuums oder einer Gruppe, so wollen solche Entscheidungen doch auch darüber hinaus kommuniziert werden und Zustimmung erhalten; das reflexive Element der Ethik als Verhaltens-Lehre soll gegenüber der Moral – so die Hoffnung – überzeugen können.

Im letzten *sechsten Schritt* ethischer Urteilsbildung geht es – soweit dies schulisch möglich ist – um den Urteilsentscheid: „Ich" entscheide mich kognitiv und willentlich für ein bestimmtes Verhalten in der zur ethischen Diskussion stehenden und zur ethischen Entscheidung anstehenden Situation. Religionsunterricht an der öffentlichen Schule kann sicherlich bis zu der kognitiv bestimmten Einsicht für ein be-

---

266 Vgl. dazu M. Klöckner, U. Tworuschka (Hrsg.), *Ethik der Religionen*. Bd. 1–5, insbes. Bd. 5: *Umwelt*. München/Göttingen 1984 f.

267 Vgl. noch immer aktuell: E. Fromm, *Haben oder Sein*. München 2000 (29. Aufl.).

stimmtes Verhalten führen, ob er einen willentlich verhaltensbestimmenden Entschluss herbeiführen kann (und soll), muss offen bleiben.

5.4   Zu den Aufgaben der Lehrenden

Norbert Mette formuliert als Fazit vorausgehender Überlegungen zur Lehrerschaft im Blick auf ethisches Erziehen in der Schule: „Es macht einerseits keinen Sinn, sich als Lehrperson moralisch selbst zu überfordern oder sich überfordern zu lassen. Andererseits ist es nicht möglich, sich der moralischen Verantwortung gänzlich zu entziehen." Beides ist sicher richtig, und deshalb formuliert Mette auch sogleich eine anschließende Frage: „Wie lässt sich zwischen diesen beiden Extremen zurechtkommen?"[268]

Ich formuliere zunächst klare Absagen: Eine Lehrperson, die – in wie abgemilderter und subtiler Form auch immer – fremde Menschen gegenüber Einheimischen nicht mit der gleichen Liebe und Empathie begleitet oder sie gar diskriminiert, kann keine biblisch und menschenrechtlich inspirierte ethische Urteilsbildung zur Frage von Flüchtlingen und ihrem Anspruch auf Asyl in Deutschland mit ihren Schülern ernsthaft erarbeiten wollen. Eine Lehrperson, die in der Schule – in wie abgemilderter und subtiler Form auch immer – die für Kinder befreienden Perspektiven des Evangeliums unterrichtlich domestiziert, kann keine biblisch und kinderrechtlich inspirierte ethische Urteilsbildung zu Straßenkindern mit ihren Schülerinnen ernsthaft erarbeiten wollen. Eine Lehrperson, die von ihrer Wohnung „um die Ecke" mit dem Pkw zur Schule fährt und so selbst zum Klima-Kamikaze beiträgt, kann keine von Bibel und Erd-Charta inspirierte ethische Urteilsbildung zur Klimakatastrophe mit ihren Schülerinnen und Schülern ernsthaft erarbeiten wollen. Die eigene Einstellung und Praxis darf der im Unterricht angestrebten – prinzipiell offenen – ethischen Urteilsbildung nicht entgegenstehen – dies erscheint sicher. Alles andere aber ebenso offen. Erwachsene unterscheidet von Kindern und Jugendlichen nicht mehr – aber auch nicht weniger – als ihr Alter und damit ein Plus an Erfahrungen und Wissen. Ansonsten stehen sie in den hier zur Diskussion stehenden Fragen ethischer Urteilsbildung vor prinzipiell den gleichen

---

268   N. Mette, *Welche Kompetenzen und Qualifikationen benötigt die Lehrerschaft?*
   In: G. Adam, F. Schweitzer (Hrsg.), aaO. S. 370–382, Zitat S. 374.

Problemen wie ihre Schülerinnen und Schüler. Lehrerinnen und Lehrer sollten dies zugestehen können und nicht den Kindern und Jugendlichen beibringen wollen, was sie selbst nicht in der Lage sind zu leisten. Schließlich sind alle hier angesprochenen Themen zuerst unser – der Erwachsenen – Problem, das wir den nachfolgenden Generationen überlassen.

6   Kinder und Jugendliche als theologisch produktive Subjekte – Hinweise zur Didaktik dogmatischer und ethischer Themen

Didaktisch, so sind die beiden Skizzen konzipiert, geht es darum, zuerst „die eigene Sicht der Kinder von Leben und Welt – und von Glaube und Theologie, von mir – ernst zu nehmen, weil wir davon ausgingen, dass dies das Wissen der Erwachsenen ergänzen und ihnen helfen könnte, neue Einsichten zu gewinnen."[269] Implizit wird damit bestritten, dass „das wahre Besitz-Recht an der Theologie bei der akademischen Wissenschaft bleibt".[270] Mit Konrad Fikenscher wird vielmehr behauptet, dass „es auch elementare Theologie bereits bei Kindern – und Jugendlichen, von mir – gibt; diese Theologie hat eigenes Recht und eigenen Rang; religionspädagogische Bemühung hat es nicht in erster Linie mit Elementarisierung zu tun, sondern mit dem Gespräch zwischen Partnern, die – auf verschiedene Weise – Theologie treiben. Dabei soll (oder sogar: muss) wissenschaftliche Theologie ebenso offen für das sein, was in elementarem Theologisieren zum Vorschein kommt, wie das umgekehrt gilt."[271]

Wird dieser Ausgangspunkt ernst genommen, lässt sich die Erfahrung machen, dass religiöses Lernen im Religionsunterricht viel eher eine aktive und produktive Tätigkeit ist oder sein kann als lediglich die Reproduktion vorgegebener Möglichkeiten, Aussagen oder Strukturen des Glaubens. Es geht darum, Kinder und Jugendliche als religiös und

269 Synode der EKD (Hrsg.), *Aufwachsen in schwieriger Zeit. Kinder in Gemeinde und Gesellschaft.* Gütersloh 1995. S. 49 f.

270 K. Fikenscher, *Die Herausforderungen der Kinder ernst nehmen. Elementare Theologie im Religionsunterricht.* In: U. Becker/Chr. Th. Scheilke (Hrsg.), *Aneignung und Vermittlung.* Gütersloh 1995. S. 105–111.

271 AaO. S. 106.

theologisch produktive Subjekte ernst zu nehmen,[272] Kinder und Jugendliche können zu Recht als Theologen und Theologinnen[273] angesprochen werden. Was dies für dogmatische und ethische Lernprozesse im Religionsunterricht bedeuten kann, fasse ich im Folgenden abschließend thesenartig zusammen:[274]

1. Ich plädiere dafür, die dogmatisch verfestigten Symbolbestände christlicher Religion als Sprach-, Hoffnungs-, Spiel- und Handlungsangebot für vielgestaltige Möglichkeiten subjektiv plausibler Auslegung und Aneignung in Gebrauch nehmen zu können. Mit Wilhelm Gräb geht es „um die Freigabe der biblisch-kirchlichen Überlieferung zu tragfähigen Medien religiöser Selbstauslegung".[275] Religionsunterricht sollte die Freigabe christlicher Überlieferungen in unterschiedliche Möglichkeiten religiöser Identitätsbildung und individueller Ausprägung unterstützen und begleiten.

2. Dazu muss der Glaube ebenso wie die ethischen Möglichkeiten der Kinder und Jugendlichen zum Thema des Unterrichts werden und es müssen unterrichtliche Gestaltungen gesucht werden, diese in ein kritisches Gespräch mit der biblischen Überlieferung und der dogmatischen Tradition zu bringen, das es Kindern und Jugendlichen ermöglicht, ihre eigenen Gedanken weiterzuentwickeln.

---

272 Dass dazu auch instrumentelles Wissen gehört, ist selbstverständlich. Doch entscheidend ist hierfür Art und Zeitpunkt der Aneignung solchen Wissens durch die Kinder und Jugendlichen selbst! Ob dafür die in den Lehrplänen vorgesehenen Wege und Zeitpunkte und die didaktische Form der Vermittlung angemessen sind, sei hier lediglich als Frage angemerkt. Zur Frage von Aneignung und / oder Vermittlung vgl. U. Becker, Chr. Scheilke (Hrsg.), aaO.

273 Wenn wir junge Menschen als Theologinnen und Theologen kennzeichnen, so hat dies zu allererst polemischen Sinn gegenüber einem Selbstverständnis von Theologie, das sich als zu den Erwachsenen gehörig versteht. Ihnen soll nicht untergeschoben werden, was sie vielleicht gar nicht sein wollen – eben Theologinnen und Theologen; vielmehr soll die schlagwortartige Rede verdeutlichen, dass eben auch sie – wie Erwachsene – theologisch produktive Subjekte sein können. Vgl. dazu auch F. Schweitzer, Vorwort zur deutschen Ausgabe. In: J. Hull, *Wie Kinder über Gott reden.* Gütersloh 1997. S. 7f.

274 Vgl. zum Folgenden: U. Arnold, H. Hanisch, G. Orth (Hrsg.), *Was Kinder glauben. 24 Gespräche über Gott und die Welt.* Stuttgart 1997; G. Orth, H. Hanisch, Glauben entdecken – Religion lernen. Stuttgart 1998.

275 W. Gräb, *Auf den Spuren der Religion.* In: ZEE 39 Jg., 1995. S. 43–56, hier S. 50.

3. Ein solches Gespräch mit den biblischen Überlieferungen und den dogmatischen und ethischen Traditionen wird nur dann gelingen, wenn biblische Texte, Bekenntnisse oder theologische Denkfiguren sowie ethische Maximen und Entscheidungen in Lebenszusammenhängen aufgesucht und dort identifiziert werden. Dazu gehört auch, dass Dogmen und Ethiken in ihrer Genese entschlüsselt werden: Sie alle sind in konkreten Auseinandersetzungen um den Glauben der Kirchen entstanden und haben dort ihren Sitz im Leben, dessen Kenntnis erst sie in ihrem historischen wie in ihrem möglichen gegenwärtigen Sinn verstehen lässt.

4. Kommen Kinder und Jugendliche wie Erwachsene im Spiel den unrealisierten und möglicherweise ungeahnten Möglichkeiten des Lebens auf die Spur, haben in diesem Zusammenhang das Spiel und spielerisches Probehandeln für den Religionsunterricht besondere Bedeutung. Die geronnenen Symbolbestände christlicher Dogmatik und Ethik können so neu „ins Spiel kommen", indem sie aktuell zu Wort kommen, ins Bild und in Klang gesetzt und dazu beispielsweise biblische Gleichnisse oder Alltagsgeschichten der Kinder und Jugendlichen neu inszeniert werden. Unterrichtswege können gestaltet werden, in denen mit Herz, Mund und Händen Glauben und Handeln und deren Reflexionsmöglichkeiten in Erfahrung gebracht werden können. Im Blick auf die Gottesfrage im Religionsunterricht hat Manfred Mezger 1968 einen Vortrag mit dem Satz begonnen: „Mit Schülern von Gott reden heißt: jungen Menschen Wahrheit sagen."[276] Um Wahrheit geht es auch heute, aber sie darf gefunden werden und die Fragen nach ihr dürfen offen und die Antworten vielfältig und vorläufig bleiben. Schule ist nicht der Ort, an dem die Fragwürdigkeit des Glaubens zu ihrer Antwort finden muss, sondern Stätte offenen Lernens – auch im Blick auf das, was Kinder glauben.

---

[276] M. Mezger, *Mit Schülern von Gott reden – was heißt das? Zur Frage des redlichen Religionsunterrichtes.* In: ThPr Heft 3 1968. S. 156–168, hier S. 156.

5. Dogmatik wäre zu entfalten als lebensbezogenes Zeugnis, als lebensgeschichtliche Erzählung, zu der andere anderes aus ihrem Leben beitragen können. Ethik wäre zu entfalten in Form von Handlungsberichten und den Begründungen der Handlungen. Beides wären erfahrungsbezogene Formen des Umgangs mit dem Thema, die andere Erfahrungen provozieren und ins Gespräch bringen könnten. Ein solcher Ansatz korrespondiert mit konstruktivistischer Didaktik [277] dahingehend, dass sich Wissen nicht „vermitteln" lässt, „sondern es in konkreten Situationen aus der eigenen Erfahrung heraus aufzubauen (zu konstruieren) ist, denn nur selbst aufgebautes und in die eigenen Strukturen integriertes Wissen ist richtig verstandenes Wissen" [278] und somit dauerhaft in die kognitiven Landkarten zu integrierendes Wissen. [279] Ein solcher didaktischer Ansatz zielt auf eine „Lerntheorie vom Standpunkt des Subjekts". [280] Für eine dementsprechende Didaktik sind folgende Gesichtspunkte bedeutsam:

▷ Voraussetzung religiösen Lernens ist die Kompetenz von Kindern, Jugendlichen und Erwachsenen, Leben und Welt zu deuten und sich selbst zu thematisieren im Kontext religiöser Symbole und Deutungen.

---

277 Für die Erwachsenenbildung vgl. R. Arnold/H. Siebert, *Konstruktivistische Erwachsenenbildung.* Hohengehren 1995; für die Schulpädagogik vgl. S. Aufschnaiter u.a., *Kinder konstruieren Welten. Perspektiven einer konstruktivistischen Physikdidaktik.* In: S.J.Schmidt (Hrsg.), *Kognition und Gesellschaft. Der Diskurs des Radikalen Konstruktivismus 2.* Frankfurt a.M. 1992. S. 380–424; H. Krüssel, *Konstruktivistische Unterrichtsforschung.* Frankfurt a.M. 1993; für die Diskussion in der allgemeinen Pädagogik vgl. K. Holzkamp, *Lernen. Eine subjektwissenschaftliche Grundlegung.* Frankfurt a.M. 1993, E. Kösel, *Die Modellierung von Lernwelten. Ein Handbuch zur subjektiven Didaktik.* Elztal-Dallau 1993. Dabei weisen Arnold/Siebert, S.149, Anm. 39, darauf hin, dass die pädagogische Relevanz dieser Theorie für die Erwachsenenbildung möglicherweise größer erscheint als für den Schulunterricht. Ich halte dies für offen und zu prüfen. Zumindest für den Bereich des Religionsunterrichtes, in dem es dezidiert um Deutungen und die ihnen zugrunde liegenden Muster geht, erscheint mir die Einschätzung von Arnold/Siebert durchaus zweifelhaft.

278 R. Dubs, *Stehen wir vor einem Paradigmenwechsel beim Lehren und Lernen?,* in: Zeitschrift für Berufs- und Wirtschaftspädagogik. 89. Jg. 1993. Heft 5. S. 449–454. Zit. nach R. Arnold/H. Siebert, aaO. S. 146.

279 Dass so neu diese Erkenntnis auch im Blick auf die Schulpädagogik nicht ist, zeigt ein Blick auf die Pädagogik Maria Montessoris, die von sensiblen Phasen wusste, in denen sich Kinder bestimmte Lerninhalte aneignen.

280 K. Holzkamp, aaO.

▷ Ausgangspunkt des Lernens sind die Deutungen, die Kinder, Jugendliche und Erwachsene Leben, Welt und sich selbst geben.

▷ Diese Deutungen sind nicht von außen lernzielorientiert oder didaktisch auch anders in dem Sinne veränderbar, dass, wenn dies oder jenes gelehrt wird, dieses oder jenes auch gelernt wird und diese oder jene Veränderung der Deutungen eintritt.

▷ Vielmehr ändern Kinder, Jugendliche und Erwachsene ihre Deutungen und eventuell auch die diesen zugrunde liegenden Deutungsmuster möglicherweise dadurch, dass ihnen andere motivkräftige Deutungen angeboten werden, dass sie an der Entdeckung und am Aufbau anderer Deutungsmöglichkeiten bzw. alternativer Deutungsmuster beteiligt werden, dass sie Situationen erleben oder mit solchen konfrontiert werden, in denen ihre bisherigen Deutungen und die ihnen zugrunde liegenden Muster sich möglicherweise als ungenügend oder revisionsbedürftig erweisen und so die Frage nach alternativen Deutungen und Deutungsmustern lebendig oder möglicherweise sogar notwendig wird. Dabei kommt es entscheidend darauf an, nicht „fertige" oder „abgeschlossene" Deutungen vermitteln zu wollen, sondern es den Lernenden zu ermöglichen, den Entstehungsprozess von Deutungen und den Vorgang und die Bedeutung von Deutung selbst mit- und nachzuvollziehen. Es geht also letztlich darum, Kindern, Jugendlichen und Erwachsenen durch das Erlernen von Strukturen und Zusammenhängen Wege zum eigenständigen Wahrnehmen und Deuten von Leben, Welt und sich selbst zu eröffnen.[281]

▷ Lernprozesse werden also nicht als Vermittlungsprozesse geplant und organisiert, sondern als Ermöglichungswege für eigenes Wahrnehmen, Erkennen, Verstehen und Deuten zu entdecken und zu gestalten sein.

6. Eine solche subjektorientierte Freigabe religiöser Überlieferungen bedeutet keine Beliebigkeit seitens des Religionsunterrichtes; sein inhaltliches Interesse bestimmt sich aber nicht an einer zu übernehmenden Positionalität, sondern vielmehr an der Sprachfähigkeit der Kinder und Jugendlichen in Fragen ihres Glaubens und ih-

---

281 Vgl. H. K. Berg, *Montessori für Religionspädagogen.* Stuttgart 1994. Insbes. S. 49 ff.; vgl. weiter H. Holtstiege, *Maria Montessori. Neue Pädagogik – Prinzip Freiheit – Freie Arbeit.* Freiburg 1987.

rer ethischen Entscheidungen sowie an zu erlernender und einzu-
übender religiöser Dialogfähigkeit und theologischer Kompetenz.[282]

7. Zu einem solchen Umgang mit Dogma und Ethik im Unterricht gehört schließlich auch, dass die Religionslehrerin oder der Religionslehrer auf seine / ihre eigenen Lebens- und Glaubensvollzüge
hin ansprechbar ist: „Von daher ist gelebter Glaube die Voraussetzung religionspädagogischer Prozesse. Der Zugang zum Glauben
ist wesentlich erschwert, wenn allein die Überlieferung für seine Relevanz bürgen soll. Zumindest darf der Lehrer der Überlieferung
nicht im Wege stehen."[283] Eine solche Anforderung an die Religionslehrer und Religionslehrerinnen bedeutet keine inhaltliche
Festlegung auf eine bestimmte Frömmigkeit oder Kirchennähe; auch
unter den Religion Unterrichtenden finden sich alle Formen selbst-
bestimmter Kirchenmitgliedschaft, und dies ist weder zu kritisieren
noch zu normieren. Entscheidend scheint mir, dass die Lehrenden
ihre Person nicht heraushalten können, wenn es um die Frage nach
Glauben und Handeln, nach dogmatischen und ethischen Traditionen geht.[284]

282 Dazu bedarf es mit Goßmann / Mette einer doppelten Hermeneutik in der Weise,
„dass neben die Hermeneutik der Vermittlung, die bisher leitend war, die Aufgabe
einer Hermeneutik der Aneignung tritt. Diese fragt nicht nach der Struktur des
Verstehens von Religion und Glaube im Prozess der Vermittlung, sondern nach der
Struktur der Deutung, die Religion und Glaube als Ergebnis der Selbstthematisie-
rung erfahren." (K. Goßmann / N. Mette, *Lebensweltliche Erfahrung und religiöse Deutung. Ein religionspädagogisch-hermeneutischer Zugang.* In: Comenius-Institut (Hrsg.),
Religion in der Lebensgeschichte. Gütersloh 1993. S. 163–175, hier S. 164. Vgl. weiter
U. Becker, Chr. Th. Scheilke (Hrsg.), aaO. Didaktisch kommt es dann darauf an, den
Kindern und Jugendlichen eine „systematische, mehrfachreflexive und auf Selbst-
tätigkeit verwiesene Auseinandersetzung ... mit eigenen und fremden Deutungen"
zu ermöglichen. Zur Aufgabe des Religionsunterrichts wird dann, was Arnold /
Siebert für Erwachsenenbildungsprozesse so kennzeichnen: Es kommt auch im
Religionsunterricht darauf an, „die Reflexion von Deutungen und die Offenheit für
‚Umdeutungen', d.h. für neue Sichtweisen, zu fördern".

283 H. Schmidt, *Glauben mit oder gegen Erfahrung? Offene Flanken eines religionspädago-
gischen Scheinkonsenses.* In: ee 35 (1983). S. 50.

284 Zu den Thesen 2, 3 und 6 vgl. H. Lenhardt, *Einführung: Systematisch-theologische
Themen im Religionsunterricht.* In: Ders. u.a. (Hrsg.), *Arbeitsbuch Religionsunterricht.*
Gütersloh 1996. S. 264–268, hier S. 267 f.

LITERATURHINWEISE

Im Folgenden wird auf für das Studium notwendige sowie zusätzliche Literatur hingewiesen. Die genannten Titel benennen ein Minimum an Literaturkenntnis. Zusätzlich sollten Sie einen dogmatischen Entwurf eines zeitgenössischen Theologen / einer zeitgenössischen Theologin kennen lernen.

Notwendige Literatur

BARTH, Hans-Martin; FRIELING, Reinhard (Hrsg.):
Ökumenische Studienhefte. Bensheim 1990 ff.

Zu dogmatischen und ethischen Themen unterschiedlicher Art dokumentieren die jeweils ca. 150-seitigen Bücher konfessions- und kontextspezifische Positionen, stellen ökumenische Prozesse und Dialoge dar, bilanzieren die bisherigen Entwicklungen und formulieren Perspektiven der Weiterarbeit.

HENNING, Christian; LEHMKÜHLER, Karsten (Hrsg.):
Systematische Theologie der Gegenwart in Selbstdarstellungen.
Tübingen 1998.

19 systematische Theologen der Gegenwart stellen in diesem Band in autobiografischen Aufsätzen ihre Lebensgeschichte dar und suchen so Biografie und Werk zu einer Einheit zu verbinden.

RÖSSLER, Andreas: *Kleine Kirchenkunde.* Stuttgart 1997.

Im Kontext von „belebender Vielfalt" und „Wahrheitsfrage" führt das Buch ein in die Bekenntnisgemeinschaften der romfreien katholischen Kirchen, der römisch-katholischen Kirche und der reformatorischen Kirchen und Freikirchen sowie der Sondergemeinschaften.

ZAHRNT, Heinz: *Die Sache mit Gott.*
Die protestantische Theologie im 20. Jahrhundert. München 1990.

Das Buch bietet einen leicht lesbaren Überblick über wesentliche Entwicklungen in der protestantischen Theologie im 20. Jahrhundert.

ZENGER, Joachim: *Arbeitsbuch Systematische Theologie.*
Eine Methodenhilfe für Studium und Praxis. Gütersloh 1998.
Das Buch erläutert Schritte einer dogmatischen Urteilsbildung von der Problembe-
stimmung bis zur eigenen Stellungnahme.

Zusätzliche Literatur

Eine Biografie eines Theologen / einer Theologin der Zeitgeschichte, z.B.:

BUSCH, Eberhard: *Karl Barths Lebenslauf.* Nach seinen Briefen und
autobiographischen Texten. München 1975.

ORTH, Gottfried: *Helmut Gollwitzer. Zur Solidarität befreit.* Mainz 1995.

WEHR, Gerhard: *Paul Tillich in Selbstzeugnissen und Bilddokumenten.*
Reinbek 1979.

WIND, Renate: *Dem Rad in die Speichen fallen.* Die Lebensgeschichte des
Dietrich Bonhoeffer. Weinheim/Basel 1996.

Des Weiteren:

SCHERZBERG, Lucia: *Grundkurs Feministische Theologie.* Mainz 1995.
Das Buch führt ein in zentrale Themen, Projekte und Arbeitsweisen feministischer
Theologie.

PÖHLMANN, Horst Georg: *Abriss der Dogmatik.* Ein Kompendium.
Gütersloh 1990.
Ein an zentralen dogmatischen Themen orientiertes Hilfsmittel zur Examensvorbe-
reitung, das die gegenwärtige Fragestellung, unterschiedliche theologische Positionen
aus Geschichte und Gegenwart und Perspektiven des jeweiligen Themas bündelt.

Hinweise auf Bücher und Materialien zum Religionsunterricht

Im Folgenden sind Religionsbücher für die Grund-, Haupt- und Realschule zusammengestellt, in denen Themen aus Dogmatik und Ethik
didaktisch aufbereitet sind. Dem Titel des Buches folgen jeweils die entsprechenden Stichworte.

Grundschule: 1./2. Klasse

BACHMANN, Marlies; BÖCKER, Werner; WALTER, Winfried;
WICHELHAUS, Erika: *Licht auf unserem Weg 1.* Berlin 1993.

> Jesus und die Kinder; Tod und Leben; Gottes Schöpfung und unsere Verantwortung
> für die Erde.

BALTZ-OTTO, Ursula; BUSCHBECK, Bernhard; HUCH, Gudrun;
VEIDT, Gerhard; WIBBING, Siegfried: *Kinder fragen nach dem Leben.*
Religionsbuch 1. und 2. Schuljahr. Berlin 1988.

> Gottesbilder; Jesus und die Kinder; Verantwortung für die Erde; Jesu Leid und Tod;
> Ostern, Auferstehung; Kinder in der ganzen Welt.

ARNDT, Klaus; KWIRAN, Manfred: *Gott sitzt nicht auf einer Wolke.*
Klasse 4. Stuttgart 1995.

> Menschen auf der ganzen Welt; Tod und Leben.

BRESSAU, Brunhild; SMETANA, Edith; PSCICHHOLZ, Wolfgang;
WIEDENROTH-GABLER, Ingrid: *Und was denkst Du?*
Evangelische Religion. Arbeitsheft 1/2. Berlin 2000.

> Über Gott nachdenken; Jesus heilt; Kinder in aller Welt, Kinderrechte; Die Kirche:
> Haus Gottes; Gottes Schöpfung – Umweltzerstörung – Verantwortung für die Schöp-
> fung; Jesu Tod.

MUNZEL, Friedhelm; VEIDT, Reinhard: *Religion 2. Brücken bauen.*
Stuttgart 1996.

> Tod und Auferstehung, Auf dem Weg nach Emmaus; Miteinander leben, Gerechtig-
> keit.

S TEINWEDE, Dietrich: *Religionsbuch Oikoumene 1. Sehen lernen.*
Düsseldorf 1994.

Gottes Schöpfung; Jesus und die Kinder; Solidarität; Gottesvorstellungen; Jesu Tod
und Auferstehung.

S TEINWEDE, Dietrich: *Religionsbuch Oikoumene 2. Wege gehen.*
Düsseldorf 1994.

Oikoumene, Menschen aus aller Welt, Solidarität; Jesusbilder; Der Weg zum Kreuz;
Tod Jesu; Der Weg nach Emmaus; Pfingsten, Gottesbilder.

Grundschule: 3./4. Klasse

BALTZ-OTTO, Ursula; BUSCHBECK, Bernhard; HUCH, Gudrun;
VEIDT, Gerhard; WIBBING, Siegfried: *Kinder fragen nach dem Leben.*
Religionsbuch 3. und 4. Schuljahr. Berlin 1988.

Krieg und Frieden; Armut, Not; Nächstenliebe; Gottes Schöpfung – Umweltzerstörung – Verantwortung für die Natur; Schuld und Vergebung; Vergänglichkeit – Tod;
Beten; Passion; Ostern; Pfingsten; Oikumene.

BÖCKER, Werner; WICHELHAUS, Erika (Hrsg.): *Licht auf unserem Weg.*
Religionsbuch für das 3. und 4. Schuljahr. Berlin 1993.

Frieden, Freundschaft; Schöpfung; Gemeinde-Gemeinschaft.

MUNZEL, Friedhelm; VEIT, Reinhard: Religion 3/4. *Brücken bauen.*
Stuttgart 1997.

Schuld und Vergebung; Jesus leidet und stirbt, Auferstehung; Pfingsten, ein Verste-
hensfest; Frieden und Krieg; Schöpfung, Zerstörung der Umwelt und unsere Verantwortung für die Schöpfung; Oikoumene; Nächstenliebe; Tod.

S TEINWEDE, Dietrich: Religionsbuch Oikoumene 3. *Leben in einem Haus.*
Düsseldorf 1995.

Gottes neue Welt; Gottesbilder; Oikoumene; Kreuz und Tod; Pfingsten; Gemeinde –
Gemeinschaft; Not und Hunger; Asyl.

STEINWEDE, Dietrich: Religionsbuch Oikoumene 4. *Den Frieden suchen.*
Düsseldorf 1996.

Schöpfung, Umweltzerstörung; Sünde; Frieden – Friedensreich Gottes, Menschen-
und Kinderrechte; Passion; Ostern, Pfingsten; Jesus in unserem Leben; Gottesbilder;
Oikoumene.

Haupt- und Realschule: 5./6. Klasse

BALDERMANN, Ingo; ALBRECHT, Folker; GREVE, Astrid;
HÖFER, Anne: *Hoffnung lernen.* Religion 5/6. Stuttgart 1995.

Gerechtigkeit; Hunger; Schöpfung; Tod und Leben; Hoffnung; Gottesbilder.

BESSER-SCHOLZ, Birgit (Hrsg.): *Lebens-Zeichen.* Ein Unterrichtswerk für
den Religionsunterricht in der Sekundarstufe 1.
Band 1: Arbeitsbuch für das 5. und 6. Schuljahr. Göttingen 1988.

Gottesbilder; Schöpfung und unsere Verantwortung; Tod und Auferstehung; Hunger;
Ökumene; Zusammenleben; Vater unser.

BÜTTNER, Gerhard; DIETERICH, Veit-Jakobus; HERRMANN, Hans-Jürgen;
MARGGRAF, Eckhart: *SpurenLesen.* Religionsbuch für die 5./6. Klasse.
Stuttgart 1996.

Gottesbilder; Pfingsten; Auferstehung; Gottes Schöpfung – Psalm 104; Vater unser
im Himmel.

KLUGE, Jürgen (Hrsg.): *Entdeckungen machen.*
1. Grundausgabe für die Schuljahre 5 und 6. Berlin 1993.

Anderen helfen; Gottes Schöpfung bewahren; Gottesbilder; Freundschaft – Gemeinschaft; Miteinander teilen – gemeinsam handeln; Beten.

KNÖDLER, Ottheinrich; PETRI, Dieter; RABUS, Albert; THIERFELDER, Jörg;
TRAUTWEIN, Joachim: *Das neue Kursbuch Religion 5/6.*
2. Auflage Frankfurt a. M./Stuttgart 1992.

Gerechtigkeit; Gemeinschaft; Heilung; Ökumene; Kreuz und Auferstehung; Schöpfung und ihre Zerstörung.

KRAFT, Gerhard; PETRI, Dieter; SCHMIDT, Heinz; THIERFELDER, Jörg
(Hrsg.): *Kursbuch Religion 2000 5/6*. Frankfurt a. M./Stuttgart 1997.

Jesus und die Kinder; Kinderrechte; Schöpfung und ihre Erhaltung; Menschen erfahren Gott; Gottesbilder; Ökumene.

VEIT, Reinhard: *Glauben heute*. 5./6. Schuljahr. Hannover 1988.

Schöpfung; Zerstörung und Bewahrung; Verlorener Sohn; Ökumene; Kreuz und Auferstehung; Pfingsten.

Haupt- und Realschule: 7.–10. Klasse

BECKER, Ulrich; BÜTTNER, Gerhard; GUTSCHERA, Herbert;
THIERFELDER, Jörg: *Projekt Ökumene. Auf dem Weg zur Einen Welt.*
Arbeitsbuch Religion – Sekundarstufe 1. Düsseldorf, Stuttgart 1997.

Ökumene; Menschenrechte; Gerechtigkeit; Frieden; Bewahrung der Schöpfung;
Solidarität.

BÜTTNER, Gerhard u. a.: *SpurenLesen. Religionsbuch 7/8*. Stuttgart 1998.

Hunger; Obdachlosigkeit; Arbeitslosigkeit; Arm und Reich; Miteinander leben.

FABRICIUS, Volker; HELLER, Hans (Hrsg.): *Das Leben suchen.*
Religion 7/8. Frankfurt a. M. 1993.

Gottesvorstellungen und -begegnungen; Leid und Ungerechtigkeit; Jesu Leben (Hei-
lungen, Hilfe ...); Reichtum und Armut.

HANISCH, Helmut; KRAFT, Gerhard; PETRI, Dieter; SCHMIDT, Heinz;
THIERFELDER, Jörg (Hrsg.): *Kursbuch Religion.*
Neuausgabe 9/10. Frankfurt a. M. 1993

Tod; Krieg; Armut; Ungerechtigkeit; Umweltzerstörung; Leben Jesu; Gotteserfah-
rungen.

JENTSCH, Gerhard; MUNZEL, Friedhelm: *Zeitzeichen.*
Religion ab 7. Schuljahr. Hannover 1982.

Jesus hilft; anderen helfen; Gemeinschaft; Not und Leid; Schöpfung; Zerstörung und
Bewahrung; Krieg und Frieden; Leiden und Sterben.

KLUGE, Jürgen (Hrsg.): *Entdeckungen machen 2.*
Grundausgabe ab dem 7. Schuljahr. Berlin 1993.

Menschenrechte; Gerechtigkeit; Hoffnung; Schuld; Umweltschutz; Gottesbilder; Jesu
Kreuzigung; Gleichberechtigung; Solidarität; Ökumene; Bewahrung der Schöpfung.

KLUGE, Jürgen (Hrsg.): *Entdeckungen machen.*
Ein Unterrichtswerk für den evangelischen Religionsunterricht in
der Sekundarstufe 1. Band 7/8. Berlin 1993.

Gottes Bund mit Noah; Schuld und Verantwortung; Frieden; Jesusbilder; Tod und
Auferstehung; Beten; Tod; an Gott zweifeln – nach Gott suchen.

KRAFT, Gerhard; PETRI, Dieter; SCHMIDT, Heinz; THIERFELDER, Jörg
(Hrsg.): *Kursbuch Religion 2000 7/8.* Frankfurt a. M./ Stuttgart 1998.

Schuld und Vergebung; Beten; Gottes Reich; Hoffnung; Leid und Tod; Auferstehung;
Gerechtigkeit; Arm und Reich.

RUPPEL, Helmut; SCHMIDT, Ingrid (Hrsg.): *Gerechtigkeit lernen.*
Religion 7/8. Stuttgart 1996.

Gerechtigkeit; Frieden; Bewahrung der Schöpfung; Verlorener Sohn; Hoffnung; Jesu
Leiden und Tod; Straßenkinder; Asylsuchende.

BESSER-SCHOLZ, Birgit (Hrsg.): *LebensZeichen.* Ein Unterrichtswerk für
den evangelischen Religionsunterricht in der Sekundarstufe 1.
Band 3: Arbeitsbuch für das 9 und 10. Schuljahr. Göttingen 1992.

Gottesbilder; Menschenrechte; Gewalt und Frieden; Brot und Hunger; Tod und
Leben.

GLOSSAR

Äon (Aeon): Lange Zeit, Weltzeitalter

Analogie: Entsprechung

Anthropozentrisch, Anthropozentrik: Der Mensch steht im Zentrum von Natur und Schöpfung

Antithese: Gegensatz zu einer These

Apologie: Verteidigungs(schrift)

Apokryphen: Nicht kanonisches bibelnahes Schrifttum

Apostelkonvent: Zusammenkunft der Apostel in Jerusalem, 49. n. Chr.; vgl. Apg 15 und Gal 2

Asketisch, Askese: Enthaltung

Autokratie: Selbst-, Eigenherrschaft

Autopoietisch: Aus sich selbst entstehend / machend

Barmer Theologische Erklärung: Bekenntnis der Bekennenden Kirche, Mai 1934 in Barmen

Bekennende Kirche: Innerkirchliche Protestbewegung gegen die Eingriffe der Nationalsozialisten in kirchliche Strukturen und kirchliches Recht

Christus: Griech. Übersetzung des hebr. Messias-Titels, dt.: Gesalbter

Deduktiv: Von einem Oberbegriff auf Konkretes schließen (Ggs.: induktiv)

Dekalog: Zehn Gebote (Ex 20 und Dtn 5)

Deklamatorisch: Kundgebend

Deterministisch: Die Vorherbestimmung des menschlichen Willens betreffend

Dialektisch: Kunst der Argumentation (These – Antithese – Synthese, die zu neuer These wird)

Doxologisch, Doxologie: Lobpreis

Entmythologisieren, Entmythologisierungsprogramm: Rückfrage hinter die und Kritik der mythologischen Aussagen des NT (R. Bultmann)

Epitheton: Beiwort

Ethos: Sittliche Einstellung

Etymologisch: Den Ursprung der Wörter betreffend

Eucharistie: Abendmahl

Fatalistisch: Durch das Schicksal (lat. fatum) vorherbestimmt, schicksalsgläubig

Glaubensregel (regula fidei): Norm des Glaubens und der Wahrheit; im 2. Jh. Taufbekenntnis

Heilsgeschichte: Die Geschichte Gottes mit den Menschen, gedacht in den Strukturen von Verheißung und Erfüllung oder im Sinne eines göttlichen Heilsplans

Humanismus: Hochschätzung des Menschen (Antike, Renaissance, Neuzeit)

Hussiten: Anhänger von Jan Hus, dem tschechischen Reformator (Hus wurde 1415 auf dem Konzil von Konstanz verbrannt)

Hypostase: Wesenheit, in der Dogmatik auch: Person

Immanenz: Innerweltlichkeit

Induktiv: Von Einzelfällen/-erfahrungen einen Oberbegriff entwickeln (Ggs.: deduktiv)

Inkarniert, Inkarnation: Fleisch-/Menschwerdung Jesu

Inkulturation: Einheimischmachung; christlicher Glaube und christliche Überlieferung werden einheimisch in einer fremden Kultur

J(ahwist): Quellenschrift des Pentateuch, ca. 1000–900 v. Chr.

Jüngstes Gericht: Neutestamentliche, im Mittelalter kräftig ausgebaute Vorstellung des Gerichtes Gottes über die Menschen (vgl. z. B. Mt 25)

Kanon: Richtschnur, maßgebliche Liste der in der Bibel enthaltenen Schriften

Kognitiv: Verstandesmäßig, mit dem Verstand

Kollekte: Sammlung

Komplementär: Zwei gleichermaßen wahre, sich ergänzende Aussagen über den gleichen Gegenstand

Konzil: Zusammenkunft

Konziliarer Prozess: Beratungs- und Entscheidungsprozess von Christinnen und Christen zu den Fragen von Gerechtigkeit, Frieden und Bewahrung der Schöpfung, initiiert vom Ökumenischen Rat der Kirchen 1983.

Kosmologie: Lehre von der Weltentstehung

Kritische Theorie: Philosophische und soziologische, an marxistischen Fragestellungen und Methoden orientierte Forschungsrichtung (Frankfurter Schule: Adorno, Horkheimer, Marcuse)

Logion: Ausspruch

Logos: Wort (vgl. Joh 1, 1–14)

Märtyrer/in: Glaubenszeugen, Blutzeugen des Glaubens

Messias: Hebr. Gesalbter; jüdischer Heilskönig der Endzeit

Metaphorisch, Metaphorik: Übertragen, bildhaft

Metaphysisch, Metaphysik: Wissenschaft von dem der Natur Vor- und Übergeordneten

Mythos: (Götter-)Erzählung, die religiöse Grundaussagen kundtut

Nihilismus: Nichtanerkennung, Leugnung übergeordneter Werte, Normen, Autoritäten

Noachitisch: Auf Noah bezogen (vgl. Gen 6–9)

Norm: Regel, Vorschrift

Norma normans: Maßgebliche Norm

Normativ: Vorschreibend

Obskurantismus: Bestreben, jede Art von Aufklärung fernzuhalten

Ontologie: Lehre vom Sein

Orthodoxie: Rechtgläubigkeit

Ostkirche(n): Die orthodoxen Kirchen, die aus dem Schisma 1054 zwischen dem westlichen, römischen Katholizismus und den östlichen Kirchen hervorgingen

Paradigma: Beispiel, Modell

Paränetisch: Mahnend

Patriarchal: Auf den Mann als Oberhaupt / Herrscher orientiert

Polis: Stadt

Postmoderne: Philosophische Beschreibung der Zeit ‚nach' der Moderne, die gekennzeichnet ist durch radikale Pluralität auf der einen und Individualisierung auf der anderen Seite

Postmortal: Nach dem Tode

P(riesterschrift): Quellenschrift des Pentateuch, ca. 600–500 v. Chr.

Praedestinationslehre: Lehre von der Erwählung (und Verwerfung) des Menschen durch Gott; Vorsehungslehre

Prädikation: Bekanntmachung

Projektiv: Übertragend, entwerfend

Prolepse: Vorwegnahme

Quietistisch: Hinnehmend, duldend

Religiöser Sozialismus: Anfang des 20. Jh.s von theologischen Minderheiten (Kutter, Ragaz) gesuchte theologische und politische Verbindung zwischen Christentum und Sozialismus, Kirche und Arbeiterbewegung

Säkular: Weltlich

Schalom: Hebr.: Frieden im umfassenden Sinne

Scholastische Theologie, Scholastik: Kirchliche Lehrmeinung formulierende Theologie im Mittelalter; bis heute weitgehend in der katholischen Kirche verbindlich

Sitz im Leben: Formgeschichtliche Beschreibung der Herkunft einer Gattung

Sophisten: Lehrer der Weisheit; auch: Spitzfindigkeit

Spiritualität: Frömmigkeit

Synoptiker, synoptisch: Die ersten drei Evangelisten Mk, Mt und Lk

Topographisch, Topographie: Beschreibung der Orte / der Themen

Topos: Ort, Thema

Tora: Weisung; in der hebr. Bibel die fünf Bücher Mose

Tridentinum: Konzil von Trient 1545–1563 (Gegenreformation)

Vegetarismus: Fleischlosigkeit beim Essen

Allende, Salvador: 1908–1973, demokratisch gewählter sozialistischer Präsident Chiles (1970–1973), gestürzt und erschossen in einem von den USA gestützten Militärputsch. 89

Althaus, Paul: 1888–1966, einer der meistgelesenen Theologen der Lutherrenaissance; er stimmte 1933/34 der beginnenden Hitlerdiktatur zu. 41

Andreä, Johann Valentin: 1586–1654, veröffentlichte 1619 seine Utopie „Beschreibung der Christenstadt", in der er eine ideale, Gott wohlgefällige Lebensform entwarf. 38

Arius: Über sein Leben (4. Jh.) und seine Theologie fehlen verlässliche Quellen. Der arianische Streit ging um die Frage, wie angesichts des christlichen Monotheismus von Christus als Heiland und Erlöser gesprochen werden kann. 19

Arndt, Johann: 1555–1621. Mit vielen erbaulichen Schriften trug er zu einer breiten kirchlichen Frömmigkeits- und Reformbewegung bei, die in den lutherischen Pietismus mündete. 38

Athanasius: 299(?)–373. Seine Werke betonen die Einheit göttlichen Handelns und dokumentieren die christologischen und trinitarischen Lehrstreitigkeiten seiner Zeit. 17, 19

Augustin(us): 354–430, Bischof und bis zur Reformationszeit bedeutendster theologischer Lehrer. Dabei reagierte dieser „Kirchenvater" immer wieder auf die Auseinandersetzungen seiner Zeit, so dass eine Systematisierung seines Werkes schwer fällt. 24 ff., 30

Barth, Karl: 1886–1968, reformierter Theologe; Mitbegründer der Dialektischen Theologie; aktiv im Kirchenkampf und Mitverfasser des Entwurfs der Barmer Theologischen Erklärung; Hauptwerk: Kirchliche Dogmatik. 16, 22, 39 ff., 47, 56 f., 63, 65, 77 f., 80 f., 95, 104, 120, 123, 126

Basilius der Große: 329–379, Asket, Begründer und Organisator des Klosterwesens der orthodoxen Kirche. 23

Bloch, Ernst: 1885–1977, bedeutendster Vertreter des utopischen Denkens im 20. Jh., Marxist. Hauptwerk: Das Prinzip Hoffnung, 1959. 32, 48

Bonhoeffer, Dietrich: 1906–1945, Theologe, Mitglied der Bekennenden Kirche, erkannte als Erster die Bedeutung der Judenfrage für Theologie und Kirche. Widerstandskämpfer im Dritten Reich, ermordet im KZ Flossenbürg am 9.4.1945. 43, 48, 52 ff., 57, 62 f.

Braun, Herbert: 1903–1991. Professor für Neues Testament in Mainz. 76

Brecht, Bert (old): 1898–1956, Bühnenautor, Lyriker, Essayist und Dramaturg; er zählt heute zu den ,modernen Klassikern'. 51

Buber, Martin: 1878–1965, einer der bedeutendsten Philosophen und Theologen des 20. Jh.s, Bibelforscher, Erforscher des Chassidismus und der Religion überhaupt. Mit Rosenzweig Übersetzung der hebr. Bibel ins Deutsche. 55, 62, 100

Bultmann, Rudolf: 1884–1976, Neutestamentler. Historisch-kritische Exegese und existenziale Interpretation biblischer Texte führten ihn zur Entmythologisierung neutestamentlicher Aussagen: Die mythischen Aussagen sind nicht zu eliminieren, wohl aber existenzial zu interpretieren. 93

Comenius, Johann Amos: 1592–1670. Er gilt mit seinem theologischen, philosophischen, pädagogischen und utopisch-gesellschaftsreformerischen Werk als einer der intellektuellen Gründerväter des neuzeitlichen Europa. 30 f., 45

Domitian: 51–96, röm. Kaiser, der sich mit Dominus et Deus, Herr und Gott, anreden ließ; Initiator regionaler Christenverfolgungen. 35

Ebeling, Gerhard: 1912–2001. Einer der weltweit bedeutendsten dt. Theologen; Vikar bei Bonhoeffer. Hauptthemen: Hermeneutik und Aktualisierung der Theologie Luthers. 139

Eichmann, Adolf: 1906–1962, einer der Hauptverantwortlichen für die Vernichtung der Juden im Dritten Reich. 96

Elert, Werner: 1885–1954, einer der profiliertesten und umstrittensten lutherischen Theologen des 20. Jh.s, gemeinsam mit Althaus Verfasser des „Ansbacher Ratschlags" gegen die Barmer Theologische Erklärung. 41

Francke, August Hermann: 1663–1727, aufgrund eines Bekehrungserlebnisses pietistisch geprägter Christ und Theologe, Pädagoge und Religionspädagoge, Begründer eines Waisenhauses und einer Armenschule, aus denen in den folgenden Jahrzehnten eine umfassende Schulstadt entstand. 39

Gollwitzer, Helmut: 1908–1993, einer der bedeutendsten politischen Theologen des 20. Jh.s. Verstand sich selbst als „Schüler Barths und Lehrling Luthers". Engagiert im Kirchenkampf, im christlich-marxistischen Dialog, in Friedens- und Solidaritätsbewegung und in der Ökumene. 49, 96 f., 125

Gregor von Nazianz: 330–390, Asket und Bischof, Vorsitzender des Konzils von Konstantinopel 381. Sein theologisches Werk galt vor allem der Trinitätstheologie. 23

Gregor von Nyssa: 335–394, Bischof, engagiert in den trinitarischen Auseinandersetzungen seiner Zeit und bemüht um Vervollkommnung des Glaubens und um christliche Tugend. 23

Hegel, Georg Wilhelm Friedrich: 1770–1831, dialektischer Philosoph des deutschen Idealismus, der die Moderne aus ihrer christlichen Herkunft und die Weltgeschichte als Fortschritt im Bewusstsein der Freiheit zu begreifen sucht. 88

Herder, Johann Gottfried: 1744–1803, Theologe, Philosoph, Literarhistoriker und Dichter. Sprach- und geschichtsphilosophische Abhandlungen, kritische Auseinandersetzung mit der Aufklärung. 84

Hitler, Adolf: 1889–1945, nationalsozialistischer Diktator, 1933 von Hindenburg zum Reichskanzler berufen, seit 1934 Diktator, 1939 Überfall auf Polen und Beginn des Zweiten Weltkriegs, Befehl zur „Endlösung der Judenfrage". 96

Irenäus: Antignostiker im 2. Jh., dem es theologisch insbesondere um die Identität des Schöpfer- und des Erlösergottes und um die Bedeutung der Inkarnation ging. 23

Iwand, Hans Joachim: 1899–1960, Pfarrer und Theologe, aktive Teilnahme am Kirchenkampf, 1958 Mitbegründer der Christlichen Friedenskonferenz (CFK). 88, 120

Joachim de Fiore: um 1130–1202, Mönch und Theologe. Sein Entwurf der drei Zeitalter – das alttestamentliche Zeitalter Gottvaters, das neutestamentlich-kirchliche Zeitalter des Sohnes und das mönchische Zeitalter des Heiligen Geistes – blieb für das ganze Mittelalter bedeutsam. 30

Johnson, Lyndon B.: 1908–1973, amerikanischer Präsident (1963–1969), massives militärisches Eingreifen im Krieg der USA gegen Vietnam. 96

Jonas, Hans: 1903–1993. Emigration aus dem Nazi-Deutschland, Prof. an mehreren amerikanischen Universitäten, einer der bedeutendsten Ethiker „für die technologische Zivilisation". 73

Käsemann, Ernst: 1906–1998. Prof. für Neues Testament in Mainz, Göttingen und Tübingen, mehrfach von den Nationalsozialisten verhaftet. Seine Habilitationsschrift „Das wandernde Gottesvolk" entstand in der Gefängniszelle der Nazis. K. war einer der letzten „zornigen alten Männer" der Bekennenden Kirche. 111

Konstantin der Große (Kaiser): 280(?)–337, Neuordnung des röm. Reiches, Anerkennung des Christentums (Edikt von Mailand 313), Einberufung des Konzils von Nicäa 330. 19

Lange, Ernst: 1927–1974, Kirchenreformer, praktischer Theologe und nach Bonhoeffer bedeutendster deutscher ökumenischer Theologe des 20. Jh.s. 124

Leopold II. von Belgien: 1835–1909, Kolonialherr des Kongo. 96

Lessing, Gotthold Ephraim: 1729–1781, Dichter und Kritiker, bedeutendster Vertreter der Aufklärung in Deutschland. Toleranz und Humanität waren seine Hauptanliegen. 84, 90

Loisy, Alfred: 1857–1940, franz. Theologe und Bibelwissenschaftler, der – seiner Zeit weit voraus – die historische Kritik in der kath. Theologie zum Maßstab neutestamentlichen Bibelwissenschaft machte. 113

Ludendorff, Erich: 1865–1937, dt. General, befahl den unbeschränkten U-Boot-Krieg im Ersten Weltkrieg, beteiligt am Hitlerputsch 1923. 96

Luther, Martin: 1483–1546, dt. Reformator, Bibelübersetzer: 1521 NT, 1534: gesamte Bibel, reformatorische Hauptschriften 1520: „An den christlichen Adel deutscher Nation", „Von der babylonischen Gefangenschaft der Kirche", „Von der Freiheit eines Christenmenschen". 21 f., 26 ff., 36 ff., 45, 47 f., 50, 68 ff., 76., 98 f., 107 f., 116, 118 f., 128, 136

Marcuse, Herbert: 1898–1979, amerikanischer Philosoph und Sozialkritiker dt. Herkunft. 1933 Emigration aus Deutschland. Vertreter der Kritischen Theorie, starker Einfluss auf die weltweite Studentenbewegung 1967/68 mit den Büchern „Der eindimensionale Mensch", „Repressive Toleranz", „Versuch über die Befreiung". 67

Marx, Karl: 1818–1883. Philosoph und Schriftsteller. Kritiker der bürgerlichen Gesellschaft und der kapitalistischen Ökonomie. Kontakte zu fast allen Arbeiterführer/innen in Europa. 86

Melanchthon, Philipp: 1497–1560, dt. Humanist, Freund und Mitarbeiter Luthers, Verfasser der ersten lutherischen Bekenntnisschrift: Confessio Augustana (1530), als „Praeceptor Germaniae" gab er höheren Schulen und Universitäten die bis ins 18. Jh. gültige Prägung. 17, 21

Metz, Johann Baptist: geb. 1928. Katholischer Fundamentaltheologe in Münster und Wien; „Vater" der politischen Theologie; Kenner und Förderer der Rezeption der Befreiungstheologien aus Lateinamerika, Asien und Afrika. 89

Moltmann, Jürgen: geb. 1926. Seit 1967 Prof. für Systematische Theologie an der Universität Tübingen. Politischer Theologe, im christlich-marxistischen Dialog engagiert, Autor der im Gespräch mit Ernst Bloch entstandenen „Theologie der Hoffnung". 32, 71 f.

Origenes: 185/186–254, umfassender Gelehrter, der Christentum und griech. Antike zu vermitteln suchte; bedeutend für die Bibelauslegung: Kommentare zu fast allen bibl. Schriften. Bedeutendster Theologe der griech. Kirche und der Gesamtkirche bis zu Augustinus. 23

Pelagius: gest. nach 418, engl. Mönch und Theologe, in der Gnadenlehre Gegner des Augustinus. Seine und der Pelagianer Lehre wurden nach den Synoden von Karthago und Mileve (416) durch Papst Innozenz I. verurteilt. 24 f.

Pinochet, Augusto: geb. 1915, chilenischer General und Politiker, nach Sturz und Ermodung Allendes Diktator in Chile. 89

Reimarus, Hermann Samuel: 1694–1768, dt. Philosoph und Theologe, regte eine historische Erforschung der Evangelien an, Vertreter eines aufklärerischen Deismus. 84, 90

Schleiermacher, Friedrich Daniel Ernst: 1768–1834, bedeutendster Theologe und „Kirchenvater des 19. Jh.s", schuf die Grundlagen einer wiss. Hermeneutik. Philosoph, Pädagoge und ‚Universalgelehrter' an der Universität Berlin. 31

Wilhelm II.: 1859–1941, dt. Kaiser und König von Preußen 1888–1918. Betont kriegerisches Auftreten in der Innen- und Außenpolitik, das zum Ersten Weltkrieg führte. 1918 Abdankung und Exil. 56

Zinzendorf, Nikolaus Ludwig von: 1700–1760, dt. Theologe, bedeutender Vertreter des Pietismus. 1722 Gründer der Herrnhuter Brüdergemeine, 1737 zum Brüderbischof ordiniert. 39

Hans Dieter Osenberg
Die Jahrhunderkniebeuge
Kleine deutsche *Kirchen*Geschichten 1900–2000
ctb 87
240 Seiten
ISBN 3-7668-3734-6

Der deutsche Protestantismus im 20. Jahrhundert – das ist eine dramatische Geschichte. Auch eine Geschichte von Kniebeugen vor falschen Altären und von Kniefällen der Schuld.
Bewegende Szenen, Einzelschicksale, Konfrontationen, folgenreiche Veröffentlichungen – in 100 Episoden aus 100 Jahren gelingt es Hans Dieter Osenberg, diese Geschichte lebendig werden zu lassen. Kurzweilig erzählt, sensibel für Zwischentöne, eine breit gefächerte Stoffauswahl, präzise recherchiert: So ergibt sich Stück für Stück ein Gesamtbild.

Andreas Rössler
Glauben auf den Punkt gebracht
Kleines Einmaleins des Christentums
ctb 86
96 Seiten
ISBN 3-7668-3733-8

Was ist der springende Punkt beim Christsein? Was ist wesentlich für den Glaubensinhalt, die Glaubenspraxis und das Handeln der Christen? Andreas Rössler geht diesen Fragen in 20 knappen Stichwörtern nach:
u.a. Glaube – Kirche – Taufe und Abendmahl – Gebet – Wahrhaftigkeit – Freiheit.